KB041335

장
자

박삼수 옮김

장자
莊子

쉽고 바르게 읽는 고전

문예출판사

일러두기

1. 이 책의 『장자』 역해는 청대淸代 왕선겸王先謙의 『장자집해莊子集解』를 바탕 판본으로 하면서, 학문적 권위가 공인된 고금의 저명 판본을 아울러 참고하여 최대한 장자 사상에 부합토록 교감했다.

2. 『논어』와 『노자』가 어록체語錄體 고전으로 단문 위주인 데 반해, 『장자』는 논변論辯 내지 변론체辯論體 고전으로 장편 대작이다. 현존 『장자』는 내편 7편, 외편 15편, 잡편 11편 등 모두 33편으로 엮여 있다.

3. 이 책의 역해와 편집은 한문에 관심과 조예가 있는 독자는 물론, 어려운 한문은 피하고 한글 위주로 읽고 이해하려는 독자도 아울러 염두에 두었다.

4. 각 편마다 먼저 첫머리에 편별篇別 대의大意 내지 요지를 개괄 설명했다. 그리고 『장자』는 장편 대작인 만큼 편마다 그 문의文意에 따라 여러 장으로 나누어 역해를 전개해, 장자의 논리 전개의 맥락을 잡아가는 데 편리하게 했다.

5. 각 편의 역해는 한글 역문譯文을 정점으로 그 바로 아래에 한문 원문을 배치해, 한글 역문 위주로 읽거나 역문과 원문을 대조해 읽기에 두루 편리하도록 했다. 또한 원문에는 일일이 독음을 달아 한자 학습에 편리를 도모했고, 필요한 경우 주석을 달아 한문 자구字句에 대한 이해를 도왔다. 또한 각 편 장마다 별도의 '해설'을 붙여 장자의 철학 사상에 대한 보다 심층적인 이해와 사색에 도움이 되게 했다.

6. 한문 원문의 번역은 충실한 축어역逐語譯, 즉 직역을 원칙으로 하여, 독자의 한문 문리文理 터득에 도움이 되고자 했다. 다만 한글 문맥의 자연스러움을 높이기 위해 적절히 신축성을 가미했다. 여기서 신축성이라 함은 원문에 함축된 의미나 행간에 숨은 뜻을 드러낸다거나, 한글 표현에 가능한 한 현대적 감각을 살리는 것 등을 말한다.

머리말

어지러운 세상에서 심리적 안녕과
정신적 해탈을 꿈꾸며

세상이 참 어지럽다. 고금古今이 다를 게 없고, 어제오늘이 매일반이
다. '어지러운 세상' 하면 대개는 '춘추전국시대春秋戰國時代'를 떠올린
다. 역사상 그처럼 비인간非人間(사람답지 아니한 사람) 형상의 극단을 낱
낱이 드러낸 시대도 없었으니, 어느 누가 토를 달겠는가?

돌이켜보건대 정치사회적 혼란이 극에 달한 시대에는 매양 그 시
대적 모순과 갈등을 극복하거나 초탈하려는 사상들이 출현했다. 공
자孔子와 노자老子가 탁립卓立했던 춘추시대가 그랬고, 제자백가가 쟁
명爭鳴했던 전국시대가 그랬다. 장자莊子는 바로 전국의 난세를 살면
서 시대적 시련과 환난을 초월하여 소요자적逍遙自適의 사상으로 초탈
과 해탈, 그리고 절대絶對 자유를 구가했던 걸출한 사상가이다.

장자의 생애 사적事跡

장자의 생애 사적은 관련 사료의 부족으로 자세히는 알 수 없으며, 현재로서는 단지 『사기史記』「노자한비열전老子韓非列傳」의 짧은 관련 기록과 『장자莊子』 일서一書 등에 의지해 그 대강을 추적할 따름이다. 장자의 성姓은 장莊이고, 이름은 주周다. 전국시대 송宋나라 몽성蒙城, 곧 지금의 중국 허난성河南省 상추시商丘市 일대 사람이다. 생졸년은 확실치 않으나, 전국 중엽 맹자孟子와 같은 시대를 살았을 것으로 추정한다.

장자는 젊은 시절 몽성의 '칠원리漆園吏', 즉 옻나무 밭을 관리하는 소리小吏를 지낸 적이 있으나, 오래지 않아 사직한 후 더 이상 출사出仕하지 않고 자적한 삶을 산 것으로 보인다. 그런 까닭에 살림은 한없이 궁핍하여 짚신을 엮어 생계를 꾸려갔으며, 때로는 그마저도 여의치 않아 남에게 양식을 꾸어다 끼니를 잇곤 했다. 또한 그 남루하기 그지없는 행색은 위魏나라 혜왕惠王의 비웃음을 살 지경이었다.

장자는 빈궁함을 결코 부끄럽게 여기지 않았으며, 오히려 부귀와 명리名利를 멸시하여 영화榮華를 누리기 위해 자신의 몸과 마음을 힘들게 하는 것은 단연코 원치 않았다. 한번은 초楚나라 위왕威王이 장자가 실로 현달賢達(현명하고 사리에 통달함)한 인물이라는 소문을 듣고, 사자使者를 보내 후한 예물을 전하며 초나라 재상에 오르기를 청했다. 이에 장자는 여러 해 호의호식하다가 결국은 제물로 바쳐지는 희생犧牲 소〔牛〕를 예로 들면서, 추호도 군주의 속박 아래서 벼슬할 마음은 없으며, 차라리 누추한 곳에서나마 진실로 즐겁고 자유로운 삶을 살겠다는 의지를 불태우며 단호히 거절했다. 이렇듯 활달하고 담박淡泊한 사고방식과 생활 태도를 바탕으로, 장자는 부귀나 공명 같은 외물外物 (사람의 몸 이외의 사물, 곧 부귀·공명·이욕 따위를 이름)에 결코 휘둘리지 않는 고상하기 그지없는 정신세계를 형성했다.

장자의 저작 —『장자』

장자는 일생 동안 가난하지만 절대 자유를 만끽하는 삶을 살면서 오로지 학문 연구에 몰두했는데, 그의 철학과 사상은『장자』일서를 통해 후세에 오롯이 전해지고 있다. 현재 통행본『장자』는 내편內篇 7 편, 외편外篇 15편, 잡편雜篇 11편 등 모두 33편으로 엮여 있다. 한데 『장자』일서는 장자 한 사람의 저작이 아니며, 오히려 장자 학파의 저 술 총집總集이라고 할 수 있다. 그 가운데, 이설異說이 없는 것은 아니 나 대개 내편은 장자의 친작親作이고, 외·잡편은 장자의 제자와 후학 이 덧붙인 것으로 알려져 있다. 그리고 외편과 잡편은 기본적으로 내 편의 사상 관점을 부연 설명했다.

장자의 사상

장자의 사상은 기본적으로 노자의 사상에서 근원한다. 하여 우주 자연을 비롯해 인생과 정치사회에 대한 장자의 견해는 노자의 생각 과 대동소이하다. 다만 장자는 노자의 사상을 계승하면서도 그 나름 의 심원한 발전을 이룩하여 우리의 주목을 끈다. 주지하다시피 인간 은 생각하는 동물이다. 인간이 다른 모든 동물과 구별되는 본질적인 특성은 바로 이성적으로 사고思考한다는 것이다. 인간이 온 세상, 온 우주의 삼라만상에 대해 이성적으로 사고함으로써 형성하게 되는 사상 관점을 우리는 흔히 철학이라고 한다. 세상은 자연세계와 인간사회 그리고 인간 자신을 포함한다. 그러므로 인간의 철학적 사고와 철학적 사상 또한 자연철학과 사회철학, 인생철학을 포함한다.

장자의 자연철학

자연철학이란 인간이 자연계에 관한 이성적 사고를 통해 형성하게 되는 철학 사상을 말한다. 그것은 자연계의 근본 원리와 법칙, 자연계와 인간의 관계 등을 포함한다.

장자는 노자와 마찬가지로 도道를 최고의 철학적 개념으로 설정했으며, 바로 그 때문에 노장老莊이 후세에 '도가道家'로 불리게 된 것이다. 아무튼 장자의 자연철학은 도론道論, 즉 도 이론을 통해서 주창되고 있는데, 그것은 곧 장자 철학의 우주론이자 본체론本體論이나 다름이 없다. 다시 말해 노자는 물론, 장자의 철학 체계에서도 도는 우주의 근원임과 동시에, 우주 만물과 세상만사의 생성과 변화 발전을 지배하는 보편적 법칙을 일컫는다.

장자가 말했다. "사물의 상이相異한 점에서 보면 서로 인접한 간과 쓸개도 초나라와 월越나라처럼 머나멀고, 사물의 상동相同한 점에서 보면 만사 만물이 다 한가지이다(自其異者視之, 肝膽楚越也; 自其同者視之, 萬物皆一也)."(「덕충부德充符」) 장자의 생각에 따르면, 세상의 온갖 사물 사이에 널리 존재하는 차이는 절대적인 것이 아니라 상대적인 것일 뿐이다. 그 같은 상대성은 바로 우리 인간이 갖는 인식의 한계에서 비롯된다. 세상 만물에는 본디 어떠한 차이도 존재하지 않는데, 사람들이 각기 주관적인 견지에서 상대적인 결론을 이끌어내면서 사물 간의 차이를 논하게 된 것이다. 장자가 말했다. "그러므로 작은 풀줄기와 큰 나무 기둥, 미운 추녀와 고운 서시西施, 그리고 허풍·비방·사기·괴탄怪誕도, 도의 견지에서 보면 모두가 서로 통하여 한가지인 것이다〔故爲是擧莛與楹, 厲與西施, 恢恑憰怪, 道通爲一〕."(「제물론齊物論」) 세상 만물이 비록 겉으로 보기에는 천태만상千態萬象이지만, 도의 견지와 관점에서 보면 모두가 다 한가지라는 얘기다.

장자 자연철학의 핵심 범주(개념)인 도는 볼 수도, 들을 수도, 만질 수도 없는 무형無形·무위無爲(뭔가를 이루려고 애써 어떻게 하지 아니하고, 만사를 오로지 '저절로 그러함'에 맡기고 따르는 속성)의 공허·허무한 물物로서, 또한 분명히 실존하는 영원불변의 절대적 존재이다. 한데 도는 결코 그저 공허·허무함에 머물지 않으며, 오히려 한껏 진실하고도 충실하다. 그 가운데에는 우주 만물을 창조하고, 또 그 모든 생명과 물질의 끊임없는 변화와 발전을 주재하는 원리와 본질을 함유하고 있다. 환언하면 도는 천지 만물을 생육生育하는 근원이면서, 또한 천지 만물 가운데 시공간을 초월하여 언제 어디에나 존재하지 않은 때, 존재하지 않은 곳이 없다. 인간은 천지 만물의 하나인 만큼 천지 만물과 그 근원을 같이한다. 그야말로 장자가 이른 대로, "천지는 나와 함께 존재하고, 만물은 나와 하나이다〔天地與我並生, 而萬物與我爲一〕."(「제물론」) 이처럼 천지 만물과 인간은 일체一體로서 불가분의 밀접한 관계에 있음을 긍정한 장자의 견해는, 동양철학사상東洋哲學史上 '천인합일天人合一'의 사상으로 자리매김했다.

우주 자연이 대천지大天地라면 인간은 소천지다. 인간과 자연은 본질적으로 하나이며, 따라서 모든 인사人事는 마땅히 자연의 법칙과 순리를 따름으로써 인간과 자연의 조화와 통일을 이뤄야 한다. 이른바 '천인합일'은 곧 선천先天의 본성과 서로 합치하는 것이요, 대도大道 (즉 '도'를 이르는 말로, 우주의 본원이자 근원으로서 '도'가 갖는 위대성을 형용 부각하여 흔히 이같이 일컬음)에로의 회귀이며, 또한 곧 노자가 말한 '귀근歸根' (그 근원으로 되돌아감)이자 '복명復命'(대자연의 본성을 회복함, 『노자』 16장 참조) 이다.

장자의 인생철학

『장자』 일서는 "사람이 자신의 한 몸을 온전히 지키며 마음 편히 살기 위해서 진정 무엇을 어떻게 해야 하는가?"에 관한 철학적 고뇌와 사고의 결정이라 해도 과언이 아니다. '사람'이 바로 장자 철학 사상의 출발점이요, 또한 귀착점이다. 장자의 철학은 가위可謂 인생철학이다.

전국시대는 춘추시대 이후 더더욱 나라마다 자국의 이익 도모에 혈안이 되면서, 제후들 간의 전쟁이 끊일 날이 없었다. 그러한 가운데 인간의 잔혹함은 가일층 극으로 치달으며 시대적 혼란과 불안을 가중시켰고, 민생은 도탄에 빠져 허덕이며 근근이 목숨을 부지할 따름이었다. 그렇듯 비참한 삶을 목도하면서 장자는 인간의 생활 여건과 생명 환경에 대해 깊이 우려했고, 또 인간의 생존 의의와 생명 가치에 대한 사색에 빠져들었다. 그리하여 사람이 궁극적으로 어떻게 유한한 존재로서의 한계를 극복 초월하고 무한한 대도와의 합일을 이루어낼 것인가, 또 어떻게 인생의 온갖 질곡桎梏에서 벗어나 '천인합일'이라는 이상 경지에 다다를 것인가 등에 대한 사색과 사유는 곧 장자 인생철학의 핵심 문제를 구성하게 되었다.

사람은 누구나 현세의 삶 속에서 주·객관적 속박과 한계에 부딪히며 고통과 번뇌에 빠지게 된다. 바로 그 같은 인식을 바탕으로 한 장자의 인생철학은 한마디로 세속적 속박과 얽매임에서의 초탈과 벗어남이다.

첫째, 자연적인 생과 사에 대한 얽매임에서의 벗어남이다. 장자에 따르면, 삶과 죽음은 천명天命에 의한 것이며, 사람이 도저히 어떻게 할 수 없는 천지자연의 법칙일 뿐이다. 삶과 죽음은 각각 자연 변화의 한 과정이요 현상이며, 생명 존재의 한 형식일 뿐이다. 그러니 삶을 꼭 좋아하고 기뻐할 것도 없고, 죽음을 꼭 싫어하고 슬퍼할 것도 없다. 그리고 장자의 사고 속에서 인간은 천지 만물과 하나임은 물론이거니와, 우리의 몸은 단지 "천지가 맡겨놓은 형체(天地之委形)"일 뿐이고, 우리의 생명은 단지 "천지가 맡겨놓은 화기和氣(음양의 기운이 서로 결합해 생성된 지극히 조화로운 기운)(天地之委和)"(「지북유知北遊」)일 뿐이다. 결국 장자는 생사에 대한 의식과 관념을 육체의 존재라는 차원을 넘어 더 높고, 더 넓은 의미의 궁극적 존재로 승화시킴으로써 생사의 한계를 무색하게 했고, 그렇게 하여 우리가 마침내 생사의 속박에서 초탈할 수 있다는 것이다.

둘째, 사회적인 '명命'과 '시時'에 대한 얽매임에서의 벗어남이다. 장자에 따르면, 세상에는 뭔가 인간을 통제하는 힘이 존재하는데, 우리는 그것에서 벗어날 수도 없고, 또 그것에 저항할 수도 없다. 그것은 바로 '명', 즉 천명이요 운명이다. 장자의 인생철학 속에는 또 '시'의 개념이 있다. 그것은 곧 시국時局, 시세時勢로, 각기 시기의 의미를 내포하며, 한 시대의 정치, 경제, 도덕 등 각 방면의 전체적인 사회환경을 말한다. 그것은 개인의 힘으로 맞설 수도, 바꿀 수도 없는 사회 변화와 발전의 특정한 상태이다. 따라서 개인의 성패나 화복, 빈부 따위는 사람의 주관적인 의지로 좌우할 수 있는 것이 아니며, 그저 시국과 시세에 좌우될 뿐이다. 사람의 운명이 어떠한지, 나라의 통치가 어떠한지 등은 결코 지혜가 있느냐 없느냐에 달린 것이 아니라, 시세와 시기에 의해 결정될 따름이다.

이에 장자는 '안지약명安之若命'(운명이라 여기며 마음 편히 받아들임, 「인간세人間世」)·'안시처순安時處順'(시운을 편안히 타고 순리를 순순히 따름, 「대종사大宗師」)의 의식과 관념을 제시하면서, 사람들에게 기본적으로 피동被動과 무위의 태도로 세상을 살아가면서 만사를 운명의 안배에 맡기는가 하면, 사물의 변화에 순응할 뿐, 절대로 일마다 마음에 두고 노심초사하지는 말 것을 요구했다. 그렇게 해야만 비로소 인생의 시름과 고통에서 벗어나고, 또한 그로부터 내심의 안녕과 평화를 유지할 수 있다는 것이 장자의 생각이다. 그야말로 「대종사편」에서 이른 대로, "우리가 시운을 편안히 타고, 자연 섭리에 순순히 따른다면, 우리의 마음속에 희로애락의 감정이 스며들 수가 없는데, 그것이 바로 옛날 사람들이 말한 현해懸解, 즉 거꾸로 매달린 듯한 고통에서 벗어나는 것이다(安時而處順, 哀樂不能入也, 此古之所謂縣解也)."

셋째, 자기 자신의 '정情'과 '욕欲'에 대한 얽매임에서의 벗어남이다. 장자에 따르면, 사람은 자연적·사회적 제약 외에도 희로애락의 감정인 '정'과 이해득실에의 욕망인 '욕'에 얽매이게 된다. 사람은 누구나 시름을 달고 산다. 우리는 대개 뭔가 마음에 차면 기쁘고, 그렇지 않으면 슬프다. 하지만 마음에 찬다고 마냥 기쁘고 즐겁지만은 않나니, 그 흡족함이 언제까지 갈지 몰라 불안하기 때문이다. 결국 사람은 이래도 걱정, 저래도 걱정, 이런저런 근심 걱정에서 벗어날 수가 없는 것이다. 무엇보다 문제는 애락의 감정이 들고 사라짐을, 사람이 주관적인 의지로 조절하거나 통제할 수 없다는 것이니, 이는 곧 자기 자신의 감정에 제한되고 얽매이는 탓이다. 이뿐이 아니다. 사람은 누구나 본디 명리 추구에 대한 욕망을 가지고 있는데, 이 또한 우리가 쉽게 벗어날 수 없는 정신적 속박이다.

이에 장자는 사람이 스스로 정서적 해탈에 대한 염원과 의지를 가지고, 무엇보다 우리의 참된 자유의 향유를 어렵게 하는 세속적인 감정과 욕망을 떨쳐버림으로써 '염담과욕恬淡寡慾'하고 '적막무위寂寞無爲'할 것을 역설했다. 사람은 과욕(욕심이 적음)·무욕해야만 비로소 염담(마음이 편안하고 깨끗함)할 수 있고, 무위해야만 비로소 적막(마음이 평온하고 고요함)할 수 있으며, 그리고 염담·적막해야만 비로소 '안시처순'할 수 있다는 것이 장자의 생각이다. 결국 사람이 '염담과욕'하면, 곧 세속의 공명·이록利祿(이익과 관록)과 부귀·현달顯達(벼슬과 명성과 덕망이 높아서 이름이 세상에 드러남)에 초연하여 신외지물身外之物(사람의 몸 이외의 사물, 곧 부귀·공명·이록 따위를 이름)을 얻기 위해 다투지 않을 수 있고, 그러면 마침내 '적막무위'할 수가 있다.

결론적으로 장자는 이상과 같은 인생철학을 바탕으로 삶과 죽음의 심리적 부담을 덜어버리는가 하면, 운명과 시세의 정신적 속박에서 벗어나고, 또 애락의 감정과 이해에의 욕망에서 해방됨으로써 "천지 만물의 법칙에 순응하고, 천지간 육기六氣의 변화에 통달해 무궁한 대도의 품에서 즐겁게 노니는〔乘天地之正, 而御六氣之辯, 以遊無窮〕"(「소요유逍遙遊」) 절대 자유를 만끽하고자 한 것이다. 따라서 장자의 인생철학은 결코 소극적이고 퇴영적退嬰的인 낙오나 타락이 아니라, 가히 인생의 의의와 본원적 삶에 대한 적극적이고 진취적인 탐구의 철학이라할 것이다.

장자의 사회철학

전국시대 중엽, 그 유례없는 혼란과 불안의 시대를 살았던 장자가그리는 이상사회는, 바로 '지덕지세至德之世', 다시 말해 지덕의 세상, 즉 사람들이 그 순진 질박質樸한 천성을 가장 잘 간직하고 지켜가는세상이다. 『장자』「마제馬蹄」,「거협胠篋」,「천지天地」,「도척盜跖」편篇등의 묘사에 의하면, 이른바 '지덕지세'는 무엇보다 소박한 세상으로, 사람들은 무지 무욕하며, 그 인성은 돈후敦厚 순진하다. 또 자유로운세상으로, 통치 규율도 없고 윤리 규범도 모르며, 사람들은 짐승과 함께 노니는 등 만물과 더불어 살아가면서 아무런 구속 없이 자유롭고자재自在롭다. 또 평등한 세상으로, 나라에서는 어진 이를 숭상하지도, 유능한 이를 중용하지도 않으며, 사람들 사이에는 상하·귀천의 구분도 없다. 또 화목한 세상으로, 사람과 자연, 사람과 사람이 화목하게서로 어울려 지낼 뿐, 서로를 해치려는 마음은 추호도 없으며, 사람들은 탐욕을 부리지 않고 만족할 줄 알며, 아무런 근심 걱정이 없다.

도(대도)는 우주 만물로 하여금 무위·자연과 자유·조화의 정신을 구현하도록 이끄는 본원이요, 본질적 동력이다. 장자의 사회철학(이는 사실상 정치 사상이 중심임) 또한 두말할 나위 없이 대도의 본질과 정신에 근원하고 있다. 장자의 이상향 '지덕지세'는 한마디로 인간의 자연성이 고스란히 살아 있는 태고의 원시사회나 다름이 없다. 이는 곧 인류사회의 발전 과정은 결국 인간의 자연 본성과 도덕(도가에서 말하는) 수준이 끊임없이 퇴색 퇴보하는 과정이라는 인식에 입각하고 있다. 그렇다면 그처럼 정치사회의 퇴보와 인간 본성의 퇴색을 야기하는 근본원인은 무엇일까? 그것은 바로 '인의仁義'라는 게 장자의 생각이다.

'인의'는 유가儒家의 핵심 사상으로, 일종의 윤리 도덕이요, 도덕규범이다. 장자가 볼 때, 애초 태평성대를 이룩할 수 있다는 신념으로, 유가의 성인聖人이 창도唱導한 '인의' 사상의 이상과 목표는 분명 나쁘지 않은 것이었다. 하지만 후세의 통치자들은 처신處身 처사處事에 '인의'의 명의만 빌릴 뿐, 진정으로 사심 없이 '인의'의 참뜻을 받들어 행하는 이가 적었고, 오히려 많은 이들이 '인의'를 빙자하여 자신의 목적을 달성코자 했다. 그들은 '인의'의 시행과 구현에 성심과 성의를 다하기는커녕, 탐욕에 눈이 멀어 '인의'를 단지 그들의 사리사욕을 채우는 도구로 삼을 따름이었다. 이렇듯 '인의'는 왕왕 기만성을 다분히 드러냄으로써 질박 허정虛靜하고 무위자연한 대도의 정신과는 너무나 거리가 멀었다. 또한 그러한 가운데 많은 사람들이 '인의'의 외형만을 추구함으로써 사회는 그야말로 위선적인 풍조로 물들게 되었다. 장자는 바로 그 같은 현실사회에 강한 불만과 깊은 우려를 느꼈고, 마침내 대도의 허정 무위한 본질과 특성에 근원한 '무위이치無爲而治'(무위자연의 원칙으로 정치를 행해 천하가 저절로 잘 다스려지게 함)의 정치 사상을 주창한 것이다.

"성명聖明한 임금의 천하 통치는, 이를테면 치세의 공덕이 천하를 뒤덮지만 결코 자신의 공이 아닌 듯이 하고, 만물을 화육化育하며 은덕을 베풀지만 백성들은 결코 그에 의지하고 있다고 여기지 않으며, 공덕이 있어도 그 명망을 칭송할 수가 없으므로 만물로 하여금 스스로 모든 것에 흡족하고 기뻐하게 하는 가운데, 임금 스스로는 헤아릴 수 없이 신묘한 경지에 자신을 우뚝 세우고, 지극히 공허 청정한 경지에서 노닌다(明王之治: 功蓋天下而似不自己, 化貸萬物而民弗恃; 有莫擧名, 使物自喜; 立乎不測, 而遊於無有者也)."(「응제왕應帝王」) 이는 장자가 생각하는 이상적인 명왕明王·성군聖君의 형상이다. 진정 대도의 본질을 깊이 체득하고, 그 요구와 정신에 순응하는 모습, 바로 그것이다.

오늘날 우리 사회는 극단적 생존경쟁의 소용돌이 속에 인간성의 상실과 가치관의 왜곡이 심각한 지경에 이르렀고, 사람들은 너나없이 지친 마음을 달래고, 아픈 가슴을 치유해야 하는 상황에 놓여 있다. 우리 사회에 바야흐로 힐링 신드롬 속에 인문학 열풍이 몰아치고 있는 것은 바로 그 때문이다. 이제 우리는 인문학에서 길을 찾는 노력의 일환으로, 장자의 일깨움과 가르침에 귀를 기울여야 한다. 왜냐하면 장자 특유의 초탈과 힐링의 지혜는 실로 상식을 뛰어넘고, 상상을 초월하는 기발한 것으로서, 그 자신이 그랬듯이 어지러운 세상 속에서 심리적 안녕과 정신적 해탈을 꿈꿀 수 있도록 우리를 이끌어줄 것이기 때문이다.

역자는 동양학 학인學人으로서, 근년에 들어 주요 고전의 '쉽고 바르게 읽기'에 몰두해왔다. 그리고 전후하여 삼대三大 고전, 즉 『주역周易』·『논어論語』·『노자老子』를 우리말로 역해해 세상에 내놓았고, 이제 『장자』를 상재上梓한다. 『장자』는 내편·외편·잡편 등 세 부분으로 나뉘는데, 순차적으로 간행할 예정이다. 역자의 고전 역해에 힘을 실어준 문예출판사에 진심으로 감사한다.

"지자知者는 불언不言이요, 언자言者는 부지不知니라." 진실로 도를 아는 사람은 함부로 도를 말하지 않고, 함부로 도를 말하는 사람은 진실로 도를 알지 못한다는, 철인哲人 노자의 말이다. 역자는 고전을 역해하면서 늘 이 노자의 일침을 가슴에 새기며 경계로 삼는다. 독자 제현의 가차 없는 질정과 아낌없는 성원을 바란다.

2018년 1월
문수산 기슭에서
박삼수

차례

머리말 어지러운 세상에서 심리적 안녕과   5
        정신적 해탈을 꿈꾸며

내편內篇   제1편 **소요유** 逍遙遊   21
19
        제2편 **제물론** 齊物論   55

        제3편 **양생주** 養生主   121

        제4편 **인간세** 人間世   139

        제5편 **덕충부** 德充符   195

        제6편 **대종사** 大宗師   233

        제7편 **응제왕** 應帝王   297

참고문헌   327

내편

内篇

제1편

소요유

逍遙遊

「소요유편逍遙遊篇」은『장자』의 대표적 명편名篇이다. 이른바 '소요逍遙'란 한가로이 자적自適하고 자재自在하는 모양이다. 그러므로 장자가 말하는 '소요유'는 바로 "천지지간에서 한가로이 자적하노라니 마음에 절로 즐거움이 넘침(逍遙於天地之間, 而心意自得)"(『장자』「양왕讓王」)을 이른다. 다시 말하면 어떠한 구속이나 속박도 없이 절대 자유를 만끽하며 한가로이 자적하는 가운데 진정 즐거움에 겨운 경지이다. 머우쫑싼牟宗三이 개괄한 대로, 노자의 도가 '실유實有의 형상'이라면, 장자의 도는 '경지境地의 형상'으로, 바로 '소요'를 비롯해 '쇄탈灑脫'(소탈함), '자재', '무대無待'(의지하는 바가 없음) 등과 같은 말들로 예시되고, 설명될 수 있다.

이 편은 모두 3장으로 나뉜다. 첫째 장은 곧 전편의 중심 내용으로, 진정으로 '소요'하지 못하는 사례들을 열거하는 가운데, 진실로 절대 자유를 만끽하는 '소요유'의 경지에 다다르고자 한다면, 모름지기 '무기無己'·'무공無功'·'무명無名'해야 함을 역설했다. 둘째 장은 앞 장의 함의를 부연하여 '무기'·'무공'·'무명'함이야말로 진정 온갖 속박과 의

지·의존에서 벗어나는 유일한 길임을 강조했다. 셋째 장은 '지인무기
至人無己'의 의미를 거듭 부연하는 가운데, 어떤 것에도 의지하지 않는
완전히 자유롭고 유연한 의식을 바탕으로, 대상 사물의 '쓸모없음(無
用)'의 특성을 오히려 '큰 쓸모(大用)'로 되살려냄으로써, 스스로를 온
전히 지키며 진실로 소요자적할 것을 권면했다.

1-1

  북극의 큰 바다에 물고기 한 마리가 있었는데, 그 이름은 곤鯤이다. 곤은 너무나 커서 그 길이가 몇천 리인지 알 수가 없었다. 나중에 곤은 변하여 새가 되었는데, 그 이름은 붕鵬이다. 붕은 너무나 커서 그 등(背)의 길이가 몇천 리인지 알 수가 없다. 또한 힘차게 날갯짓하여 날아오르면, 그 날개가 마치 하늘 끝까지 펼쳐진 구름과도 같다. 이 붕새는 엄청나게 큰 바람이 불면서 바닷물이 요동치면, 남극의 큰 바다로 옮겨 가는데, 남극의 큰 바다는 하늘이 만든 크디큰 못(池)이다.

  『제해齊諧』는 괴이한 일을 기록한 책인데, 그 책에서 이렇게 말했다. "붕이 남극의 큰 바다로 옮겨 갈 때면 바닷물을 쳐서 삼천리를 튀기고, 아래에서 위로 휘몰아치는 거센 바람을 치면서 구만리를 날아오른 다음, 유월 대풍을 타고 북극 바다를 떠나 남극 바다로 날아간다." 무릇 호수 같은 데에서 달리는 말처럼 피어나는 안개나 공중에 날리는 티끌과 먼지도, 모두 천지간의 뭇 생물이 숨으로 바람을 불어대면서 일어나는 것이다. 하늘은 진정 푸르디푸른데, 그것이 과연 하늘의 본색인가? 아니면 하늘이 한없이 높고도 멀어 끝 간 데 없기 때문인가? 대붕大鵬이 아래를 내려다봐도 역시 그와 같을 따름이다.

물이 모여도 깊지 않으면, 큰 배를 띄울 힘이 없다. 물 한 잔을 집 안의 우묵한 곳에 부어놓으면, 작은 풀은 그 위에 배처럼 띄울 수가 있다. 하지만 만약 그 위에 잔을 놓으면, 바닥에 붙어버리고 말지니, 그것은 바로 물은 얕고, 배는 크기 때문이다. 바람이 모여도 크지 않으면, 대붕의 거대한 날개를 받칠 힘이 없다. 그러므로 대붕이 구만리를 날아오르면, 큰 바람이 곧 그 아래에 있게 되며, 그런 다음에 비로소 큰 바람을 타게 된다. 그처럼 대붕이 푸른 하늘을 바짝 등지면서 그의 앞길을 막을 게 아무것도 없게 되며, 그런 다음에 장차 남쪽으로 날아가기를 도모하는 것이다.

매미와 작은 비둘기가 대붕을 비웃으며 말했다. "우리는 재빨리 날아올라 느릅나무나 박달나무에 다다르면 그만 멈춰버리며, 때로는 나무 위까지도 올라가지 못하고 그냥 땅으로 떨어지기도 할 따름이거니, 무엇 때문에 굳이 구만리를 날아올라 남극으로 간단 말인가?" 무릇 교외 들판까지 가는 사람은 세 끼 양식만 가지고 갔다가 돌아와도 배가 아직 부를 것이고, 백 리 길을 가는 사람은 하룻밤 묵을 양식을 준비하고, 천 리 길을 가는 사람은 석 달 치 양식을 준비하는 법이다. 저 두 미물이 어찌 그 같은 이치를 알겠는가?

北冥[1]有魚, 其名爲鯤.[2] 鯤之大, 不知其幾千里也. 化而爲鳥, 其名
북 명 유 어   기 명 위 곤   곤 지 대   부 지 기 기 천 리 야   화 이 위 조   기 명

爲鵬.[3] 鵬之背, 不知其幾千里也; 怒[4]而飛, 其翼若垂[5]天之雲. 是鳥
위 붕   붕 지 배   부 지 기 기 천 리 야   노 이 비   기 익 약 수 천 지 운   시 조

也, 海運⁶則將徙於南冥. 南冥者, 天池也.
야 해운 즉장사어남명 남명자 천지야

齊諧⁷者, 志怪者也. 諧之言曰: "鵬之徙於南冥也, 水擊三千里, 摶⁸
제해 자 지괴자야 해지언왈 붕지사어남명야 수격삼천리 단

扶搖⁹而上者九萬里, 去¹⁰以六月息¹¹者也." 野馬¹²也, 塵埃也, 生物
부요 이상자구만리 거 이유월식 자야 야마 야 진애야 생물

之以息相吹也. 天之蒼蒼, 其正色¹³邪¹⁴? 其遠而無所至極邪? 其¹⁵
지이식상취야 천지창창 기정색 야 기원이무소지극야 기

視下也, 亦若是則已矣.¹⁶
시하야 역약시즉이의

且夫水之積也不厚, 則其負大舟也無力. 覆杯水於坳堂¹⁷之上, 則
차부수지적야불후 즉기부대주야무력 복배수어요당 지상 즉

芥¹⁸爲之舟; 置杯焉則膠, 水淺而舟大也. 風之積也不厚, 則其負大
개 위지주 치배언즉교 수천이주대야 풍지적야불후 즉기부대

翼¹⁹也無力. 故九萬里, 則風斯²⁰在下矣, 而後乃今²¹培²²風; 背負青
익 야무력 고구만리 즉풍사 재하의 이후내금 배 풍 배부청

天而莫之夭閼²³者, 而後乃今將圖南.
천이막지요알 자 이후내금장도남

蜩²⁴與學鳩²⁵笑之曰: "我決²⁶起而飛, 搶²⁷榆枋²⁸而止, 時則不至而
조 여학구 소지왈 아결 기이비 창 유방 이지 시즉부지이

控²⁹於地而已矣, 奚以之³⁰九萬里而南爲³¹?" 適³²莽蒼³³者, 三湌³⁴而
공 어지이이의 해이지 구만리이남위 적 망창 자 삼찬 이

反,³⁵ 腹猶果然³⁶; 適百里者, 宿舂糧³⁷; 適千里者, 三月聚糧. 之³⁸二
반 복유과연 적백리자 숙용량 적천리자 삼월취량 지 이

蟲³⁹又何知!
충 우하지

주석

1 北冥(북명): 북극의 큰 바다. '명'은 명溟과 통하며, 극지방, 즉 남북극을 이름. 또 대단히 넓고 깊어서 어두운 빛을 띤 극지방의 바다를 일컬음.

2 鯤(곤): 원의原意는 물고기의 알. 또 물고기 새끼. 하지만 여기서는 전설상의 큰 물고기를 일컫는데, 이는 곧 장자 「제물론」의 종지宗旨를 반영함과 동시에, 기발함과 독특함이 상상을 초월하는 장자 특유의 문풍文風을 보여줌.

3 鵬(붕): 봉鳳의 옛 글자. 여기서는 전설상의 큰 새를 일컬음.

4 怒(노): 분기奮起함. 곧 힘차게 날갯짓을 하며 날아오름을 이름.

5 垂(수): '수'는 수陲와 통함. 가[邊], 끝. 일설에는 드리움.

6 海運(해운): 어마어마하게 큰 바람이 불어 바닷물이 크게 요동침을 이름. 대붕은 바로 그 같은 큰 바람을 타고 날아가는 것임.

7 齊諧(제해): 책 이름.

8 摶(단): (회오리바람을) 치거나 휘돎. 일설에는 박搏의 잘못이라고 하는데, 뜻은 전자와 같음.

9 扶搖(부요): 아래에서 위로 거세게 휘몰아치는 바람.

10 去(거): (북극 바다를) 떠나감.

11 六月息(유월식): 유월에 부는 큰 바람. 청대 선영宣穎에 따르면, '식'은 기식氣息(숨)으로, 천지가 내쉬는 숨을 이르니, 곧 바람을 가리킴. 또한 유월에는 기가 왕성하고 바람이 많아 대붕이 날갯짓하기에 좋다고 함. '식'을 일설에는 멈추어 쉰다는 뜻이라고 하나 옳지 않음. 아래 '생물지이식상취야生物之以息相吹也'의 '식'이 분명 숨·바람을 뜻하는 데서 쉽게 알 수 있음.

12 野馬(야마): 봄날 강이나 호수 등에서 피어오르는 안개. 당대唐代 성현영成玄英이 이른 대로, 그 형상이 마치 달리는 야생마와 같아서 이같이 형용한 것.

13 正色(정색): 본색本色.

14 邪(야): 야耶와 같음. 의문조사.

15 其(기): 하늘 높이 구만리를 날아오른 대붕을 가리킴.

16 則已矣(즉이의): 이이의而已矣와 같음. ~일 뿐임, 따름임.

17 坳堂(요당): 당내堂內 바닥의 우묵한 곳. '요'는 우묵하게 들어간 곳.

18 芥(개): 작은 풀.

19 大翼(대익): 큰 날개. 곧 대붕을 가리킴.

20 斯(사): 즉則과 같음. 곧.

21 而後乃今(이후내금): 내금이후乃今而後의 도치. 연후然後, 그러한 뒤.

22 培(배): 빙凭/빙馮과 통함. 의지함. 여기서는 (바람을) 탐.

23 莫之夭閼(막지요알): 목적어 '지之'를 전치前置한 형식으로, 곧 '막요알지莫夭閼
   之'의 도치. '지'는 대붕을 가리킴. '요알'은 (못하게) 막음, 저지함. 여기서 '요'는
   절折의 뜻. 부러뜨림, 기를 꺾음.

24 蜩(조): 매미.

25 學鳩(학구): 학구鷽鳩와 같음. 작은 비둘기. 여기서는 작은 새를 통칭한 것으로
   이해됨.

26 決(결): 결趹과 통함. 재빨리, 신속히.

27 搶(창): 부딪힘, 닿음, 다다름.

28 枋(방): 단목檀木, 즉 박달나무.

29 控(공): 투投와 통함. 던짐. 여기서는 (땅으로) 떨어짐.

30 之(지): 감, 이름(至). 여기서는 날아오름.

31 爲(위): 문장 끝에 쓰이는 의문조사.

32 適(적): 감, 이름, 도달함.

33 莽蒼(망창): 교외 들판의 광활한 경색景色. 여기서는 이로써 교외 들판을 가리
   킴.

34 湌(찬): 찬餐과 통함.

35 反(반): 반返과 통함.

36 果然(과연): (먹은 것이 많아) 배가 부른 모양.

37 宿舂糧(숙용량): 하룻밤을 묵을 요량으로 양식을 찧어서 준비한다는 말. '숙'은
   하룻밤을 묵음. '용'은 (곡식을) 찧음.

38 之(지): 차此와 같음. 지시대명사. 이, 저.

39 二蟲(이충): 매미와 작은 비둘기를 가리킴. '충' 자가 옛날에는 동물의 통칭으로
   도 쓰임.

해설

북극 큰 바다 물고기 곤과 곤이 변해서 새가 된 대붕은, 그야말로 어
마어마하게 커서 실로 우리가 가늠하기 힘들 정도다. 한데 북극의 바
닷물이 충분히 깊지 않으면, 그 거대한 곤의 몸체를 받아들일 수도 없

고, 또 받쳐 띄울 수도 없다. 또한 북극의 바람이 충분히 크지 않으면, 그 어마어마한 대붕의 날개를 받쳐 올릴 수가 없다. 하여 대붕은 엄청나게 큰 바람이 몰아치면서 바닷물이 심하게 요동치는 때를 이용해 남극의 큰 바다로 날아간다. 어마어마하게 큰 대붕이지만 완전히 자유자재한 비행을 하기에는 분명한 한계가 있고, 어쩔 수 없이 의지하는 바가 있는 것이다.

한편 매미와 작은 비둘기는 높아야 겨우 주변의 나뭇가지까지 날아오르며 그냥저냥 살아간다. 그런 그들이 대붕을 볼 때, 무엇 때문에 굳이 저토록 힘들게 구만리를 날아올라 남극까지 가는지 도저히 이해할 수가 없다. 그저 비웃음만 던질 뿐이다. 하지만 세상 이치는 결코 그렇게 간단한 것이 아니다.

1-2

지혜가 작은 것은 지혜가 큰 것에 미치지 못하고, 수명이 짧은 것은 수명이 긴 것에 미치지 못한다. 어떻게 그러함을 알 수 있는가? 아침에 나서 저녁에 스러지는 버섯은 한 달이 무엇인지 알지 못하고, 봄에 나서 여름에 죽거나 여름에 나서 가을에 죽는 매미는 일 년이 무엇인지 알지 못하나니, 이는 곧 수명이 짧은 것들이다. 초나라 남쪽 큰 바다에 신령한 거북이 있었는데, 오백 년을 봄 한 철로 여기고, 오백 년을 가을 한 철로 여겼다. 상고시대에 거대한 참죽나무가 있었는데, 팔천 년을 봄 한 철로 여기고, 팔천 년을 가을 한 철로 여겼다. 이는 곧 수명이 긴 것들이다. 그런데 사람 가운데도 팔백 년을 산 팽조彭祖가

오늘날까지, 불로장생한 것으로 특히 이름이 났는데, 만약 뭇사람들이 다 그에 필적하려고 한다면, 그 어찌 슬픈 일이 아니겠는가?

탕왕湯王이 극棘에게 물은 이야기도 이와 같다. 탕왕이 극에게 물었다. "우주의 상하 사방에 극한極限이 있소?" 극이 말했다. "(극한이 없을 뿐만 아니라) 극한이 없는 그 밖에도 또 극한이 없습니다. 북극의 불모지 북쪽에 아득히 큰 바다가 있는데, 그것은 하늘이 만든 크디큰 못입니다. 그곳에 물고기 한 마리가 있는데, 그 너비는 수천 리이나, 그 길이는 얼마인지 아무도 모릅니다. 그 물고기 이름은 곤입니다. 그리고 그곳에는 또 새 한 마리가 있는데, 그 이름은 붕입니다. 붕의 등은 마치 태산太山과 같고, 날개는 마치 하늘 끝까지 펼쳐진 구름과 같은데, 아래에서 위로 휘감아 오르는 거센 회오리바람을 치면서 구만리를 날아올라, 구름을 뚫고 푸른 하늘을 바짝 등진 다음에, 마침내 남쪽으로 가기를 도모하며, 그렇게 하여 장차 남극의 큰 바다로 날아갑니다. 그러자 못에 사는 작은 참새가 대붕을 비웃으며 말했습니다. '저이는 도대체 어디를 가겠다는 거야? 나는 팔짝 뛰어올라 몇 길도 날아가지 않고 떨어져, 풀숲 사이를 이리저리 날아다니는데, 이 또한 최상의 비행飛行이거니, 저이는 도대체 어디를 가겠다는 거야?'" 이것이 바로 작은 것과 큰 것의 차이이다.

小知不及¹大知, 小年不及大年. 奚以知其然也? 朝菌不知晦朔,² 蟪
소 지 불 급 대 지 소 년 불 급 대 년 해 이 지 기 연 야 조 균 부 지 회 삭 혜

蛄³不知春秋,⁴ 此小年也. 楚之南有冥靈⁵者, 以五百歲爲春, 五百歲
고 부 지 춘 추 차 소 년 야 초 지 남 유 명 령 자 이 오 백 세 위 춘 오 백 세

爲秋; 上古有大椿⁶者, 以八千歲爲春, 八千歲爲秋. 此大年也. 而彭
위 추 상 고 유 대 춘 자 이 팔 천 세 위 춘 팔 천 세 위 추 차 대 년 야 이 팽

祖^{7}乃今以久^{8}特聞, 衆人匹之, 不亦悲乎?
조 내금이구 특문 중인필지 불역비호

湯^{9}之問棘^{10}也是^{11}已.^{12} 湯問棘曰: "上下四方有極乎?"棘曰: "無
탕 지문극 야시 이 탕문극왈 상하사방유극호 극왈 무

極之外, 復無極也.^{13} 窮髮^{14}之北有冥海^{15}者, 天池也. 有魚焉, 其廣
극지외 부무극야 궁발 지북유명해 자 천지야 유어언 기광

數千里, 未有知其修^{16}者, 其名爲鯤. 有鳥焉, 其名爲鵬, 背若太
수천리 미유지기수 자 기명위곤 유조언 기명위붕 배약태

山,^{17} 翼若垂天之雲, 搏扶搖羊角^{18}而上者九萬里, 絶雲氣, 負靑天,
산 익약수천지운 단부요양각 이상자구만리 절운기 부청천

然後圖南, 且適南冥也. 斥鴳^{19}笑之曰: '彼且奚適也? 我騰躍而上,
연후도남 차적남명야 척안 소지왈 피차해적야 아등약이상

不過數仞^{20}而下, 翱翔^{21}蓬蒿^{22}之間, 此亦飛之至^{23}也, 而彼且奚適
불과수인 이하 고상 봉호 지간 차역비지지 야 이피차해적

也?'" 此小大之辯^{24}也.
야 차소대지변 야

주석

1 不及(불급): 미치지 못함. 또한 여기서는 이해하지 못한다는 말로 풀이할 수도
  있음.

2 晦朔(회삭): 한 달(月)을 이름. '회'는 매월 그믐. '삭'은 매월 초하루.

3 蟪蛄(혜고): 매미를 통칭함.

4 春秋(춘추): 일 년, 사계.

5 冥靈(명령): 명해溟海의 영귀靈龜. 곧 큰 바다에 사는 신령한 거북.

6 大椿(대춘): 전설상의 신수神樹로 알려진 거대한 참죽나무.

7 彭祖(팽조): 전설상 특히 장수한 것으로 이름난 인물로, 요·순堯舜임금 시대를
  거쳐 하夏·은殷·주周 삼대까지 팔백 년을 살았다고 함.

8 久(구): 장수함, 불로장생함.

9 湯(탕): 탕왕. 하夏나라를 멸하고 상商나라를 세운 상 왕조의 개국 군주.

10 棘(극): 사람 이름. 하극夏棘.『열자列子』에서는 하혁夏革이라고 함. 탕왕 때의 현
  대부賢大夫. 탕왕이 그를 스승으로 삼음.

11 **是**(시): 지시대명사로, 차此와 같음. 여기서는 앞에서 말한 대붕과 두 미물의 이 야기를 가리킴.

12 **已**(이): 어조사로, 의矣와 같음.

13 **湯問棘曰~復無極也**(탕문극왈~부무극야): 이 21자는 원래 통행본에 없는 구절 이나, 당대唐代 승僧 신청神淸의 『북산록北山錄』과 원이둬聞一多의 견해에 근거 해 증보增補한 천꾸잉陳鼓應의 교감校勘을 따라 보충함. 탕왕과 극이 묻고 답한 일은 『열자』 「탕문편湯問篇」에 보임. 다만 『열자』에서는 "무극지외, 부무무극無 極之外, 復無無極", 즉 "극한이 없는 그 밖에는 더욱이 극한이 없는 것조차 없다" 고 하여 『장자』와는 차이가 있음.

14 **窮髮**(궁발): 불모지. '궁'은 없음(無). '발'은 모毛와 같은 뜻으로, 곧 초목을 가 리킴.

15 **冥海**(명해): 명해溟海. 「소요유편」 1-1장 주석 1 참조.

16 **修**(수): 김, 길이(長).

17 **太山**(태산): 즉 태산泰山.

18 **羊角**(양각): 양각풍羊角風, 즉 회오리바람. 아래에서 위로 휘감아 오르는 바람의 모양이 마치 양의 뿔과 같아서 이같이 일컬음.

19 **斥鴳**(척안): 작은 못에 사는 메추라기나 참새 따위의 작은 새를 통칭함. '척'은 지池와 통함. 작은 못. '안'은 안鵪으로도 쓰며, 세가락메추라기 또는 참새를 이름.

20 **仞**(인): 길. 길이의 단위. 7척尺. 일설에는 8척.

21 **翺翔**(고상): (새가) 공중을 빙빙 돌며 낢. 여기서는 (참새가) 이리저리 날아다님 을 이름.

22 **蓬蒿**(봉호): 쑥. 여기서는 이로써 들풀을 통칭함.

23 **至**(지): 지극함. 곧 이상적인 경지, 최상의 경지를 가리킴.

24 **辯**(변): 변辨과 통함. 분별, 구별, 차이.

해설

세상에는 지혜가 작은 것도 있고, 큰 것도 있으며, 수명이 짧은 것도 있고, 긴 것도 있다. 또한 전자와 후자는 각기 나름의 삶과 향유가 있고,

꿈과 이상이 있다. 따라서 전자가 후자를 이해하는 데는 근본적으로 한계가 있을 수밖에 없다. 요컨대 전자의 세계는 후자의 그것에 미치지 못한다. 바로 이 같은 견지에서 장자는 상술한 신화 전설을 재차 거론하며, '작은 것'과 '큰 것' 사이에는 엄연한 차이가 있음을 강조했다.

장자는 본디 '만물 일체'를 주장하며, 만물을 망령되이 구별하는 것을 부정하고 비판했다. 그런 그가 대붕과 미물들의 이야기를 빌려, 큰 것과 작은 것의 차이를 강조한 것은 무엇 때문일까? 우선 대붕은 일견 자재하여 가히 '소요'의 경지에 다다랐다고 할 수 있을 듯하다. 하지만 결코 그렇지 않다는 게 장자의 생각이니, 그것은 곧 진정한 '소요유'의 초월성과 고귀성이 얼마나 대단한 것인지를 반증하고 웅변한다. 또한 동시에 대붕을 비웃는 미물들의 극極한 천단淺短함과 비속함을 부각하고 있다. 이 편에서 그려지는 대붕과 미물들은 하나의 비유로 이해되는바, 장자는 곧 작은 새들이 대붕을 이해하지 못하는 이야기를 빌려 범인이 성인을 이해하지 못하는 이치를 설명하고, 작은 새들과 대붕 사이의 현격한 차이를 통해 범인과 성인 사이의 사상적 경지의 격차(아래 단락 참조)를 비유 설명한 것이다.

한편 장자는 앞 단락에서 이야기한 대붕의 고사故事를 여기서 재차 언급하고 있어, 중언부언이 아니냐는 아쉬움을 갖게 한다. 이에 평유란馮友蘭은 그것이 후세 사람들이 덧붙인 사족이라는 견해를 피력하기도 했다. 한데 『장자』에 보이는 이러한 표현 방식은 사실 장자의 창작 의도가 반영된 것이다. 「우언편寓言篇」에서 말했듯이, 『장자』 일서는 '우언寓言'과 '중언重言', '치언卮言'으로 구성되어 있는데, 소위 '중언'이란 곧 전대前代 명인名人의 말을 인용해 장자 자신이 말하는 것이 결코 허황되지 않음을 인증하기 위한 것이다. 따라서 여기서 장자가 탕왕과 극의 대화를 인용해 대붕의 고사를 되풀이한 것은 바로 그 같은 맥락으로 이해되어야 할 것이다.

1-3

그러므로 그 지혜는 하나의 관직을 맡을 수 있고, 그 행실은 한 고을에 호감을 불러일으킬 수 있으며, 그 덕성은 한 임금의 마음에 부합하고, 그 재능은 한 나라 백성의 신임을 받을 수 있는 사람들도 스스로 득의하게 여기기는 저 미물들과 같다. 송영자宋榮子가 피식하고 그들을 비웃었다. 더구나 그는 온 세상 사람들이 다 그를 칭송한다고 하더라도 결코 그 때문에 고무되지도 않고, 온 세상 사람들이 다 그를 비난한다고 하더라도 결코 그 때문에 의기소침하지도 않으며, 자아와 외물의 구분을 인지하고, 영예와 치욕의 경계를 변별하는 등, 그저 그럴 따름이다. 아무튼 그와 같은 사람도 세상에 흔치는 않다. 한데 비록 그렇기는 하지만, 그는 아직 이룩하지 못한 것이 있다. 열자列子는 바람을 타고 다니는데, 그 모습이 경쾌하고 미묘하기 그지없으며, 한 번 비행하면 보름 후에 돌아온다. 그와 같이 하여 행복할 수 있는 사람도 세상에 흔치는 않다. 한데 그렇게 하면 비록 걸어 다니는 노고는 면할 수 있지만, 그래도 여전히 의지하는 바가 있는 것이다. 만약 천지만물의 법칙에 순응하고, 천지간 육기六氣의 변화에 통달해 무궁한 대도大道의 품에서 즐겁게 노닌다면, 그 사람이 의지할 게 또 무엇이 있겠는가? 그러므로 말한다. "지인至人은 자신을 고집하지 않고, 신인神

人은 공로를 좇지 않고, 성인聖人은 명성을 추구하지 않는다."

故夫知¹效²一官, 行比³一鄕, 德合一君, 而⁴徵⁵一國者, 其自視也亦
고 부 지 효 일 관　행 비 일 향　덕 합 일 군　이 징 일 국 자　기 자 시 야 역

若此矣. 而宋榮子⁶猶然⁷笑之. 且擧世而譽之而不加勸,⁸ 擧世而非
약 차 의　이 송 영 자 유 연 소 지　차 거 세 이 예 지 이 불 가 권　거 세 이 비

之而不加沮,⁹ 定乎內外之分, 辯乎榮辱之境, 斯已矣. 彼其¹⁰於世
지 이 불 가 저　정 호 내 외 지 분　변 호 영 욕 지 경　사 이 의　피 기 어 세

未數數然¹¹也. 雖然, 猶有未樹¹²也. 夫列子¹³御風而行, 冷然¹⁴善也,
미 삭 삭 연 야　수 연　유 유 미 수 야　부 열 자 어 풍 이 행　영 연 선 야

旬有五日而後反.¹⁵ 彼於致福者, 未數數然也. 此雖免乎行, 猶有所
순 유 오 일 이 후 반　피 어 치 복 자　미 삭 삭 연 야　차 수 면 호 행　유 유 소

待¹⁶者也. 若夫乘天地之正,¹⁷ 而御¹⁸六氣¹⁹之辯,²⁰ 以遊無窮²¹者, 彼
대 자 야　약 부 승 천 지 지 정　이 어 육 기 지 변　이 유 무 궁 자　피

且惡²²乎待哉? 故曰: 至人²³無己,²⁴ 神人無功,²⁵ 聖人無名.
차 오 호 대 재　고 왈　지 인 무 기　신 인 무 공　성 인 무 명

주석

1 知(지): 지智와 같음.

2 效(효): (벼슬하며) 공효功效를 낼 수 있다는 말로, 곧 (벼슬을) 맡을 만함을 이름.

3 比(비): 친근함, 부합함. 곧 호감을 불러일으킴.

4 而(이): 능能과 통함. 일설에는 접속사.

5 徵(징): 신信과 통함.

6 宋榮子(송영자): 전국시대 중엽의 사상가. 『장자』「천하편天下篇」과 『순자』「비
십이자편非十二子篇」에서는 송견宋鈃, 『맹자』「고자편告子篇」에서는 송경宋牼,
『한비자』「현학편顯學篇」에서는 송영宋榮이라고 했는데, 모두 같은 사람임.

7 猶然(유연): 비웃는 모양.

8 勸(권): 권면함, 면려勉勵함. 여기서는 고무됨을 이름.

9 沮(저): 저상沮喪, 즉 기가 꺾임. 곧 의기소침함.

10 其(기): 지之와 같음.

11 數數然(삭삭연): 흔한 모양, 많은 모양. 이는 청대 왕선겸이 '미삭삭연 未數數然'을

36

"그러한 사람을 자주(흔히) 보지 못함을 말한다[言不數數見如此者]"고 풀이한 데에 따른 것. 일설에는 (세속의 명예 따위를) 급급히 추구하는 모양.

12 樹(수): 수립함, 이룩함, 이룸. 여기서는 성인의 품성을 함양함을 두고 이름.

13 列子(열자): 즉 열어구列禦寇. 춘추시대 정鄭나라 사상가. 장자는 왕왕 열자의 언론을 인용해 자신의 관점을 실증함.

14 泠然(영연): 경쾌하고 미묘한 모양.

15 反(반): 반返과 통함.

16 待(대): 기다림. 여기서는 의지함. 곧 열자가 날기 위해서는 바람에 의지하지 않을 수 없기 때문에, 아직은 '절대 자유'의 경지에 이르지 못했음을 지적한 것임.

17 正(정): 본성, 법칙.

18 御(어): 부림, 다스림. 여기서는 장악함, 파악함. 곧 통달함.

19 六氣(육기): 음陰·양陽·풍風·우雨·회晦(밤)·명明(낮). 여기서는 대자연을 통칭하는 것으로 이해됨.

20 辯(변): 변變과 통함.

21 無窮(무궁): 영원무궁한 우주, 대도를 이름.

22 惡(오): 하何와 통함. 무엇.

23 至人(지인): 도가에서 말하는, 도덕 수양과 사상 관념이 최고의 경지에 이른 사람. 아래의 '신인'과 '성인'도 이와 같음.『장자』「전자방편田子方篇」··"지극히 아름다움을 누리며 지극히 즐거움 가운데서 노니는 사람을 일컬어 지인이라고 한다[得至美而遊乎至樂, 謂之至人]."「천하편」··"대도의 진제眞諦(진실한 이치)를 떠나지 않는 사람을 일컬어 지인이라고 한다[不離於眞, 謂之至人]."

24 無己(무기): 자신의 선입견이나 편견을 버리고 자연 섭리에 순응함을 이름.

25 無功(무공): 애써 공을 세우려고도 하지 않을뿐더러, 설령 공을 세웠더라도 결코 그 공을 자부하지 않음을 이름.

해설

장자의 말머리는 이제 사람을 향한다. 그 재지才智나 덕행이 자못 뛰어나 세상에서 현능한 인재로 칭송되는 이들도(이는 곧 유가의 관점일 수 있다), 장자가 볼 때는 그 또한 전술前述한 미물들과 크게 다르지 않다. 스스로는 득의의 미소를 짓겠지만, 그들은 단지 짧고 좁은 식견으로, 그들만의 세계에 갇혀 있는 것이다.

이에 비해 송영자나 열자는 분명 '세상에 흔치 않은' 보다 높은 차원의 사람들이다. 하지만 송영자는 존아存我, 즉 능히 자아를 보존하고 지키기는 하나, 망아忘我, 즉 자아를 망각하고 초월하지는 못했으며, 더욱이 자아와 외물을 아울러 초월하여 만물과 하나가 되는 경지는 기대조차 하기 어렵다. 열자는 어떤가? 바람을 타고 다니며 행복감에 젖는 그 경지는 분명 예사롭지가 않다. 다만 대붕이 그러하듯, 그 또한 바람에 의지할 수밖에 없으니, 진정한 '소요유'에 이르렀다고 보기는 어렵다.

그렇다면 어떠하여야 비로소 아무것에도 의지하지 않는 경지라 할 수 있을까? 바로 "천지 만물의 법칙에 순응하고, 천지간 육기의 변화에 통달해 무궁한 대도의 품에서 즐겁게 노니는 것"이라는 게 장자의 설명이다. '소요'의 지극한 경지란 바로 그런 것이다. 하여 그 같은 경지에 다다랐다면, 그를 일컬어 '지인'이라 해도 가하고, '신인'이라 해도 가하며, '성인'이라 해도 가하다. 여기서 이른바 '지인무기至人無己'는 그 본체를 두고 이르는 것으로, 그는 대도와 하나 되고, 또한 곧 만물과 하나 될 따름이며, 결코 자신의 주의 주장을 고집하지 않는다. 바로 그 때문에 '무기'라고 한 것이다. '신인무공神人無功'은 그 공용功用을 두고 이르는 것으로, 그는 기본적으로 '무위이무불위無爲而無不爲'하여, 우주 만물의 자연적 변화 발전에 순응해 무위하면서도 어느 것 하나 이루어내지 않는 것이 없나니, 굳이 애써 공업功業(큰 공로가 있는 사업)을 이루려 하지 않음은 물론, 설령 공업을 이루었다 하더라도 결코 그것을 자부하지 않는다. 바로 그 때문에 '무공'이라고 한 것이다. '성인무명聖人無名'은 그 명상名相(불교 용어로, 귀에 들리는 것과 눈에 보이는 것을 이르는데, 그 모두가 허망하고 거짓된 것이면서 사람들로 하여금 그것에 집착해 온갖 번뇌 망상을 일으키게 함)을 두고 이르는 것으로, 그는 항상 "뭐라고 이름을 붙여 부를 수 없는 대도의 질박함[無名之樸]"(『노자』 37장)을 견지하며 명예나 명성을 추구하지 않음은 물론, 설령 본의 아니게 명예나 명성을 얻었다 하더라도 결코 그것을 자부하지 않는다. 바로 그 때문에 '무명'이라고 한 것이다. 이렇듯 장자가 말하는 '지인'·'신인'·'성인'은 하나같이 도체道體(도의 본체)의 화신化身으로, 가히 '삼위일체三位一體'라 할 것이다.

이 「소요유편」은 글머리부터 여기까지가 전편의 총론이자 서론으로, 그 논리의 핵심은 바로 글 말미의 "만약 천지 만물의 법칙에 순응하고"에서 "성인은 명성을 추구하지 않는다"까지의 말로 귀결되고 있다. 그리고 아래의 각 단락에서는 바로 그 함의를 부연했다.

2-1

요堯임금이 허유許由에게 천하를 물려줄 양으로 말했다. "해와 달이 나왔는데도, 횃불이 꺼지지 않고 불빛을 발하려고 한다면, 어찌 곤란하지 않겠소? 때맞춰 오는 비가 내렸는데도, 오히려 사람이 물을 주어 농작물을 적시려 한다면, 어찌 헛수고가 아니겠소? 선생이 보위에 오르면 천하가 잘 다스려질 텐데, 내가 아직 이 자리를 차지하고 있으니,

내가 나를 봐도 재덕才德이 많이 부족하오. 그러니 청컨대 천하를 받아주시오." 허유가 대답했다. "폐하께서 천하를 잘 다스리시어, 천하가 이미 태평합니다. 한데 제가 오히려 폐하를 대신한다면, 그건 제가 장차 명성을 추구하는 것이겠지요? 명성이란 실질의 껍데기일 뿐인데, 제가 그 공허 무실無實한 껍데기를 추구하겠습니까? 뱁새가 깊은 숲속에 둥지를 트는 데는 나뭇가지 하나면 족하고, 두더지가 강물을 마시는 데는 배만 부르면 족하지요. 그만두십시오, 임금님! 저는 이렇게 큰 천하를 쓸 데가 없습니다. 설령 숙수가 음식을 만들지 않는다고 해도, 주제主祭가 술그릇과 적대炙臺를 넘어가서 그를 대신해 제사 음식을 만들지는 않습니다."

堯¹讓天下於許由², 曰: "日月³出矣, 而爝火⁴不息, 其於光也, 不亦難乎?
요 양천하어허유 왈 일월 출의 이작화불식 기어광야 불역난호

時雨降矣, 而猶浸灌,⁵ 其於澤⁶也, 不亦勞乎? 夫子⁷立, 而⁸天下
시우강의 이유침관 기어택야 불역로호 부자립 이천하

治, 而我猶尸之,⁹ 吾自視缺然.¹⁰ 請致天下.¹¹" 許由曰: "子¹²治天下,
치 이아유시지 오자시결연 청치천하 허유왈 자치천하

天下旣已治也. 而我猶代子, 吾將爲名乎? 名者實之賓¹³也, 吾將爲
천하기이치야 이아유대자 오장위명호 명자실지빈 야 오장위

賓乎? 鷦鷯¹⁴巢於深林, 不過一枝; 偃鼠¹⁵飮河, 不過滿腹. 歸休乎¹⁶
빈호 초료 소어심림 불과일지 언서 음하 불과만복 귀휴호

君, 予無所用天下爲¹⁷! 庖人¹⁸雖不治庖, 尸祝¹⁹不越樽俎²⁰而代之矣."
군 여무소용천하위 포인 수불치포 시축 불월준조 이대지 의

주석

1 堯(요): 상고시대의 성군.
2 許由(허유): 요임금 때의 은사隱士. 전하는 바에 의하면, 요임금이 양위하려고

하자, 허유는 귀가 더러워졌다고 하며 강물에 귀를 씻고, 기산箕山으로 들어가 은거했다고 함.

3 日月(일월): 허유를 비유함.

4 爝火(작화): 횃불. 곧 요임금 자신을 비유함.

5 浸灌(침관): (농작물에) 물을 줌, 관개灌漑함. 요임금이 허유를 '시우時雨', 즉 때맞춰 오는 비에 비유하고, 자신은 사람이 농작물에 물을 주는 것에 비유함.

6 澤(택): 윤택潤澤하게 함. 여기서는 (농작물을) 적심, 축임을 이름.

7 夫子(부자): 옛날 남자에 대한 존칭. 또 학자나 스승에 대한 일컬음. 여기서는 곧 허유를 두고 이름.

8 而(이): 즉則과 같음.

9 尸之(시지): 왕위를 차지하고 있음. '시'는 주관함. '지'는 왕위를 가리킴. '시지'를 일설에는 시위尸位, 즉 재덕도 없으면서 벼슬자리(왕위)에 올라 그 직책을 다하지 못하는 것을 일컬음.

10 缺然(결연): 재능이 부족한 모양. 일설에는 자괴한 모양.

11 請致天下(청치천하): "(내가 그대에게) 천하를 물려주도록 해주시오." '치'는 줌(與).

12 子(자): 제이 인칭대명사의 존칭.

13 賓(빈): 부차적이고 부수적인 것을 이름.

14 鷦鷯(초료): 뱁새. 일설에는 굴뚝새. 곧 허유 자신을 비유함.

15 偃鼠(언서): 언서鼴鼠. 두더지. 역시 허유 자신을 비유함.

16 歸休乎(귀휴호): "그만두세요." 일설에는 "돌아가세요."

17 爲(위): 문장 끝에 쓰이는 어조사로, 감탄의 어조를 띰.

18 庖人(포인): 숙수, 즉 잔치나 제사와 같이 큰일이 있을 때에 음식을 만드는 사람. 곧 요임금을 비유함.

19 尸祝(시축): 주제主祭, 즉 제사를 주장하여 행하는 사람. 곧 허유 자신을 비유함.

20 樽俎(준조): 제기祭器. '준'은 술그릇, '조'는 적대(제사 때 희생을 올려놓는 상).

해설

이 단락은 장자의 '중언'으로, 요임금이 허유에게 천하를 물려주려고

한 이야기를 빌려 '성인무명'의 뜻(사실 이에는 '무기'·'무공'의 뜻도 아울러 내포된 것으로 볼 수 있음)을 부연 설명했다. 한데 우리가 한 가지 명심해야 할 것이 있으니, 곧 『장자』에서 구사되는 '중언'이나 '우언' 속에는 왕왕 장자 자신이 숨어 있다는 것이다. 예를 들어 이 단락에서 '허유'는 바로 장자의 대변인이다.

허유는 천하를 받아 다스려달라는 요임금의 제안을 일축했다. "명성이란 실질의 껍데기일 뿐"인데, 어찌 천하를 다스리는, "그 공허 무실한 껍데기"를 추구하겠느냐는 것이다. 허유의 이 같은 심리의 저변에는 "큰 나라를 다스리는 것은 작은 생선을 굽듯이 해야 한다(治大國, 若烹小鮮)"(『노자』 60장)는, 이른바 '무위이치無爲而治'에의 지향과 신념이 작용하고 있는 것으로 이해된다.

2-2

견오肩吾가 연숙連叔에게 물었다. "제가 접여接輿의 말을 들어보니, 과장이 심해서 참으로 허황했는데, 정말 끝없이 허풍을 치며 멈출 줄을 몰랐습니다. 나는 그의 말에 놀라고 두려웠는데, 그의 말은 마치 은하수처럼 끝 간 데 없었고, 현실과 동떨어져 인정人情 사리事理에 맞지 않았습니다." 연숙이 말했다. "그가 무슨 말을 했습니까?" "그가 이렇게 말했소. '저 멀리 고야산에 신인神人이 살고 있는데, 피부는 얼음과 눈처럼 깨끗하고 희며, 자태는 처녀처럼 온화하고 우아합니다. 사람들의 양식인 오곡은 먹지 않고, 바람과 이슬을 마시며, 구름을 타고 비룡을 몰면서 사해 밖까지 한껏 노닙니다. 그리고 그가 정신을 집중하면, 만물은 재해를 입지 않고, 농사는 풍년이 들게 됩니다.' 한데 저는 그의 말이 허황되고 믿음이 가지 않았습니다." 연숙이 말했다. "그렇지요! 눈이 먼 이는 아름다운 무늬의 모양을 감상할 수가 없고, 귀가 먼 이는 아름다운 종고鐘鼓의 소리를 감상할 수가 없습니다. 한데 어찌 우리 몸에만 눈이 멀고 귀가 먼 경우가 있겠습니까? 사람의 지력 智力에도 그러한 결함이 있지요. 이는 곧 당신을 두고 하는 말입니다. 신인, 바로 그 신인의 덕은 장차 만물에 널리 미치어 혼연일체가 되련만, 세상 사람들은 마냥 분란만 일으키고 있거니, 어느 누가 고생스레 천하를 다스리는 속사俗事를 하려 하겠습니까? 신인은, 어떤 사물도 그를 해칠 수 없고, 큰 홍수가 하늘까지 넘쳐도 그를 빠뜨릴 수 없으며, 큰 가뭄이 쇠와 돌을 녹이고, 흙산을 타들어가게 해도 그를 더위하게 할 수 없습니다. 신인의 먼지나 때, 찌꺼기로도 오히려 요·순堯舜임금의 치적을 이루어낼 수 있거늘, 어느 누가 번거로이 세속의 만사 만물을 다스리려 하겠습니까?"

肩吾[1]問於連叔曰:"吾聞言於接輿,[2] 大[3]而無當,[4] 往而不返.[5] 吾驚
견 오 문 어 연 숙 왈   오 문 언 어 접 여   대 이 무 당   왕 이 불 반   오 경
怖其言, 猶河漢[6]而無極也, 大有逕庭,[7] 不近人情焉."連叔曰:"其
포 기 언 유 하 한 이 무 극 야 대 유 경 정   불 근 인 정 언   연 숙 왈   기
言謂何哉?""曰:'藐[8]姑射之山,[9] 有神人居焉, 肌膚若冰雪, 淖約[10]
언 위 하 재   왈   막 고 야 지 산 유 신 인 거 언 기 부 약 빙 설 작 약
若處子. 不食五穀, 吸風飲露. 乘雲氣, 御飛龍, 而遊乎四海[11]之外.
약 처 자 불 식 오 곡 흡 풍 음 로 승 운 기 어 비 룡 이 유 호 사 해 지 외
其神凝, 使物不疵癘[12]而年穀熟.' 吾以[13]是[14]狂[15]而不信也."連叔曰:
기 신 응 사 물 불 자 려 이 년 곡 숙 오 이 시 광 이 불 신 야   연 숙 왈
"然! 瞽者[16]無以與[17]乎文章[18]之觀,[19] 聾者[20]無以與乎鐘鼓[21]之聲. 豈
연   고 자 무 이 여 호 문 장 지 관   농 자 무 이 여 호 종 고 지 성 기

唯形骸²²有聾盲哉? 夫知²³亦有之. 是其言也, 猶時²⁴女²⁵也. 之人²⁶
유 형 해 　 유 농 맹 재 　 부 지 　 역 유 지. 　 시 기 언 야, 　 유 시 　 여 　 야. 지 인

也, 之德也, 將旁礴²⁷萬物以爲一, 世蘄乎亂,²⁸ 孰弊弊焉²⁹以天下爲
야 　 지 덕 야, 　 장 방 박 　 만 물 이 위 일, 　 세 기 호 란, 　 숙 폐 폐 언 　 이 천 하 위

事? 之人也, 物莫之傷, 大浸³⁰稽³¹天而不溺, 大旱金石流土山焦而
사? 지 인 야, 　 물 막 지 상, 　 대 침 　 계 　 천 이 불 닉, 　 대 한 금 석 류 토 산 초 이

不熱. 是其塵垢秕糠,³² 將猶陶鑄³³堯舜者也, 孰肯分分然³⁴以物爲
불 열. 　 시 기 진 구 비 강, 　 장 유 도 주 　 요 순 자 야, 　 숙 긍 분 분 연 　 이 물 위

事!"
사

주석 ————————————————————————————

1 肩吾(견오): 고대 현인으로, 장자가 허구한 인물. 아래의 '연숙'도 이와 같음.
『장자』일서에서 장자가 거론하는 인물은 모두 그가 특정한 의도로 그려낸 사
람들로, 완전히 허구적인 인물도 있고, 어떤 사실史實에 근거해 각색해낸 인물
도 있음. 따라서 그 진실 여부에 대해 천착할 필요는 없음. 십중팔구가 우언
인『장자』에서는 다수의 역사 인물들이 그 논설의 소재로 활용되고 있는데, 예
를 들면 유가의 창시자인 공자도 장자의 붓끝에서는 오히려 왕왕 도가의 문
도門徒로 그려지고 있음.

2 接輿(접여): 춘추시대 말엽 초나라 은사. 성은 육陸, 이름은 통通. '접여'는 그의
자字. 당시 사람들에게 흔히 '초광楚狂', 즉 초나라 미치광이로 불림.

3 大(대): 과대誇大함. 곧 과장함, 허풍을 침.

4 無當(무당): 실제實際에 맞지 않음. 곧 허황됨.

5 往而不返(왕이불반): 줄곧 내달리며 되돌아오지 않음. 곧 허풍이 끝없이 이어지
며 멈추지 않음을 이름.

6 河漢(하한): 은하수.

7 逕庭(경정): (현실과는) 거리가 멀리 떨어짐. '경'은 야외의 길이고, '정'은 정원으
로, 양자가 서로 멀리 떨어져 있는 데서 유래된 말.

8 藐(막): 아득히 먼 모양.

9 姑射之山(고야지산): 고야산姑射山. 신화 전설상의 산 이름.『장자』에서 언급되
는 지명이나 산천 등도 가탁假託한 것이 많아 천착할 필요는 없음.

10 淖約(작약): 작약綽約과 같음. 몸매가 유연하고 아리따운 모양.

11 四海(사해): 천하天下.

12 疵癘(자려): 악질惡疾. 여기서는 재해, 재앙.

13 以(이): 이위以爲, 즉 ~라고 여김, 생각함.

14 是(시): 차此와 같음. 곧 지시대명사로, 접여의 말을 가리킴.

15 狂(광): 광誑과 통함. 허망함, 황당무계함. 곧 (말이나 행동이) 참되지 않고 터무니
   없음.

16 瞽者(고자): 시각장애인.

17 與(여): 참여함. 여기서는 감상에 참여함을 이름.

18 文章(문장): 문채文彩, 무늬, 문양.

19 觀(관): 경관景觀, 경색景色. 여기서는 모양을 이름.

20 聾者(농자): 청각장애인.

21 鐘鼓(종고): 종과 북. 모두 타악기임.

22 形骸(형해): 사람의 몸과 뼈. 곧 몸, 육체를 가리킴.

23 知(지): 지智와 같음.

24 猶時(유시): 바로 ~임. '유'는 즉卽과 같음. 곧, 바로. '시'는 시是와 같음. ~임.

25 女(여): 여汝와 같음. 곧 견오를 가리킴. 일설에는 '시녀是女'가 '처자處子'를 가리
   키는 것으로 풀이하나, 억지스럽고 무리함.

26 之人(지인): 그 사람, 곧 고야산 신인을 가리킴. '지'는 지시대명사로, 차此·기其
   와 같음.

27 旁礴(방박): 방박磅礴. (은택이) 널리 미침. 일설에는 섞여서 하나가 됨.

28 世蕲乎亂(세기호란): 직역하면 세상이 온통 혼란을 희구한다는 뜻. 이는 곧 천
   꾸잉이 풀이한 대로, 세상 사람들이 너나없이 공명을 다투며 분란을 일으키는
   가 하면, 파벌을 만들어 서로 배척하며 암투를 벌이니, 마치 끊임없이 분란과
   혼란을 희구하는 양상이라는 말. '기'는 기蘄와 통함. 기구蘄求함, 희구함. '란'은
   흔히 치治의 뜻으로 보아 치세·태평을 이르는 것으로 풀이하나, 천치티엔陳啓天
   이 이른 대로 그러한 의미는 장자의 본의에 부합하지 않는 듯함. 요컨대 '란'은
   통상적인 의미(즉 혼란·분란)로 이해하는 것이 문맥적 의미를 한결 잘 통하게 함.

29 弊弊焉(폐폐언): 수고로운 모양, 고생스러운 모양.

30 大浸(대침): 대수大水, 즉 큰물, 홍수.

31 稽(계): 이름, 다다름[至].

32 **粃糠**(비강): 쭉정이와 겨. 곧 찌꺼기를 비유함.

33 **陶鑄**(도주): 질그릇을 만들고 주물을 만들 듯이 인재를 양성함. 여기서는 (요·순의 치적을) 이루어냄.

34 **分分然**(분분연): 분분연紛紛然과 같음. 번거로이, 번잡하게. 이 '분분연' 석 자는 본디 통행본에 없는 것이나, 왕수민王叔岷의 견해를 따라 『회남자淮南子』 「숙진훈편俶眞訓篇」에 근거해 보충함.

해설

이 단락은 '중언' 속에 '우언'이 포함된 표현 방식을 취하고 있는데, 견오와 연숙의 문답은 '중언'이요, 그 가운데에 기술된 접여의 신인 이야기는 '우언'이다. 한편 접여와 연숙은 바로 장자의 대변인이다.

장자는 여기서 '신인'의 형상으로 도의 공용功用을 비유 설명하는가 하면, '신인무공神人無功'의 뜻을 부연했다. 『장자』 일서는 거의 모든 편에서 매양 추상적인 도를 구체화·의인화하곤 하는데, 고야산의 '신인'은 바로 그 같은 인물 형상이다. 신인은 오곡을 먹지 않고, 바람과 이슬을 마시며, 결코 천하를 다스리는 속사를 하려 하지 않는데, 이는 곧 노자가 강조한 청정무위淸靜無爲(어떠한 세속적인 욕심도 없이 맑고 고요한 마음으로 무위자연의 섭리에 순응함)함이다. 하지만 신인은 오히려 능히 만물은 재해를 입지 않게 하고, 농사는 풍년이 들게 하는데, 이는 곧 청정무위하면서도 '무불위無不爲'함이다. 신인은 물론 그러면서도 결코 그 공로를 자부하지 않는다. 장자가 볼 때, 이 같은 유도有道의 신인은 비록 '무공'하나, 그 덕은 오히려 천하를 감화시키고, 그 공은 오히려 만민에게 두루 미친다.

2-3

송나라 사람이 장보章甫라는 예관禮冠을 팔러 월나라에 갔지만, 월나라 사람들은 머리카락을 짧게 자르고 몸에는 문신을 하여 예관이 전혀 소용이 없었다. 요임금이 천하 만백성을 잘 다스려 온 나라의 정국을 안정시켰지만, 멀리 분수 북쪽의 고야산에 가서 네 분의 유도지사有道之士를 만나 보았다면, 망연자실하여 자신이 다스리는 천하를 잊어버렸을 것이다.

宋人資¹章甫²而適諸³越, 越人斷髮文身, 無所用之. 堯治天下之民,
송 인 자 장 보 이 적 저 월　월 인 단 발 문 신　무 소 용 지　요 치 천 하 지 민

平海内之政, 往見四子⁴藐姑射之山汾水⁵之陽,⁶ 宿然⁷喪⁸其天下焉.
평 해 내 지 정　왕 견 사 자　막 고 야 지 산 분 수　지 양　요 연　상 기 천 하 언

주석

1 資(자): 판매함.
2 章甫(장보): 예관·예모禮帽의 일종.
3 諸(저): 어조사. 어於와 같음.
4 四子(사자): 네 사람의 유도자有道者. 장자 우언의 특성상, 이 네 사람이 누구누구인지 천착할 필요는 없음.
5 汾水(분수): 강 이름. 황하의 지류.
6 陽(양): 강의 북안北岸을 일컫는 말.
7 宿然(요연/면연): 멍하니 정신이 없고, 어리둥절한 모양.
8 喪(상): 잊음[忘].

이는 반면교사를 활용한 '지인무기至人無己'에 대한 부연 설명이다. 송
나라 사람은 자신들이 예관을 쓰기 때문에, 월나라 사람들도 분명히
예관을 쓸 것이란 생각을 하고 있었다. 하지만 예상은 빗나갔고, 큰
손해만 보았다. '무기無己'하지 못하고, '유기有己'한 탓이다.

요임금이 비록 온 나라의 정국을 안정시켰지만, 장자가 볼 때 그것
은 여전히 '유기'와 '유위有爲'를 통한 치세라는 한계를 드러내고 있다.
그래서 만약 요임금이 네 분의 고야산 유도지사를 만나 보았다면, 그
훈도를 받아 진정한 '무위이치無爲而治'의 함의를 깊이 깨닫고, '무기'하
고 '망기忘己'하는가 하면, 또 '무공'·'무명'할 수 있었을 것이라는 게 장
자의 생각이다.

3-1

혜자惠子가 장자에게 말했다. "위나라 왕이 나에게 큰 박의 씨를 주
기에, 내가 그것을 심었더니, 자라서 여문 박이 다섯 섬들이가 되었네.
한데 거기에 음료를 담았더니, 그 정도의 단단함으로는 음료의 무게
를 이겨내지를 못하더구먼. 그래서 쪼개어 표주박을 만들었더니, 너
무 커서 항아리도, 가마솥도, 그 어떤 기물器物도 그것을 받아들이지
를 못하더구먼. 그 박은 속은 텅 비고 크기가 정말 컸지만, 나는 결국
그것을 쓸데가 없어서 그만 부숴버렸네." 장자가 말했다. "자네는 정
말 큰 물건을 쓸 줄 모르는구먼. 송나라 사람 가운데 손 안 트는 약을
잘 만드는 이가 있었는데, 그는 대대로 고운 솜을 깨끗이 세탁하는 일

을 해왔다네. 나그네 한 사람이 그 이야기를 듣고, 그의 약방藥方을 일백 금을 주고 사겠다고 했네. 그는 가족을 모아놓고 상의를 하며 말했지. '우리가 대대로 솜을 세탁하는 일을 해왔지만, 여태 번 돈이라곤 몇 금에 불과한데, 지금 일단 내 약방을 팔기만 하면 일백 금을 받을 수가 있으니, 저 나그네에게 팔자꾸나.' 나그네는 약방을 사가지고, 오吳나라 왕을 찾아가 그것을 활용하도록 설득을 했네. 마침 월나라가 오나라를 침공해 오자, 오나라 왕은 그에게 군대를 거느리고 출정케 했고, 그는 겨울에 월나라 군대와 수전水戰을 벌여 월나라를 크게 무찔렀다네. 이에 오나라 왕은 땅을 쪼개어 그에게 봉토封土했지. 능히 손을 안 트게 하는 비방은 한가지이거늘, 어떤 이는 그것으로 봉토를 얻었고, 어떤 이는 그것으로 솜을 세탁하는 일도 면치 못했는데, 그것은 바로 그 활용법이 달랐기 때문이라네. 지금 자네한테 다섯 섬들이 큰 박이 있으면, 어찌하여 그것을 허리에 매는 큰 구명 도구로 삼아 강이나 호수를 건널 생각은 하지 않고, 너무 커서 어떤 것도 그것을 받아들이지 못한다고 걱정을 하는가? 이는 곧 자네 생각이 아직 뭔가 얽혀 있어 두루 통하지 못하고 있다는 것이로세!"

惠子[1]謂莊子曰: "魏王[2]貽[3]我大瓠之種, 我樹之, 成而實[4]五石[5]; 以
혜 자 위 장 자 왈   위 왕   이 아 대 호 지 종   아 수 지 성 이 실 오 석   이
盛[6]水漿,[7] 其堅不能自擧[8]也; 剖之以爲瓢, 則瓠落[9]無所容. 非不[10]
성 수 장   기 견 불 능 자 거 야 부 지 이 위 표   즉 호 락 무 소 용   비 불
呺然[11]大也, 吾爲[12]其無用而掊[13]之." 莊子曰: "夫子[14]固[15]拙於用大
효 연 대 야 오 위 기 무 용 이 부 지   장 자 왈 부 자 고 졸 어 용 대
矣. 宋人有善爲不龜[16]手之藥者, 世世以洴澼[17]絖[18]爲事. 客聞之, 請
의 송 인 유 선 위 불 균 수 지 약 자 세 세 이 병 벽 광 위 사   객 문 지 청
買其方百金. 聚族而謀曰: '我世世爲洴澼絖, 不過數金; 今一朝而
매 기 방 백 금 취 족 이 모 왈   아 세 세 위 병 벽 광 불 과 수 금 금 일 조 이

鬻技¹⁹百金, 請與之.' 客得之, 以說²⁰吳王. 越有難,²¹ 吳王使之將,²²
육 기 백 금 청 여 지   객 득 지 이 세 오 왕 월 유 난   오 왕 사 지 장

冬與越人水戰, 大敗越人, 裂地而封之. 能不龜手, 一也; 或以封,
동 여 월 인 수 전 대 패 월 인 열 지 이 봉 지 능 불 균 수 일 야 혹 이 봉

或不免於洴澼絖, 則所用之異也. 今子有五石之瓠, 何不慮以爲大
혹 불 면 어 병 벽 광 즉 소 용 지 이 야 금 자 유 오 석 지 호 하 불 려 이 위 대

樽²³而浮乎江湖, 而憂其瓠落無所容? 則夫子猶有蓬之心²⁴也夫!"
준 이 부 호 강 호 이 우 기 호 락 무 소 용 즉 부 자 유 유 봉 지 심 야 부

주석

1 **惠子**(혜자): 즉 혜시惠施. 송나라 사람으로, 장자의 친구이며, 일찍이 양梁나라
혜왕의 재상을 지낸 적이 있음. 또한 명가名家의 대표적인 인물로, 그의 저술은
전하지 않으나, 『장자』에 그가 장자와 논쟁을 벌이는 장면이 있어 그의 사상
관념을 엿볼 수 있음.

2 **魏王**(위왕): 위魏나라 혜왕을 가리킴. 나중에 그가 대량大梁으로 천도했기 때문
에 흔히 또 '양梁 혜왕'이라고도 함.

3 **貽**(이): 줌[贈].

4 **實**(실): 과실, 열매. 여기서는 결실한, 즉 열매를 맺어서 완전히 여문 박을 가리킴.

5 **石**(석): 부피의 단위, 섬. 곧 열 말[斗].

6 **盛**(성): (그릇에 물건을) 담음.

7 **水漿**(수장): 음료.

8 **擧**(거): 감당함, 이겨냄.

9 **瓠落**(호락): 확락廓落과 같음. 아주 큰 모양.

10 **非不**(비불): ~ 하지 않은 것이 아님. 여기서는 진실로 그러함을 강조하는 말로
이해됨.

11 **呺然**(효연): 텅 비고 큰 모양.

12 **爲**(위): ~ 때문에.

13 **掊**(부): 침[擊], 부숨·깨뜨림[破].

14 **夫子**(부자): 옛날 남자에 대한 존칭.

15 **固**(고): 진실로, 정말[로].

16 **龜**(균): 균皸과 통함. 손발을 비롯한 피부가 추위에 얼어서 터짐.

17 洴澼(병벽): 깨끗이 빪, 세탁함.

18 絖(광): 고운 솜.

19 鬻技(육기): '육'은 (물건을) 팖. '기'는 기술, 여기서는 손 안 트는 약방(약을 조제하는 방법)을 가리킴.

20 說(세): 유세遊說, 즉 남에게 귀가 솔깃하도록 말하여 자기 의견에 따르게 함. 혹은 설득함.

21 難(난): 발난發難, 즉 군대를 동원해 난을 일으킴. 여기서는 침입함을 이름.

22 將(장): 군대를 통솔함.

23 樽(준): 술통, 술단지. 여기서는 술통처럼 생긴 것으로, 헤엄칠 때 허리에 매고 물에 뜨는 데 도움을 받는 구명 도구를 가리킴. 이는 흔히 '요주腰舟'(허리에 매는 배)라고 함.

24 蓬之心(봉지심): 쑥처럼 얽히고 막혀 있는 마음이라는 뜻으로, 곧 생각과 식견이 천단淺短해 신축적이지 못함을 비유함. '봉'은 쑥.

해설

상술한 '지인무기至人無己'에 대한 설명이 이어지고 있다. 여기서 혜자는 엄청나게 큰 박을 이런저런 용도로 쓰려고 해보았지만 여의치 않자, 그만 부숴버리고 말았다. 그는 곧 자신의 선입관에 근거해 대상 사물의 유용성에 집착하면서, 유연한 사고력을 보여주지 못한 것이다. 하지만 장자는 그 어떤 선입관도, 집착도 없이 큰 박 특유의 물에 뜨는 속성을 활용해 깊은 물을 건너는 데 유용한 도구로 쓸 생각을 했다. 이처럼 장자 같은 '지인'은 어떤 것에 대해 결코 선입관을 가지고 있지 않으며, 따라서 능히 자연의 섭리에 순응해 만물의 본성에 따라 추이推移할 수가 있다. 그야말로 "천지 만물의 법칙에 순응하고, 천지간 육기의 변화에 통달해 무궁한 대도의 품에서 즐겁게 노니는 것이다." 그러니 진정 "어떤 것에도 의지하는 바가 없는〔無所待〕" '무기無己' 의 경지에 다다랐다 할 것이며, 또한 곧 '소요유'의 일면을 보여주고 있다 할 것이다.

3-2

혜자가 장자에게 말했다. "나한테 큰 나무 한 그루가 있는데, 사람들은 그걸 가죽나무라고 하지. 한데 그 줄기는 울퉁불퉁해서 먹줄을 먹일 수도 없고, 그 가지는 꾸불꾸불해서 그림쇠와 곱자를 댈 수도 없다네. 그 때문에 가죽나무가 길섶에 서 있어도, 목수들은 거들떠보지도 않지. 지금 자네가 말하는 것도 너무 거대하여 실용성이 없단 말이야. 그러니 사람들은 아무도 관심을 갖지 않을 걸세." 장자가 말했다. "자네는 설마 너구리와 살쾡이도 보지 못했는가? 몸을 한껏 낮추고 매복하여, 돌아다니는 작은 짐승들을 기다리다가, 사방으로 뛰어오르며 높은 곳이든 낮은 곳이든 가리지 않지만, 결국은 덫에 치이거나 그물에 걸려 죽고 말지. 반면에 지금 야크는 말이야. 얼마나 큰지 마치 하늘 끝까지 펼쳐진 구름만 하다네. 그러니 야크는 큰 힘을 쓰는건 잘할 수가 있지. 하지만 오히려 쥐 잡는 건 못 한다네. 지금 자네는 큰 나무가 있지만, 쓸모가 없다고 걱정을 하는데, 어찌하여 그 나무를 아무것도 없는 텅 빈 땅이나 광활히 펼쳐진 들판에 심어놓고, 그 언저리를 한가로이 배회하거나, 그 아래에서 유유히 누워 있지 않는가? 그 나무는 결코 도끼에 찍혀 잘려나가지 않을 것이요, 또한 아무것도 그것을 해치지 못할 것이거니, 그다지 쓸데는 없지만, 어찌 곤궁과 환난에 빠지겠는가?"

惠子謂莊子曰: "吾有大樹, 人謂之樗.[1] 其大本[2]擁腫[3]而不中繩墨,
혜자위장자왈   오유대수 인위지저 기대본 옹종 이부중승묵

其小枝卷曲而不中規矩,[4] 立之塗,[5] 匠者不顧. 今子之言, 大而無用,
기소지권곡이부중규구   입지도   장자불고 금자지언 대이무용

衆所同去[6]也." 莊子曰: "子獨[7]不見狸狌[8]乎? 卑身而伏, 以候敖者[9];
중소동거 야   장자왈   자독 불견이성호   비신이복 이후오자

東西跳梁,[10] 不辟[11]高下; 中於機辟,[12] 死於罔罟.[13] 今夫斄牛,[14] 其大
동서도량   불피 고하   중어기벽   사어망고   금부리우   기대

若垂天之雲. 此能爲大矣, 而不能執鼠. 今子有大樹, 患其無用, 何
약수천지운 차능위대의 이불능집서 금자유대수 환기무용 하

不樹之於無何有之鄕, 廣莫[15]之野, 彷徨乎無爲[16]其側, 逍遙乎[17]寢
불수지어무하유지향 광막 지야 방황호무위 기측 소요호 침

臥其下? 不夭[18]斤斧,[19] 物無害者, 無所可用, 安[20]所困苦哉?"
와기하 불요 근부   물무해자 무소가용 안 소곤고재

주석

1 樗(저): 가죽나무. 소태나무과의 큰키나무로, 잎은 냄새가 이상하고, 줄기는 옹
  이가 많아, 재목으로는 별 쓸모가 없음.

2 大本(대본): 나무줄기.

3 擁腫(옹종): 옹종臃腫과 같음. 종기, 부스럼. 여기서는 나무줄기가 울퉁불퉁함
  을 이름.

4 規矩(규구): '규'는 그림쇠, 즉 원형을 그리는 제구. '구'는 곱자, 즉 방형方形을 그
  리는 자.

5 塗(도): 도涂와 통함. 길.

6 去(거): 버림, 방기放棄함. 곧 무관심함.

7 獨(독): 설마.

8 狸狌(이성): 너구리와 살쾡이.

9 敖者(오자): 이리저리 나다니는 작은 동물을 이름. '오'는 오遨와 통함. 여기저기
  돌아다님.

10 跳梁(도량): 도량跳踉과 같음. 도약함.

11 辟(피): 피피避와 같음. 피함, 기피함.

12 機辟(기벽): 덫.

13 罔罟(망고): 그물.

14 犛牛(이우): 모우牦牛, 야크. 솟과의 동물로, 몸 아랫면에 긴 털이 나 있음. 티베트 고원이나 북인도 등지에 많이 삶.

15 廣莫(광막): 광막廣漠과 같음. 광활함.

16 無爲(무위): 아무 하는 일 없이, 한가로이.

17 逍遙乎(소요호): 유유히 자적하게. '호'는 부사어 접미사.

18 夭(요): 요절夭折함.

19 斤斧(근부): 도끼. '근'은 나무를 찍고 패거나 깎는 도끼. '부'는 모든 종류의 도끼에 대한 통칭.

20 安(안): 하何와 같음. 어찌.

해설 ———

앞 단락에서와 마찬가지로, 혜자는 '대이무용大而無用', 즉 너무 커서 쓸모가 없는 문제에 갇혀 어떻게 하지를 못하고 있다. 반면 장자는 오히려 그 '쓸모가 없는(無用)' 특성을 좇아 나름의 '큰 쓸모(大用)'를 찾아내었으니, 그것은 바로 '쓸모가 없음'으로 말미암아 오히려 환난을 멀리하며 자신을 온전히 지킬 수 있다는 것이다. 이 또한 상술한 '무궁한 대도의 품에서 즐겁게 노닐며' '어떤 것에도 의지하는 바가 없다'는 논지에 호응해 궁극적으로 '소요유'의 취지로 귀결되고 있음이다.

제2편

제물론

齊物論

:

「제물론편齊物論篇」역시 『장자』에서 특히 중시되는 또 하나의 명편이다. 이른바 '제물론'은 일반적으로 제齊'물物'과 제齊'론論', 곧 제齊'물론物論'의 중의적重義的 의미를 담고 있는 것으로 풀이된다. 여기서 '제'는 제일齊一, 즉 똑같다, 가지런하다, 일치하다, 한가지다라는 뜻이다.

먼저 제'물'이란 곧 만물은 다 같은 것, 한가지라는 말이다. 장자의 견해에 따르면, 세상 만물(물론 사람도 만물의 하나임)은 그 형체나 색상, 성질 등등은 비록 천차만별이지만, 그것은 단지 각기 특정한 서로 다른 조건하에서 표현된 서로 다른 현상일 뿐이며, 결코 어떤 본질적 차이가 있는 것은 아니다. 「추수편秋水篇」의 "만물은 다 한가지이거늘 어느 게 못하고 어느 게 낫단 말인가?(萬物一齊, 孰短孰長)"나 「천하편」의 "만물을 한가지로 보는 것을 가장 중요하게 생각한다(齊萬物以爲首)"는 바로 그러한 얘기다.

그리고 제'물론'이란 곧 만물에 대한 온갖 언론 내지 의론議論도 결국은 다 같은 것, 한가지라는 말이다. 세상 만물에 대한 사람의 인식과 이해는 만물의 표징表徵에 대한 각인各人의 감지感知에 근거한다. 그렇다면 사람의 다양한 인식은 곧 '본질적으로 한가지인' 만물을 대상으로 하고 있으니, 그 언론과 의론의 견해와 관점 또한 근원적으로 다르지 않다는 것이며, 이것이 바로 제'물론'의 함의이다. 요컨대 제'물'은 제'물론'의 근거요, 제'물론'은 곧 제'물'의 필연적인 결론인 셈이니, 양자는 불가분의 관계에 있는 것이다.

전국시대는 그야말로 '백가쟁명百家爭鳴'의 시대였다. 그리하여 객관 사물에 대한 제자백가의 평론―소위 '물론'이란 바로 이 같은 평론을 두고 이르는 말임―은 각기 나름의 일단一端을 주장 고집하며 상호 비난의 목소리를 높였는데, 그들은 모두 각자 자신의 사상 관념이야말로 세상만사·만물의 시비를 심의 판결할 수 있는 절대적 표준이요, 진리라는 인식에 입각하고 있었다. 장자는 바로 당시의 이러한 경향에 대해 단호히 부정적인 태도를 취하며, 제'물론'의 주장을 내놓은 것이다.

장모어성張黙生이 이른 대로, 만사 만물의 갖가지 현상은 우주의 객관적 현실이요, '물론'의 시비와 이동異同은 뭇 사물에 대한 인간의 주관적 해석이다. 주관적 해석이 반드시 객관적 현실에 부합하지는 않으며, 객관적 현실 또한 결코 주관적 해석과 타협하지는 않는다. 그리하여 사실과 이론의 상치相馳(서로 어긋남)를 피할 수 없게 되고, 또한 그로 인해 천지간에는 수많은 오류와 왜곡 현상이 양산되기에 이르렀다. 이에 장자는 이 편에서 중의적 의의를 띤 '제물론'의 논지로 입론立論하여 사실과 이론의 합치를 기대한 것이다.

장자 '제물론'의 입론 근거는 물론 노자가 말한 도, 즉 대도에 뿌리를 두고 있다. 장자의 견해에 따르면, 대도의 관점에서 볼 때 세상의 모든 모순과 대립의 쌍방, 예컨대 삶과 죽음, 존귀함과 비천함, 영예와 치욕, 작음과 큼, 장수와 요절, 그러함과 그렇지 않음, 가함과 불가함 등과 같은 것은 모두 결코 상이한 것이 아니다. 그런 까닭에 각각 저마다의 '성심成心', 즉 자기중심적인 선입견 내지 편견에 입각한, 제자백가 상호 간의 피차彼此와 시비의 논쟁은, 단지 각자의 편견을 토로하는 쟁변爭辯에 지나지 않는다. 장자의 생각은 결국 사람은 물아物我를 모두 잊고, 불언不言·불변不辯(쟁변하지 않음)하며 시비를 초월하는 것이 낫다는 얘기다.

「제물론편」은 모두 7장으로 나뉜다. 제1장은 전편의 총론이자 종지宗旨로, 장자는 말머리를 꺼내자마자 '상아喪我'의 관점을 제시하면서, 세상에 온갖 '물론'이 분분한 가운데 끝없는 쟁변과 논박으로 점철되는 것은 모두가 아집에 빠져 있는 탓이며, 따라서 무엇보다 '무아無我'하고 '망아'하여 광대하면서도 개방적이고 초탈적인 마음으로 만물을 관조하고, 인생을 통찰해야 함을 강조했다. 또한 인뢰人籟·지뢰地籟·천뢰天籟라는 삼뢰三籟에 대한 설명을 통해 사물을 더욱 근원적·본질적으로 바라봄으로써 '제물齊物'과 '제론齊論'의 결론에 도달해야 함을 역설하는 가운데, 아래에 전개할 '제물론' 주장을 위한 이론적 근거를 제시했다.

그리고 이어지는 2장에서 5장까지가 총론에 대한 각론이자 일차적인 부연이라면, 6장 이후는 총론의 이차적인 부연으로, 혹은 중언을, 혹은 또 우언을 활용해 '제물론'의 함의를 실증했다.

1

남곽자기南郭子綦가 안석案席에 기대어 앉아 하늘을 우러러보며 천천히 숨을 내쉬는데, 멍하니 마치 자신의 육신을 망각한 것 같았다. 안성자유顏成子遊가 그 앞에 서서 모시고 있다가 여쭈었다. "어인 일이신지요? 사람의 몸을 진실로 말라 죽은 나무와 같게 하고, 사람의 마음을 진실로 불씨가 사그라진 재와 같게 할 수 있는 겁니까? 선생님께서 지금 안석에 기대어 계신 모습은 이전에 안석에 기대어 계신 모습이 아니십니다." 자기가 말했다. "언偃(자유)아, 훌륭하구나, 네가 그런 질문을 하다니! 지금 나는 편견에 사로잡힌 나를 잊었노라. 네가 그걸 알겠느냐? 너는 인뢰, 즉 사람이 내는 소리는 들어봤지만, 아직 지뢰, 즉 땅이 내는 소리는 못 들어봤겠지. 아니면 지뢰는 들어봤지만, 아직 천뢰, 즉 하늘이 내는 소리는 못 들어봤으렷다!"

자유가 말했다. "감히 그러한 소리에 담긴 이치가 무엇인지 여쭙습니다." 자기가 말했다. "무릇 대지가 내뿜는 숨을 이름하여 바람이라고 한다. 물론 바람이 불지 않으면 그만이지만, 일단 바람이 불기만 하면 수많은 구멍이 다 울부짖는다. 너는 설마 그 울부짖는 바람 소리를 들어보지 못한 건 아니지? 산과 구릉이 높거니 낮거니 험준한 가운데 만들어내는 구멍이나, 아름드리 큰 나무 위의 크고 작은 구멍들은, 마치 코 같기도 하고, 입 같기도 하며, 귀 같기도 하고, 두공枓栱 같기도 하며, 바리 같기도 하고, 절구 같기도 하며, 깊은 웅덩이 같은 것이기도 하고, 얕은 웅덩이 같은 것이기도 하다. 그리고 그런 구멍들이 내는 소리는 물이 세차게 흐르는 소리, 화살이 빠르게 날아가는 소리, 꾸짖는 소리, 숨 들이마시는 소리, 고함치는 소리, 울부짖는 소리, 깊은 골 바람 소리, 애절히 우는 새소리와도 같다. 또한 앞서서 부는 바람이 우우 하고 소리를 내면, 뒤따라 부는 바람이 윙윙 하고 호응을 하지. 물론 부드러운 바람에는 작은 소리로 호응하고, 거센 바람에는 큰 소리로 호응하지. 그리고 아무리 거센 바람도 그치고 나면 모든 구멍에는 공허와 정적이 깃든다. 너는 설마 나뭇가지가 크게 흔들려 움직이기도 하고, 또 약간 흔들려 움직이는 것을 보지 못한 건 아니겠지?"

자유가 말했다. "지뢰는 곧 수많은 구멍에서 뿜어내는 소리이고, 인뢰는 곧 퉁소나 생황 같은 관악기로 불어내는 소리군요. 그런데 천뢰는 무엇인지 감히 여쭙습니다." 자기가 말했다. "무릇 천지간에 바람이 불어 천만 가지 서로 다른 소리를 지어내면서, 수많은 구멍이 각기 자기만의 소리를 뿜어내게 한다. 그것은 물론 모두 수많은 구멍이 각기 자신의 생김새대로 서로 다른 소리를 만들어내는 것이지만, 그 소리를 발동시키는 근원은 도대체 어느 누구란 말이냐? 그게 바로 천뢰이니라."

南郭子綦[1]隱机[2]而坐, 仰天而噓,[3] 嗒焉[4]似喪其耦.[5] 顔成子遊[6]立侍
남곽자기 은궤 이좌 앙천이허 탑언 사상기우 안성자유 입시

乎前, 曰: "何居[7]乎? 形固可使如槁木, 而心固可使如死灰乎? 今之
호전 왈 하기호 형고가사여고목 이심고가사여사회호 금지

隱机者, 非昔之隱机者也." 子綦曰: "偃, 不亦善乎, 而[8]問之也! 今
은궤자 비석지은궤자야 자기왈 언 불역선호 이문지야 금

者吾喪我,[9] 汝知之乎? 汝聞人籟[10]而未聞地籟,[11] 汝聞地籟而未聞
자오상아 여지지호 여문인뢰 이미문지뢰 여문지뢰이미문

天籟[12]夫!"
천뢰 부

子遊曰: "敢問其方.[13]"子綦曰: "夫大塊[14]噫氣,[15] 其名爲風. 是[16]唯
자유왈 감문기방 자기왈 부대괴 애기 기명위풍 시유

無作, 作則萬竅[17]怒呺.[18] 而獨不聞之[19]翏翏[20]乎? 山陵[21]之畏佳,[22] 大
무작 작즉만규 노호 이독불문지 료료 호 산릉 지외최 대

木百圍[23]之竅穴,[24] 似鼻, 似口, 似耳, 似枅,[25] 似圈,[26] 似臼,[27] 似洼[28]
목백위 지규혈 사비 사구 사이 사계 사권 사구 사와

者, 似污[29]者; 激者, 謞者,[30] 叱者, 吸者, 叫者, 譹者,[31] 宎者,[32] 咬者.[33]
자 사오 자 격자 효자 질자 흡자 규자 호자 요자 교자

前者唱于[34]而隨者唱喁.[35] 泠風[36]則小和, 飄風[37]則大和, 厲風[38]濟[39]
전자창우 이수자창우 영풍 즉소화 표풍 즉대화 여풍 제

則眾竅爲虛. 而獨不見之[40]調調[41]·之刁刁[42]乎?"
즉중규위허 이독불견지 조조 지조조 호

子遊曰: "地籟則眾竅是[43]已,[44] 人籟則比竹[45]是已. 敢問天籟." 子綦
자유왈 지뢰즉중규시 이 인뢰즉비죽 시이 감문천뢰 자기

曰: "夫吹萬不同, 而使其自己[46]也; 咸[47]其自取, 怒者[48]其誰邪?"
왈 부취만부동 이사기자기 야 함 기자취 노자 기수야

주석

1 南郭子綦(남곽자기): 사람 이름. '자기'가 본이름이나, 성곽 남단(南郭)에 살았기
때문에 이같이 일컬었다고 함. 다만 「인간세편」과 「서무귀편徐无鬼篇」에서는
'남백자기南伯子綦', 「대종사편」에서는 '남백자규南伯子葵', 「우언편」에서는 '동곽
자기東郭子綦'라고 했는데, 장시창蔣錫昌이 이른 대로 이 사람은 본디 장자가 허

구한 인물이므로, 그때그때 그 이름에 약간의 차이를 보임.

2 隱机(은궤): '은'은 기댐. '궤'는 안석.

3 噓(허): 천천히 숨을 내쉼.

4 荅焉(탑언): 탑언嗒焉과 같음. 넋이 나가 멍한 모양.

5 喪其耦(상기우): 정신의 활동이 육체에 얽매이지 않고 독립적이고 자유자재한 경지, 즉 무아와 망아의 경지에 이르렀음을 가리킴. '상'은 망忘과 같음. 잊음, 망각함. '우'는 우偶와 같음. 짝. 곧 정신의 짝으로, 서로 대응되는 육체·육신을 가리킴.

6 顔成子遊(안성자유): 남곽자기의 제자. '안성'은 복성複姓. 이름은 언偃. '자유'는 자字.

7 何居(하기): 하고何故와 같음. "무슨 까닭인가?" '기'는 의문조사. 여기서는 전의轉義되어 고故, 즉 연고緣故·까닭의 뜻을 나타냄.

8 而(이): 이爾와 같음. 제이 인칭대명사. 너.

9 吾喪我(오상아): 천꾸잉이 이른 대로, '오'는 '진아眞我', 즉 참 나를, '아'는 편견에 사로잡힌 나를 각각 가리킴. '오상아', 즉 참 내가 편견에 사로잡힌 나를 잊어버림은, 곧 「소요유편」에서 말한 '무기'를 가리키는 것으로 이해됨.

10 人籟(인뢰): 사람이 (입, 코 따위로) 내는 소리. '뢰'는 원래는 여러 개의 구멍이 있는 옛날 관악기를 가리키나, 여기서는 구멍에서 나는 소리를 통칭함.

11 地籟(지뢰): 대지에 바람이 불면서 온갖 구멍에서 나는 소리.

12 天籟(천뢰): 천지 만물이 하늘의 기운을 받아 자연적으로 내는 소리.

13 方(방): 길(道/途). 여기서는 (그 안에 내포된) 이치, 의미.

14 大塊(대괴): 대지, 즉 대자연의 넓고 큰 땅.

15 噫氣(애기): 호기呼氣, 날숨(내쉬는 숨).

16 是(시): 차此와 같음. 여기서는 바람을 가리킴.

17 竅(규): 구멍.

18 怒呺(노호): 노호怒號와 같음. 바람이나 파도 따위가 세찬 소리를 냄.

19 之(지): 차此와 같음. 지시대명사. 여기서는 (울부짖는) 바람을 가리킴.

20 翏翏(료료): 료료飂飂로도 씀. 바람이 세차게 부는 소리.

21 山陵(산릉): 여러 판본에 모두 '산림山林'으로 되어 있으나, '림'은 '릉'의 잘못이라는 시통奚侗의 주장에 근거해 고침.

22 畏佳 (외최): 외최巍崔와 통함. 산릉이 높고 험준한 모양.

23 圍 (위): 두 손을 둥글게 모아서 만든 둘레. 일설에는 아름, 즉 두 팔을 둥글게 모아서 만든 둘레.

24 竅穴 (규혈): '규'는 작은 구멍, '혈'은 큰 구멍.

25 枅 (계): 두공, 즉 목조 건물 기둥 위에 지붕을 받치도록 짜 올린 횡목橫木 구조構造.

26 圈 (권): 권椦과 통함. 바리, 나무 그릇.

27 臼 (구): 절구.

28 洼 (와): 와窪와 통함. 깊은 웅덩이.

29 污 (오): 오洿와 통함. 얕은 웅덩이.

30 謞者 (효자): 화살이 날아가는 소리.

31 譹者 (호자): 울부짖는 소리. '호'는 호嚎와 통함.

32 宎者 (요자): 깊은 골(짜기)이나 굴에서 불어 나오는 바람 소리. '요'는 깊숙함.

33 咬者 (교자): 새가 애절히 우는 소리. '교'는 새가 지저귐.

34 于 (우): 바람 소리를 형용하는 말.

35 喁 (우): 바람 소리(특히 화답하는 소리)를 형용하는 말.

36 泠風 (영풍): 따스한 바람, 부드러운 바람.

37 飄風 (표풍): 대풍大風, 질풍疾風. 곧 거센 바람을 이름.

38 厲風 (여풍): 폭풍暴風. 곧 세찬 바람, 거센 바람을 이름.

39 濟 (제): 그침(止). 또는 지나감(過).

40 之 (지): 차此·기其와 같음. 여기서는 나뭇가지 따위를 가리킴.

41 調調 (조조): 나뭇가지 따위가 크게 흔들리어 움직이는 모양.

42 刁刁 (조조): (바람이 그칠 무렵) 나뭇가지 따위가 약간 흔들리어 움직이는 모양.

43 是 (시): 차此와 같음. 지시대명사. 여기서는 그렇게 소리를 내는 것을 가리킴.

44 已 (이): 의矣와 같음. 어조사.

45 比竹 (비죽): 죽관竹管을 병렬해 만든 관악기를 통칭함.

46 己 (기): 이는 곽상郭象의 주에 따른 것. 한편 사마표司馬彪의 주에는 '이己'로 되어 있는데, 그 뜻은 그치다·멈추다(止)임.

47 咸 (함): 다, 모두.

48 怒者 (노자): 발동發動시키는 자. 곧 그 소리의 근원·원천을 가리킴.

사람이 세상을 살아가면서 가장 문제가 되는 것은 무엇보다 자기중심적인 사고와 행동일 것이다. 왜냐하면 그것은 바로 인생의 온갖 번뇌와 쟁집爭執(서로 자기 의견을 고집하여 옥신각신 다툼)의 원인이기 때문이다. 하여 장자는 이 편의 논지를 펴기 시작하자마자 '오상아吾喪我'의 경지를 제시했다. 여기서 '상아'는 사람이 자기중심의 선입견과 편견에서 벗어나 광대하면서도 개방적이고 초탈적인 마음으로 만물을 관조하고, 인생을 통찰함을 말한다. 따라서 그것은 곧 「소요유편」에서 말한 '무기'나 다름이 없으며, 바꿔 말하면 망아요 무아다. 아견我見(개인적인 선입견 내지 편견. 이를 불교에서는 '나'를 고집하는 그릇된 견해라고 함)을 타파하고, 아집을 버리는 것이야말로 진정 '제물론'의 인식과 깨달음에 이르기 위한 전제조건이다.

남곽자기는 안성자유에게 이와 관련한 이치를 설명하기 위해 삼뢰, 즉 '인뢰'·'지뢰'·'천뢰'의 개념을 제시했다. 천뢰는 한마디로 자연의 본체이며, 그 소리를 말하자면 자연의 소리로서 '무성無聲', 즉 소리가 없는 소리다. 한데 비록 무성이기는 하지만, 천뢰는 모든 소리의 근원이요 원천이다. 세상의 그 어떤 소리도 천뢰에서 발원하지 않는 것이 없으니, 세상의 모든 소리는 근원적 측면에서 볼 때, 그 어떤 것도 천뢰가 아닌 것이 없다. 다 한가지라는 얘기다. 이를테면 「덕충부편」에서 말한 대로 "사물의 상이한 점에서 보면 서로 인접한 간과 쓸개도 초나라와 월나라처럼 머나멀고, 사물의 상동한 점에서 보면 만사 만물이 다 한가지이다(自其異者視之, 肝膽楚越也; 自其同者視之, 萬物皆一也)." 이처럼 특정한 한 면을 포착하면서 그 밖의 다른 면은 배제하는 사유 방식이 바로 장자가 '제물론'의 결론에 도달하는 중요한 이론적 근거이다.

한데 이처럼 더욱 근원적인 사유를 한다는 것이 결코 말처럼 쉬운 게 아니다. 그래서 요구되는 것이 바로 '상아'이다. 이 편에서 '제물론'의 이치를 설파하면서 가장 먼저 '상아'를 강조한 것은 바로 그 때문일 것이다. 아견과 아집에서 벗어나 있다면, 자연히 물아의 대립은 존재하지 않을 것이며, 물아의 대립이 없다면, 그야말로 "천지는 나와 함께 존재하고, 만물은 나와 하나이다[天地與我並生, 而萬物與我爲一]."(「제물론편」5-1장) 자아가 이미 천지 만물과 하나이거늘 아직 또 그 무엇이 차등이 있고, 같지 않은 것이 있겠는가?

2-1

큰 지혜를 가진 이는 활달하고, 작은 지혜를 가진 이는 세세하다. 큰 언론을 발하는 이는 기염을 토하고, 작은 언론을 발하는 이는 수다가 끝없다. 그들은 잠잘 때에도 정신이 산란해 마냥 꿈에 시달리고, 깨어 있어도 명리를 좇느라 일신이 편안치 않다. 그들은 매양 세상과 접촉하며 뒤얽혀서는, 날마다 속앓이하며 암투하나니, 좀처럼 당황하지 않고 침착한 경우도 있고, 깊은 속셈을 잘 드러내지 않는 경우도 있고, 치밀한 속셈으로 한껏 삼가는 경우도 있다. 또한 작은 공포에는 안절부절못하며 두려워하고, 큰 공포에는 질겁하여 까무러치기도 한다. 그들은 혹은 마치 활을 쏘듯이 상대를 쏘아붙이나니, 그것은 시비是非를 주도하려는 것이요, 혹은 마치 맹약盟約을 지키듯이 심중을 드러내지 않나니, 그것은 품은 생각을 숨기고 승기를 잡으려는 것이다. 하지만 그들이 가을이나 겨울의 경물景物처럼 쇠락하면, 그들이 날로 소멸해간다는 말이요, 그들이 자기가 하는 일에 깊이 빠지면, 본연의 모습을 회복하지 못하게 될 것이요, 그들이 밧줄에 꽁꽁 묶여 있듯이 생각이 꽉 막혀 고집불통이면, 그들이 노쇠하며 더욱 완고해져간단 말이요, 급기야 그 정도가 심해져 죽음에 임박한 그들의 마음은 다시는 생기를 회복할 수가 없다. 그들은 때로는 기뻐하고, 때로는 노여워하며, 때로는 슬퍼하고, 때로는 즐거워하며, 때로는 우려하고, 때로는 탄식하며, 때로는 이랬다저랬다 하고, 때로는 두려워하며, 때로는 경박하고, 때로는 안일하며, 때로는 방탕하고, 때로는 허세를 부린다. 그 모든 감정과 행동들은 그야말로 흡사 속이 텅 빈 관악기에서 음악이 흘러나오듯, 증발하는 지기地氣를 타고 땅속에서 버섯이 돋아 나오듯 표출된다. 사실 그러한 감정과 행동들은 밤낮으로 우리의 면전에서 번갈아 나타나게 되는데, 다만 그 모든 것이 어떻게 싹트고, 나타나게 되는지는 아무도 알지 못한다. 그만두자꾸나, 그만둬! 일단 만사 만물의 근원인 대도를 체득하게 되면, 그 모든 것이 어떻게 나타나게 되는지를 알 수가 있나니!

大知[1]閑閑,[2] 小知間間[3]; 大言炎炎,[4] 小言詹詹.[5] 其寐也魂交,[6] 其覺
대 지 한 한   소 지 간 간   대 언 염 염   소 언 첨 첨   기 매 야 혼 교   기 교
也形開.[7] 與接[8]爲構, 日以心鬪: 縵[9]者, 窖[10]者, 密[11]者. 小恐惴惴[12]
야 형 개   여 접 위 구   일 이 심 투   만 자   교 자   밀 자   소 공 췌 췌
大恐縵縵.[13] 其發[14]若機栝,[15] 其司[16]是非之謂也; 其留[17]如詛盟,[18] 其
대 공 만 만   기 발 약 기 괄   기 사 시 비 지 위 야   기 류 여 저 맹   기
守勝[19]之謂也; 其殺[20]若秋冬, 以言其日消也; 其溺之[21]所爲之, 不可
수 승 지 위 야   기 쇄 약 추 동   이 언 기 일 소 야   기 익 지 소 위 지   불 가
使復之也; 其厭[22]也如緘,[23] 以言其老洫[24]也; 近死之心, 莫使復陽[25]
사 복 지 야   기 염 야 여 함   이 언 기 노 혁 야   근 사 지 심   막 사 부 양

也. 喜怒哀樂, 慮歎變熱,²⁶ 姚²⁷佚²⁸啟²⁹態.³⁰ 樂出虛, 蒸成菌. 日夜
야   희로애락   여탄변집   조   일 계 태   악출허   증성균   일야

相代³¹乎前, 而莫知其所萌. 已乎, 已乎! 旦暮³²得此,³³ 其所由以³⁴
상 대   호전   이 막 지 기 소 맹   이 호   이 호   단 모   득 차   기 소 유 이

生乎!
생 호

주석

1 知(지): 지智와 같음.

2 閑閑(한한): 광박廣博(학문이나 식견 따위가 넓음)하고 활달한 모양.

3 間間(간간): 자세히 살피고 세세히 구별하는 모양.

4 炎炎(염염): 들판에 번지는 맹렬한 불길처럼, 거침없는 기세가 사람을 압도하는 모양. 일설에는 아름답고 성盛한 모양(이때 독음은 '담담'). 또 일설에는 담담淡淡·평담平淡한 모양.

5 詹詹(첨첨): 수다스러운 모양, 말이 장황한 모양.

6 魂交(혼교): 정신이 교착交錯·산란함.

7 形開(형개): 형체(육체, 몸)가 편치 않음. 이는 곧 명리 추구에 동분서주하느라 그렇다는 말.

8 與接(여접): 교접交接(서로 닿아서 접촉함). 곧 세상과의 접촉을 이름.

9 縵(만): 완만함. 곧 암투하며 당황하지 않고 침착함을 이름. '만'은 만慢과 통함.

10 窖(교): 속셈이 깊어 헤아리기 어려움을 이름.

11 密(밀): 속셈이 세밀해 몹시 삼가고 조심함을 이름.

12 慄慄(췌췌): 근심하고 두려워하는 모양.

13 縵縵(만만): 질겁하여 까무러치는 모양.

14 發(발): 발언함.

15 機栝(기괄): '기'는 노아弩牙, 즉 쇠뇌(여러 개의 화살을 연달아 쏠 수 있도록, 쇠로 된 발사 장치가 달린 큰 활)의 시위를 거는 곳. '괄'은 화살 꽁무니의 시위를 메우는 곳. 여기서 '기괄'은 활을 쏨을 이름.

16 司(사): 주도함, 주재함. 일설에는 사伺와 같아서, 다른 사람의 시비를 살핀다는

68

뜻이라고 함.

17 留(유): (생각을) 그대로 간직함. 곧 속마음을 드러내지 않음을 이름.

18 詛盟(조맹/저맹): 맹세. 여기서는 맹약을 지킴을 이름.

19 守勝(수승): 지킴으로써 이김. 곧 생각을 숨기고 승기를 잡음을 이름.

20 殺(쇄): 쇠락함, 조락凋落함. 곧 차차 쇠하여 보잘것없이 됨.

21 之(지): 어於와 같음.

22 厭(염): 폐색閉塞, 즉 닫혀서 막힘.

23 緘(함): (밧줄로) 묶음.

24 洫(혁): 봇도랑(봇물을 대거나 빼게 만든 도랑) 혹은 해자(성 주위에 둘러 판 못). 여기서는 (완고함이) 그처럼 깊음(深), 심함(甚)을 이름.

25 陽(양): 양기陽氣, 생기.

26 慹(집): 두려워함.

27 姚(조): 조佻와 같음. 경박함.

28 佚(일): 일逸과 같음. 안일함. 일설에는 종일縱逸함, 즉 버릇없이 제 마음대로 함.

29 啟(계): 욕망을 절제하지 않고 함부로 발산함. 곧 방탕함을 이름.

30 態(태): 작태作態함. 곧 허세를 부림, 거드름을 피움을 이름.

31 相代(상대): 상호 대체. 곧 번갈아 나타남을 이름.

32 旦暮(단모): 조만간. 여기서는 일단一旦이라는 뜻을 내포함.

33 此(차): 지시대명사. 이상의 갖가지 감정과 행동의 근원을 가리킴. 한데 그 모두는 "흡사 속이 텅 빈 관악기(虛)에서 음악이 흘러나오듯, 증발하는 지기地氣를 타고 땅속에서(無) 버섯이 돋아 나오듯 표출된다"고 했으니, 실제로는 곧 도를 가리키는 것으로 이해됨. 왜냐하면 장자 역시 노자의 사상을 계승해 만물은 모두 '허虛'·'무無'의 도에서 근원한다고 보기 때문임.

34 以(이): 이而와 같음.

해설

장자는, 현실사회에서 아직 '상아喪我'의 경지에 다다르지 못한 사람들, 예를 들면 끝없는 쟁명과 쟁변에 혈안이 되어 있는 제자백가의 심리와 감정, 행동 양상을 철저히 분석 비판하는 가운데, 그러한 것은 모두 허망한 것임을 일깨워주고 있다.

2-2

나와 대립되는 저 객관적 사물이 없으면 나도 없고, 내가 없으면 저 객관적 사물을 드러낼 수도 없다. 이러한 상호 의존적인 관계는 또한 천근淺近하여 알기 쉽지만, 그러한 관계를 누가 주재主宰하는지는 알지 못한다. 분명 그 진재眞宰, 즉 진정한 주재자가 있는 것 같으나, 다만 그 단서를 잡아내지 못할 따름이다. 그것은 물론 실제로 행해짐으로써 실증될 수 있으나, 그 형체는 볼 수가 없나니, 진재는 실존하지만 형체가 없도다.

사람의 몸에는 수많은 뼈와 아홉 개의 구멍, 여섯 가지 내장이 빠짐없이 갖추어져 있는데, 나는 그 가운데 어느 것과 가장 친근한가? 당신은 그 모두를 다 좋아하는가? 아니면 그 가운데 편애하는 게 있는가? 만약 다 좋아하거나 특정한 것을 편애하는 게 아니라면, 그 모두를 노예로 여기는 것인가? 아니면 노예들은 서로가 서로를 다스리지는 못하는가? 아니면 서로 번갈아가며 군주와 신하가 될 수 있는가? 아니면 그 가운데 진군眞君, 즉 진정한 군주가 있는 것인가? 우리가 진군의 실상實相을 제대로 파악을 하든, 못 하든, 그 본연의 참모습에는 어떤 증익이나 감손도 없다.

사람은 일단 천지의 기운을 받아 형체를 이루었으니, 응당 그 천성을 잃지 않고 생을 다하여야 한다. 한데 세상 외물과 서로 충돌하고

마찰하는 가운데 명리를 좇아 마냥 앞으로 나아감이 온통 말을 달리
듯 숨 쉴 틈도 없으면서 도무지 멈추지를 못한다면, 어찌 슬프지 않겠
는가? 평생토록 쉼 없이 노고하지만 성공을 맛보지도 못하고, 마냥 지
치고 고달프지만 무엇을 위해 그 고생을 하는지를 알 수가 없다면, 어
찌 서럽지 않겠는가? 그런 사람이 설령 죽지 않는다고 한들 무슨 의미
가 있겠는가? 그 형체는 점차 쇠로하고, 그 정신 또한 그와 같이 흐려
질 것이러니, 어찌 크디큰 비애라 하지 않을 수 있겠는가? 사람의 삶
이란 본디 이처럼 어리석은 생각에 미혹되는 것인가? 아니면 나만 유
독 어리석은 생각에 미혹되어 사리에 어둡고, 다른 사람들은 그렇지
않은 것인가?

非彼[1]無我, 非我無所取.[2] 是[3]亦近矣, 而不知其所爲使. 若[4]有眞宰,[5]
비 피 무 아   비 아 무 소 취   시 역 근 의   이 부 지 기 소 위 사   약 유 진 재
而特[6]不得其眹.[7] 可行已[8]信,[9] 而不見其形, 有情[10]而無形.
이 특 부 득 기 진   가 행 이 신   이 불 견 기 형   유 정 이 무 형

百骸[11]·九竅[12]·六藏,[13] 賅[14]而存焉, 吾誰與爲親? 汝皆說[15]之乎? 其[16]
백 해   구 규   육 장   해 이 존 언   오 수 여 위 친   여 개 열 지 호   기
有私[17]焉? 如是皆有爲臣妾[18]乎? 其臣妾不足以相治乎? 其遞相爲
유 사 언   여 시 개 유 위 신 첩 호   기 신 첩 부 족 이 상 치 호   기 체 상 위
君臣乎? 其有眞君[19]存焉? 如求得其情與不得, 無益損乎其眞.
군 신 호   기 유 진 군 존 언   여 구 득 기 정 여 부 득   무 익 손 호 기 진

一受其成形, 不亡以待盡. 與物[20]相刃相靡,[21] 其行盡如馳,[22] 而莫之
일 수 기 성 형   불 망 이 대 진   여 물 상 인 상 마   기 행 진 여 치   이 막 지
能止, 不亦悲乎! 終身役役[23]而不見其成功, 苶然[24]疲役[25]而不知其
능 지   불 역 비 호   종 신 역 역 이 불 견 기 성 공   날 연 피 역 이 부 지 기
所歸,[26] 可不哀邪! 人謂之不死, 奚益? 其形化, 其心與之然, 可不
소 귀   가 불 애 야   인 위 지 불 사   해 익   기 형 화   기 심 여 지 연   가 불
謂大哀乎? 人之生也, 固若是芒[27]乎? 其我獨芒, 而人亦有不芒者
위 대 애 호   인 지 생 야   고 약 시 망 호   기 아 독 망   이 인 역 유 불 망 자

乎?
호

1 彼(피): '아我'의 상대적인 객관적 사물·대립물로, 대자연은 물론 상술한 갖가지
   감정과 행동들도 포함되는 것으로 이해됨.

2 取(취): 나타냄, 드러냄, 구현함.

3 是(시): 차此와 같음. 나와 대립물의 상호 의존적인 관계를 가리킴.

4 若(약): 마치 ~인 것 같음.

5 眞宰(진재): 진정한 주재자. 여기서는 우주 만물의 주재자인 도를 가리킴. 일설
   에는 진심眞心(몸의 주재자), 또 진아(「제물론편」 1장 주석 9 참조)를 가리킨다고 함.

6 特(특): 다만, 단지.

7 眹(진): 조짐, 기미, 단서.

8 己(이): 이以와 같음.

9 信(신): 실증함.

10 情(정): 진실眞實. 곧 실존을 이름.

11 百骸(백해): 온몸의 모든 뼈를 통칭함. '백'은 실수實數가 아니라, 어림수로 대단
   히 많음을 나타냄. '해'는 뼈.

12 九竅(구규): 구혈九穴. 곧 사람의 몸에 있는 아홉 개의 구멍으로, 귀·눈·코의 여
   섯 구멍과 입·요도·항문의 세 구멍을 통칭함.

13 六藏(육장): 심장·간장·비장·폐장·신장 등 오장五臟을 이름. 여기서는 신장이
   좌우에 한 쌍이 있기 때문에 '육장'이라고 한 것.

14 賅(해): 갖춤, 완비함.

15 說(열): 열悅과 같음. 좋아함.

16 其(기): (그렇지) 않으면.

17 私(사): 편사偏私함, 편애함.

18 臣妾(신첩): 노예. 곧 피지배자를 가리킴.

19 眞君(진군): 진정한 군주. 곧 앞의 '진재眞宰'와 같음.

20 物(물): 외물, 즉 신외지물身外之物(사람의 몸 이외의 사물)로, 주로 부귀·공명·이욕

따위를 이름.

21 相刃相靡(상인상마): 서로 다투고 서로 마찰함. '인'은 칼날. 여기서는 (서로) 날카롭게 충돌하며 다툼을 이름. '마'는 摩마·磨마와 같음. 마찰함.

22 馳(치): (말을) 달림.

23 役役(역역): 쉼 없이 노고하는 모양.

24 茶然(날연): 지친 모양.

25 疲役(피역): '피어역疲於役'과 같음. 곧 노역에 시달려 지치고 힘듦.

26 其所歸(기소귀): 그 돌아갈 바, 귀착점. 이는 곧 무엇을 위해 그렇게 고생하는 것인지를 두고 이르는 말.

27 芒(망): 어두움, 흐리멍덩함. 여기서는 어리석은 생각에 미혹되어 사리에 어두움으로 이해됨.

해설

장자가 볼 때, 세상 사람들이 집착하는 자아는 가아假我, 즉 거짓 나·거짓된 자아로, 육체적이고 현실적이며 명리와 시비의 관념에 갇혀 있는 범인凡人의 자아다. 사람이 살아가면서 응당 추구하고 간직해야 할 것은 바로 진아眞我, 즉 참 나·진실한 자아다. 장자는 이를 일컬어 '진재眞宰'·'진군眞君'이라고 했는데, 그것은 곧 갖가지 편견과 선입견의 굴레를 벗고 '상아'의 경지(이는 곧 대도의 경지나 다름이 없다)에 다다른 것이다. 이에 장자는 '진재'·'진군'의 고귀한 의의를 일깨우는 한편, 세상 사람들의 어리석은 삶을 비판했다. 장자는 인체의 각 기관을 우주 만물에 비유하면서, 그 각 기관이나 만물이 모두 함께 능히 상대적이면서도 한껏 조화롭게 생존할 수 있는 것은, 필시 모든 것을 조직하고 안배하는 '진군'이 있기 때문임을 강조했다. 한데 그 '진군'은 바로 대도를 두고 하는 말이며, 따라서 사람의 삶은 결코 대도의 정신을 충실히 본받고 따르지 않으면 안 된다. 하지만 세상 사람들은 대도에 대한 관심과 이해가 없거나 부족한 나머지, 대도와는 동떨어진 채 눈앞의 명리만을 좇아 안달하며 "평생을 쉼 없이 노고하지만 성공을 맛보지도 못하고, 마냥 지치고 고달프지만 무엇을 위해 그 고생을 하는지를 알 수가 없다." 이는 그야말로 한없이 슬프고 서러운 일이 아닐 수 없다. 하여 장자는 그런 삶을 살면서 설령 죽지 않고 있은들 무슨 의미가 있겠느냐고 반문하며, 사람들에게 그 미혹에서 벗어날 것을 강력히 요구하고 있다.

3-1

무릇 사람이 자신의 선입견에 따르며 그것을 시비 판단의 기준으로 삼는다면, 어느 누가 그런 기준이 없겠는가? 어찌 반드시 만물 변화의 이치를 알고 내심에 스스로 깨달음이 있는 사람만이 그런 기준이 있으랴? 어리석은 사람도 마찬가지로 나름의 기준이 있는 것이다. 아직 내심에 자신의 주장이 형성되어 있지 않으면서 벌써 시비에 대한 생각을 가지는 것은, "오늘 월나라로 출발해 가는데, 어제 벌써 도착했다"는 것과 같이 불가능한 일이다. 그러니 그것은 곧 결코 있을 수 없는 일을 실제로 있는 것처럼 여기는 것이다. 없는 일을 있는 것처럼 여긴다면, 설령 신명神明한 우禹임금이 있어도 그 함의를 알지 못할 터인데, 내가 어떻게 그걸 알겠는가?

무릇 사람이 하는 말은, 천지간에 무심히 부는 바람과는 다르나니, 말하는 사람은 그 나름으로 왈가왈부하지만, 그들이 말하는 것은 아직 시비가 분명치 않다. 그렇다면 그들은 과연 말을 한 것인가? 아니면 아직 말을 하지 않은 것인가? 그들은 자신들이 하는 말이 갓 부화한 새 새끼가 짹짹거리는 소리와는 다르다고 생각하는데, 양자는 과연 다른가? 아니면 다르지 않은가?

대도가 (절대적인 존재로, 본시 진위 자체가 없지만) 어떻게 그 본연이 가려져 진위(참과 거짓)가 있게 되는가? 또 지언至言이 (지극히 심오한 언론으로, 본시 시비 자체가 없지만) 어떻게 그 본연이 가려져 시비(옳음과 그름)가 있게 되는가? 대도가 그 어느 곳에 간들 존재하지 않는가? 지언이 그 어느 경우에 있은들 통하지 않는가? 한마디로 말해, 대도는 단편적인 인식과 지식에 가려지고, 지언은 화려한 말과 글에 가려진다. 그러므로 유가와 묵가墨家의 시비가 일어나, 서로 상대방이 그르다고 하는 것은 옳다고 하고, 옳다고 하는 것은 그르다고 하는 것이다. 하지만 상대방이 그르다고 하는 것을 옳다고 하고, 옳다고 하는 것을 그르다고 하려는 것은, 분명 밝고 맑은 마음으로 만사 만물의 본연을 관조하는 것만 못하다.

夫隨其成心[1]而師[2]之, 誰獨且[3]無師乎? 奚必知代[4]而心自取[5]者有
부수기성심 이사 지 수독차 무사호 해필지대 이심자취 자유

之? 愚者與[6]有焉. 未成乎心, 而有是非, 是今日適越而昔至也. 是
지 우자여 유언 미성호심 이유시비 시금일적월이석지야 시

以無有爲有. 無有爲有, 雖有神禹, 且不能知, 吾獨且奈何哉?
이무유위유 무유위유 수유신우 차불능지 오독차내하재

夫言非吹也. 言者有言, 其所言者特未定也. 果有言邪? 其未嘗有
부언비취야 언자유언 기소언자특미정야 과유언야 기미상유

言邪? 其以爲異於鷇音,[7] 亦有辯[8]乎? 其無辯乎?
언야 기이위이어구음 역유변호 기무변호

道惡乎⁹隱而有眞僞? 言¹⁰惡乎隱而有是非? 道惡乎往而不存? 言
도 오 호 은 이 유 진 위   언   오 호 은 이 유 시 비   도 오 호 왕 이 부 존   언

惡乎存而不可? 道隱於小成,¹¹ 言隱於榮華.¹² 故有儒墨之是非, 以
오 호 존 이 불 가   도 은 어 소 성   언 은 어 영 화   고 유 유 묵 지 시 비   이

是其所非而非其所是. 欲是其所非而非其所是, 則莫若以明.¹³
시 기 소 비 이 비 기 소 시   욕 시 기 소 비 이 비 기 소 시   즉 막 약 이 명

주석

1 成心(성심): 환경이나 배움 등을 통해 점진적으로 형성된 각인各人의 선입견을
  이름.

2 師(사): 스승으로 삼음, 본받음. 여기서는 시비 판단의 준거로 삼음.

3 且(차): 어조사.

4 代(대): 대체함, 갈마듦. 여기서는 객관 사물의 변천·변화를 이름.

5 心自取(심자취): 심중에 자기 나름의 깨달음을 얻거나 식견을 가진다는 말.

6 與(여): (그들과) 함께, 더불어. 여기서는 (그들과) 마찬가지로.

7 鷇音(구음): 갓 부화한 새 새끼[鷇]가 짹짹거리는 소리. 별 의미 없는 소리. 곧 별
  의미 없는 말을 비유함.

8 辯(변): 변辨과 같음. 구별, 차이, 상이함.

9 惡乎(오호): 어떻게. 혹은 무엇.

10 言(언): 지언至言을 이름.

11 小成(소성): 작은 성취. 곧 단편적인 인식과 지식, 식견 따위를 이름.

12 榮華(영화): 초목의 꽃. 곧 실속은 없고 겉만 화려한 말과 글을 비유함.

13 明(명): 득도한 이후의 명정한, 즉 밝고 맑은 마음. 여기서는 그런 마음으로 세
  상의 만사 만물을 관조함을 이름.

해설

세상 사람들이 앞다퉈 '물론物論', 즉 온갖 언론과 의론을 내놓으며 쟁
변하는 풍조가 만연하는 것은, 사람마다 그 시비 판단의 기준이 다르

기 때문이다. 또한 그보다 더 근본적인 원인은, 두말할 나위 없이 소위 '제물론'의 함의와 이치에 대한 몰이해 때문이다. 장자가 볼 때, 사람들의 갖가지 '물론'은 아직 시비도 분명치 않을 뿐만 아니라, 갓 부화한 새 새끼가 짹짹거리는 것처럼 별다른 의미도 없는 '소리'에 지나지 않는다. 그리하여 결국 "대도는 단편적인 인식과 지식에 가려지고, 지언은 화려한 말과 글에 가려진" 결과를 낳은 것이다. 이에 장자는 사람들을 일깨운다. 각자 자신의 성심成心, 즉 자기중심적인 편견과 선입견을 타파하여 시비의 경계를 허물고, 또 시비의 집착에서 벗어나, "밝고 맑은 마음으로 만사 만물의 본연을 관조하는" 것이 바로 우리가 가야 할 길이요, 추구해야 할 이상이라는 얘기다.

3-2

세상 모든 사물은 '저쪽 측면(彼)'이 아닌 것이 없고, 세상 모든 사물은 또 '이쪽 측면(此)'이 아닌 것이 없다. 한데 저쪽 측면에서는 이쪽 측면의 옳음을 보지 못하고, 이쪽 측면에서는 단지 자신의 옳음만 안다. 그러므로 저쪽 측면은 이쪽 측면으로 말미암아 생겨나고, 이쪽 측면 또한 저쪽 측면으로 인해 생겨난다고 하는 것이다. 요컨대 저쪽 측면과 이쪽 측면은 곧 상대적인 관계에서 양자兩者가 동시에 생성한다는 말이다. 비록 그렇긴 하지만, 양자는 생성하는가 하면 또한 소멸하고, 소멸하는가 하면 또한 생성하며, 가한가 하면 또한 불가하고, 불가한가 하면 또한 가하며, 옳음에 따르는가 하면 또한 그름에 따르고, 그름에 따르는가 하면 또한 옳음에 따른다. 그렇기 때문에 성인은 '피차'

대립의 길을 가지 않고, 단지 세상 모든 사물의 본연을 관조할 따름이 나니, 그것은 바로 세상의 시비가 무궁하기 때문이다.

사실 이쪽 측면은 또 저쪽 측면이기도 하고, 저쪽 측면은 또 이쪽 측면이기도 하다. 그리고 저쪽 측면은 저쪽 측면의 시비가 있고, 이쪽 측면은 이쪽 측면의 시비가 있다. 그렇다면 과연 저쪽 측면과 이쪽 측면의 구분이 있는 것인가? 아니면 저쪽 측면과 이쪽 측면의 구분이 없는 것인가? 저쪽 측면과 이쪽 측면이 서로 대립하는 측면 없이 그야말로 통일과 초월에 이른 것이 바로 대도의 핵심이다. 대도의 핵심을 터득하면 비로소 끝없는 순환의 둥근 고리 한가운데에 든 것과 같아서, 능히 만물의 그 무궁무진한 변화에 순응하게 된다. 한데 옳음은 옳음 대로 무궁한 변화가 있고, 그름은 그름대로 무궁한 변화가 있다. 그러므로 오히려 밝고 맑은 마음으로 만사 만물의 본연을 관조하는 것만 못하다고 하는 것이다.

物無非彼, 物無非是.[1] 自彼則不見, 自是則知之. 故曰: 彼出於是,
물 무 비 피　물 부 비 시　자 피 즉 불 견　자 시 즉 지 지　고 왈　피 출 어 시
是亦因彼. 彼是方生[2]之說也. 雖然, 方生方死, 方死方生; 方可方不
시 역 인 피　피 시 방 생　지 설 야　수 연　방 생 방 사　방 사 방 생　방 가 방 불
可, 方不可方可; 因是因非, 因非因是. 是以聖人不由,[3] 而照之於
가　방 불 가 방 가　인 시 인 비　인 비 인 시　시 이 성 인 불 유　이 조 지 어
天,[4] 亦[5]因是[6]也.
천　역 인 시 야

是亦彼也, 彼亦是也. 彼亦一是非, 此亦一是非. 果且有彼是乎哉?
시 역 피 야　피 역 시 야　피 역 일 시 비　차 역 일 시 비　과 차 유 피 시 호 재
果且無彼是乎哉? 彼是莫得其偶,[7] 謂之道樞.[8] 樞始得其環中,[9] 以
과 차 무 피 시 호 재　피 시 막 득 기 우　위 지 도 추　추 시 득 기 환 중　이
應無窮.[10] 是亦一無窮, 非亦一無窮也. 故曰: 莫若以明.
응 무 궁　시 역 일 무 궁　비 역 일 무 궁 야　고 왈　막 약 이 명

주석

1 是(시): 차此와 같음.

2 方生(방생): 동시에 생성함. '방'은 병並과 같음. 나란히, 함께, 동시에. 여기서 '피시방생彼是方生'은 곧 '피'·'차'의 관념은 양자가 서로 대립하면서 생성하고, 서로 의존하면서 존재한다는 말.

3 不由(불유): (시비 논쟁의 길을) 가지 않음을 이름. '유'는 말미암음, (그 길을) 통通함, 감.

4 天(천): 여기서는 사물의 천연天然 모습, 곧 본연을 가리킴.

5 亦(역): 여기서는 강조의 어기語氣를 나타내는 말로 이해됨. 곧, 바로.

6 是(시): 차此. 이는 왕선겸이 이른 대로, 세상 사물에 대한 시비가 그야말로 무궁함을 가리킴.

7 偶(우): 짝. 곧 상대측, 상대편, 서로 대립하는 측면.

8 道樞(도추): 대도의 핵심. 이는 곧 세상의 모든 객관적인 존재와 사물의 본연을 가리킴. 흔히 말하는 '피차'나 '시비'나 '가불가'의 대립과 분쟁은 단지 사람의 주관적인 의식 작용에 의한 것일 뿐, 결코 객관 사물의 실상實相이 아니라는 말. '추'는 문지도리, 즉 돌쩌귀나 문장부 따위. 곧 중요한 부분, 핵심, 요해要害.

9 環中(환중): 순환 반복의 둥근 고리 가운데. 곽상이 이른 대로, '시비'는 마치 둥근 고리의 형상처럼 끝도 없이 무한히 반복되는데, 고리의 한가운데는 텅 비어 있으니, 지금 그 고리의 가운데에 들었다는 것은, 곧 '시'도 없고, '비'도 없는 경지에 들었음을 비유함.

10 無窮(무궁): 만물의 무궁무진한 변화를 이름.

해설

앞서 보았듯이 다양한 '물론物論'의 분출은 각인각색의 시비 기준이 그 직접적 원인이라는 게 장자의 생각이다. 이제 장자는, 한 걸음 더 나아가, 사람들의 '시'·'비' 논쟁은 또 '피'·'차' 대립의 관념과 의식에서 기인한다고 진단한다. 한데 장자가 볼 때, '피'·'차'는 상대적인 관계에서 동시에 생성하고, 소멸한다. '피'가 없으면 '차'도 있을 수 없고, '차'가 없으면 '피'도 있을 수 없다. 한마디로 '피'와 '차'는 객관적으로 존재할 수 있는 게 아니다. 그렇다면 어찌 '피'·'차'의 대립 관념에서 생겨나는 '시'·'비'를 쟁론하여 올바른 판단과 결론에 도달할 수 있겠는가? 아무튼 세상 만물의 변화는 물론, 그 '피차'와 '시비' 역시 무궁무진할 수밖에 없다. 이에 장자는 "저쪽 측면(彼)과 이쪽 측면(此)이 서로 대립하는 측면 없이 그야말로 통일과 초월에 이른" 대도의 핵심(道樞)'에 주목하면서, 사람들에게 대도를 체득한 이후의 그 "밝고 맑은 마음으로 만사 만물의 본연을 관조하는 것"이 낫다고 했다. 그렇게 해야만 우리가 비로소 능히 만물의 그 무궁무진한 변화에 순응할 수 있다는 얘기다.

4-1

손가락의 개념을 가지고 손가락이 결코 손가락이 아님을 설명하기보다는, 손가락이 아닌 다른 사물의 개념을 가지고 손가락이 결코 손가락이 아님을 설명하는 것이 낫다. 말(馬)의 개념을 가지고 말이 결코 말이 아님을 설명하기보다는, 말이 아닌 다른 사물의 개념을 가지고 말이 결코 말이 아님을 설명하는 것이 낫다. 천지도 손가락과 한가지이고, 만물도 말과 한가지이다.

하나의 사물을 긍정함은 그것의 긍정할 만한 면을 긍정하는 것이요, 하나의 사물을 부정함은 그것의 부정할 수밖에 없는 면을 부정하는 것이다. 길은 사람이 다니기 때문에 생긴 것이요, 사물은 사람이 그렇게 여기기 때문에 그러한 것이다. 왜 그러한 것인가? 그러한 것은 그것에 그러한 면이 있기 때문이다. 왜 그렇지 않은 것인가? 그렇지 않은 것은 그것에 그렇지 않은 면이 있기 때문이다. 모든 사물은 본디 그러한 면이 있고, 모든 사물은 본디 긍정할 면이 있다. 세상에는 그렇지 않은 사물이 없고, 긍정할 수 없는 사물이 없다. 그러므로 작은 풀줄기와 큰 나무 기둥, 미운 추녀와 고운 서시西施, 그리고 허풍·비방·사기·괴탄怪誕도, 대도의 견지에서 보면, 모두가 서로 통하여 한가지인 것이다.

어떤 사물의 분해는 다른 사물의 생성이요, 또 어떤 사물의 생성은 다른 사물의 훼멸毁滅이다. 그러므로 모든 사물은 사실상 생성과 훼멸의 구별이 없으며, 결국은 다시 서로 통하여 모두 한가지가 되는 것이다. 한데 유독 대도에 통달한 사람만이 서로 통하여 모두 한가지가 되는 그 이치를 알며, 그렇기 때문에 그들은 만물이 서로 다른 것에 아랑곳하지 않고, 오로지 대도의 관점에서 만물을 바라본다. 영원불변의 대도는 진실로 유용하나니, 그 유용함은 사리事理에의 통달을 이끌며, 사리에의 통달은 곧 스스로 득의함으로 이어진다. 스스로 득의함의 경지에 이르면 그야말로 거의 대도를 체득한 것이니, 곧 '제물'의 원칙에 따라 처사處事하게 된다. 다만 '제물'의 원칙에 따라 처사하면서도 그 소이연所以然을 알지 못하는데, 그것이 바로 대도의 경지이다. 한편 마음과 총명을 다해 '일치一致'를 추구하면서도 사물이 본디 다 같은 것임을 알지 못한다면, 그것은 곧 '조삼朝三'의 경우이다. 무엇을 '조삼'이라고 하는가? 원숭이를 키우는 노인이 상수리를 나누어 주며 말했다. "아침에는 세 개씩, 저녁에는 네 개씩 주겠다." 그러자 원숭이들이 다 화를 냈다. 노인이 다시 말했다. "그러면 아침에는 네 개씩, 저녁에는 세 개씩 주겠노라." 그러자 원숭이들이 다 기뻐했다. 노인의 방법은 명名과 실實에는 아무 변화가 없으나, 원숭이들에게는 분노로 작용하기도 하고, 기쁨으로 작용하기도 했는데, 그것은 곧 만물은 다 한가지라는 이치를 모르기 때문이다. 그러므로 성인은 시비를 조화調和시켜 자연 균형의 상태에 머물게 하나니, 이것이 바로 '양행兩行', 즉 두 측면이 모두 행行해짐이다.

以指喻指之非指, 不若以非指喻指之非指也[1]; 以馬喻馬之非馬, 不
이 지 유 지 지 비 지　불 약 이 비 지 유 지 지 비 지 야　　이 마 유 마 지 비 마　불
若以非馬喻馬之非馬也. 天地一指也, 萬物一馬也.
약 이 비 마 유 마 지 비 마 야　천 지 일 지 야　만 물 일 마 야

可乎可, 不可乎不可.[2] 道[3]行之而成, 物謂[4]之而然. 惡乎然? 然於然.
가 호 가　불 가 호 불 가　도 행 지 이 성　물 위 지 이 연　오 호 연　연 어 연
惡乎不然? 不然於不然. 物固有所然, 物固有所可. 無物不然, 無物
오 호 불 연　불 연 어 불 연　물 고 유 소 연　물 고 유 소 가　무 물 불 연　무 물
不可. 故爲是[5]擧[6]莛[7]與楹[8], 厲[9]與西施[10], 恢恑憰怪[11], 道通爲一.
불 가　고 위 시 거 정 여 영　여 여 서 시　회 궤 휼 괴　도 통 위 일

其分也, 成也; 其成也, 毁也. 凡物無成與毁, 復通爲一. 唯達者[12]知
기 분 야　성 야　기 성 야　훼 야　범 물 무 성 여 훼　부 통 위 일　유 달 자 지
通爲一, 爲是[13]不用[14]而寓諸庸[15]. 庸也者, 用也; 用也者, 通也; 通也
통 위 일　위 시 불 용 이 우 저 용　용 야 자　용 야　용 야 자　통 야　통 야
者, 得[16]也. 適[17]得而幾[18]矣, 因[19]是[20]已[21]. 已[22]而不知其然[23], 謂之道.
자　득 야　적 득 이 기 의　인 시 이　이 이 부 지 기 연　위 지 도
勞神明[24]爲一而不知其同也, 謂之'朝三'. 何謂'朝三'? 狙公[25]賦[26]
노 신 명 위 일 이 부 지 기 동 야　위 지 조 삼　하 위 조 삼　저 공 부
芧[27], 曰: "朝三而暮四." 衆狙皆怒. 曰: "然則朝四而暮三." 衆狙皆
서　왈　조 삼 이 모 사　중 저 개 노　왈　연 즉 조 사 이 모 삼　중 저 개
悅. 名實未虧[28]而喜怒爲用, 亦因是[29]也. 是以聖人和之以是非而休
열　명 실 미 휴 이 희 노 위 용　역 인 시 야　시 이 성 인 화 지 이 시 비 이 휴

乎天鈞,³⁰ 是之謂兩行.
호 천 균   시 지 위 양 행

주석

1 "以指(이지)…" 2구: 손가락의 개념을 가지고 손가락이 결코 손가락이 아님을
  설명하는 것은, 손가락이 아닌 다른 사물의 개념을 가지고 손가락이 결코 손가
  락이 아님을 설명하는 것만 못하다는 말. 장쑹후이張松輝가 이른 대로, 장자가
  볼 때 손가락은 손가락이고, 말은 말이며, 하늘은 하늘이고, 땅은 땅임을 인정
  하면, 곧 만물이 다 다르다는 것을 인정하는 것이 됨. 따라서 '제물', 즉 만물을
  다 한가지라고 보자면, 반드시 각 사물의 개별성 내지 특수성은 배제하고, 단
  지 사물 사이의 공통성만을 보아야 함. 손가락, 말, 하늘, 땅 등등이 비록 서로
  다른 것이지만, 그 모두는 '물物'에 속할 뿐만 아니라, 또한 도의 산물임. 이렇게
  볼 때, 그 모두가 다 한가지임. 그러므로 아래에서 "천지도 손가락과 한가지이
  고, 만물도 말과 한가지"라는 결론에 이른 것임. 한편 후세에 흔히 공손룡公孫龍
  의 '지물론指物論'과 '백마비마론白馬非馬論'에 의거해 이 2구와 아래 2구를 풀이
  하나, 공손룡이 장자보다 후대의 인물인 점을 감안하면, 적절치 않아 보임.
2 "可乎可(가호가)…" 2구: 사물을 긍정함은 그 긍정할 면을 긍정하는 것이요, 사
  물을 부정함은 그 부정할 면을 부정하는 것이라는 말. 장쑹후이가 이른 대로,
  모든 사물은 양면성, 아니 심지어 다면성이 있는데, 장자는 물론 이를 잘 알지
  만 의도적으로 사물 사이의 상동한 면을 강조하면서, 상이한 면은 홀시忽視함
  으로써, '제물'의 목적에 도달함. 이 점에 대해서는 「덕충부편」의 "사물의 상이
  한 점에서 보면 서로 인접한 간과 쓸개도 초나라와 월나라처럼 머나멀고, 사물
  의 상동한 점에서 보면 만사 만물이 다 한가지이다〔自其異者視之, 肝膽楚越也; 自其
  同者視之, 萬物皆一也〕"를 참고할 만함.
3 道(도): 길〔路〕.
4 謂(위): ~라고 여김, 생각함.
5 爲是(위시): 그렇게 함. 여기서는 그 같은 사실에 입각함.
6 擧(거): ~을 듦. 여기서는 ~을 통틀어 모두.

7 莛(정): 풀줄기 또는 들보.

8 楹(영): 기둥.

9 厲(려): 못생김. 여기서는 추녀를 이름.

10 西施(서시): 춘추시대 월나라 여인으로, 중국 고대 사대 미녀의 한 사람.

11 恢恑憰怪(회궤휼괴): '회'는 허풍, 과장. '궤'는 비방. 일설에는 교활. '휼'은 사기, 기만. '괴'는 괴탄, 즉 괴이하고 헛됨.

12 達者(달자): 사리 또는 대도에 통달한 사람.

13 爲是(위시): 인차因此. 그 때문에.

14 不用(불용): 여기서는 만물이 서로 다르다는 것에는 관심을 두지 않음을 이름. 일설에는 자신의 선입견을 고집하지 않음을 이른다고 함.

15 寓諸庸(우저용): 도에 의탁함. 곧 대도의 관점에서 만물을 본다는 말. '우'는 맡김, 의탁함. '저'는 어조사로, 지어之於의 합성어. '용'은『이아爾雅』에서 풀이한 대로 '상常'과 같음. 항상, 항구, 영원불변. 여기서는 영원불변의 이치, 곧 도를 이르는 것으로 이해됨.

16 得(득): 자득自得함. 일설에는 득도함.

17 適(적): 이름, 도달함.

18 幾(기): 거의 다 됨. 곧 득도를 이름.

19 因(인): 인함. 곧 따름, 순응함.

20 是(시): 지시대명사 차此와 같음. 곧 위에서 '통위일通爲一'로 표현된 '제물'의 이치를 가리킴.

21 已(이): 의矣와 같음.

22 已(이): 장시창의 견해에 따르면, 이는 앞의 '인시이因是已'란 말을 되풀이한 것임.『장자』에서 글자를 생략하는 표현법으로, 곧 이 '이' 자 앞에 '인시因是' 두 자가 생략된 형태.

23 然(연): 소이연, 즉 그리된 까닭.

24 神明(신명): 정신과 총명.

25 狙公(저공): 원숭이를 키우는 노인. '저'는 (긴팔)원숭이.

26 賦(부): 부여함, 즉 나누어 줌.

27 芧(서): 상수리, 도토리.

28 虧(휴): 휴손虧損, 즉 이지러져 줄어듦. 여기서는 변화를 이름.

29 是(시): 차此. 이는 곧 위에서 말한 "사물이 본디 다 같은 것임을 알지 못함"을 가리킴.

30 天鈞(천균): 천연의 균형·일치·상동.

해설 ────────────────────

모든 사물은 상대적 개별성과 특수성을 가진다. 하지만 대도의 관점에서 보면, 모든 사물은 또 공통성 내지 공통점을 갖게 된다. 장자는 바로 이 같은 이론적 근거하에, '제물', 즉 만물은 다 한가지임을 역설하는가 하면, '시비'나 '피차'를 명확히 변별하려는 사람들을 '조삼모사朝三暮四'와 '조사모삼朝四暮三'이 매한가지임을 모르는 어리석은 원숭이에 비유하며 비판했다. 그리고 결론적으로 사람은 "시비를 조화시켜 자연 균형의 상태에 머물게 해야 함"을 강조했다.

4-2

옛날 사람들은 그 지혜가 지극한 경지에 이른 경우가 있었다. 어떻게 지극했단 것인가? 옛날 어떤 사람은 우주에는 아직 아무런 사물도 존재하지 않는다고 생각했으니, 그야말로 그 지혜가 지극하고, 투철하며, 더할 나위 없이 높은 경지였다. 그리고 그다음 수준의 사람은 우주에 뭇 사물이 존재하기는 하나, 사물과 사물 사이에 아직 아무런 경계가 없다고 생각했다. 다시 그다음 수준의 사람은 사물과 사물 사이에 경계가 있기는 하나, 아직 시비의 구분은 없다고 생각했다. 그러다 시비의 관념이 출현하면서 마침내 대도가 훼손되었고, 대도가 훼손되면서 사람들은 결국 특정한 사물에 대한 편애의 관념을 형성하게 되었다.

한데 과연 형성과 훼손이 있는 것인가? 아니면 형성과 훼손이 없는 것인가? 형성과 훼손이 있다면, 그것은 곧 소씨昭氏가 금琴을 타는 것과 같다. 그리고 형성과 훼손이 없다면, 그것은 곧 소씨가 금을 타지 않는 것과 같다. 일찍이 소문昭文은 금을 타는 데에, 사광師曠은 북을 치는 데에, 혜자는 오동나무 안석에 기대어 변론을 하는 데에, 세 사람의 지혜와 조예가 거의 모두 최고봉에 이르렀으며, 그 때문에 만년에는 사서史書에 기록되어 후세에 전해지게 되었다. 다만 그들은 자신들이 애호하는 것을 다른 사람들의 관심사보다 특이하다고 여겼고, 아울러 자신들이 애호하는 것을 다른 사람들에게 일깨워주려고 했다. 그들은 다른 사람들이 꼭 알아야 할 게 아닌 것을 억지로 일깨워주려 했고, 그렇기 때문에 혜자 같은 이는 끝내 '이견백론離堅白論'의 어리석음에서 벗어나지 못했다. 그리고 그의 아들은 또 시종 글을 써서 변론하는 일에 힘썼으나, 종신토록 별 성취가 없었다. 만약 이러한 것을 성취라고 할 수 있다면, 설령 나 같은 이도 성취가 있는 것이요, 만약 이러한 것을 성취라고 할 수 없다면, 설령 만물과 나(我)라도 성취가 없는 것이다. 그러므로 세상 사람들을 혼란하고 미혹하게 하는, 저처럼 현란한 언론言論은, 성인이 배제하는 것이다. 또한 그렇기 때문에 성인은 만물이 서로 다른 것에 아랑곳하지 않고, 오로지 대도의 관점에서 만물을 바라보는데, 그것을 일러 '밝고 맑은 마음으로 만사 만물의 본연을 관조함'이라고 하는 것이다.

古之人, 其知¹有所至矣. 惡乎至? 有以爲未始有物者, 至矣, 盡矣,
고 지 인   기 지 유 소 지 의   오 호 지   유 이 위 미 시 유 물 자   지 의   진 의

不可以加矣. 其次, 以爲有物矣, 而未始有封²也. 其次, 以爲有封
불 가 이 가 의   기 차   이 위 유 물 의   이 미 시 유 봉 야   기 차   이 위 유 봉

焉, 而未始有是非也. 是非之彰³也, 道之所以虧⁴也. 道之所以虧,
언   이 미 시 유 시 비 야   시 비 지 창 야   도 지 소 이 휴 야   도 지 소 이 휴

愛之所以成.
애 지 소 이 성

果且有成與虧乎哉? 果且無成與虧乎哉? 有成與虧, 故昭氏之鼓琴
과 차 유 성 여 휴 호 재   과 차 무 성 여 휴 호 재   유 성 여 휴   고 소 씨 지 고 금

也⁵; 無成與虧, 故昭氏之不鼓琴也. 昭文之鼓琴也, 師曠⁶之枝策⁷
야   무 성 여 휴   고 소 씨 지 불 고 금 야   소 문 지 고 금 야   사 광 지 지 책

也, 惠子⁸之據梧⁹也, 三子之知幾乎¹⁰皆其盛¹¹者也, 故載¹²之末年.
야   혜 자 지 거 오 야   삼 자 지 지 기 호 개 기 성 자 야   고 재 지 말 년

唯其好之也, 以異於彼; 其好之也, 欲以明之彼. 非所明而明之, 故
유 기 호 지 야   이 이 어 피   기 호 지 야   욕 이 명 지 피   비 소 명 이 명 지   고

以堅白¹³之昧¹⁴終. 而其子¹⁵又以文之綸¹⁶終, 終身無成. 若是而可謂
이 견 백 지 매 종   이 기 자 우 이 문 지 륜 종   종 신 무 성   약 시 이 가 위

成乎, 雖我亦成也; 若是而不可謂成乎, 物與我無成也. 是故滑疑¹⁷
성 호   수 아 역 성 야   약 시 이 불 가 위 성 호   물 여 아 무 성 야   시 고 골 의

之耀, 聖人之所圖¹⁸也. 爲是不用而寓諸庸, 此之謂'以明'.
지 요   성 인 지 소 도 야   위 시 불 용 이 우 저 용   차 지 위 이 명

주석

1 知(지): 지智와 같음.

2 封(봉): 경계, 구분.

3 彰(창): 드러남, 출현함.

4 虧(휴): 휴손虧損, 훼손.

5 "有成與虧(유성여휴)…" 2구: '형성'과 '훼손'이 있음은 곧 소씨가 금을 타면서
  음악상 '형성'과 '훼손'이 나타나게 하는 것과 같다는 말. 장자가 볼 때, 음악의
  내용은 실로 복잡 다양하므로, 소씨가 금을 탈 때 결코 모든 음악을 다 연주해

낼 수가 없으며, 단지 일부분의 음악만을 연주하면서 다른 일부분의 음악은 누락하게 됨. 그러므로 소씨가 금을 타면, 곧 음악상 형성(이룸)과 훼손(빠뜨림)의 상황을 연출하게 됨. 장자는 바로 이 같은 비유를 통해, 대도는 만물 가운데 그 어떤 것도 내포하지 않은 것이 없을뿐더러, 어떠한 차별도 없이 만물을 똑같이 대하는데, 사람들이 시비의 관념을 가지면서 편애의 의식이 싹텄음을 설명함. 편애함은 곧 일부분의 사물을 중시함이므로, 필연적으로 다른 일부분의 사물을 경시하게 되고, 그러면 결국 '제물', 즉 만물을 한가지로 볼 수가 없게 되며, 그것은 또 대도에 부합하지 않게 됨. '고故'는 왕인지王引之의 『경전석사經傳釋詞』에서 즉則과 같다고 함. '소씨'는 옛날 금 연주의 명인으로, 성은 소昭, 이름은 문文.

6 師曠(사광): 춘추시대 진晉나라의 이름난 악사.

7 枝策(지책): 북채. 여기서는 동사로 쓰여, 북채를 잡고 북을 침.

8 惠子(혜자): 혜시.「소요유편」3-1장 주석 1 참조.

9 據梧(거오): 오동나무 안석에 기대어 변론함을 이름. '오'는 오동나무, 또는 오동나무 안석.

10 幾乎(기호): 거의.

11 盛(성): 탁월함, 지극함.

12 載(재): 기재함. 곧 역사서에 기록됨을 이름.

13 堅白(견백): 이견백론離堅白論. 이는 전국시대에 논쟁이 뜨거웠던 논제의 하나로, 혜시·공손룡 등의 주장. 공손룡의 견해에 따르면, 견백석堅白石, 즉 재질은 단단하고 색깔은 흰 돌에서 '단단함'과 '흰 색깔'은 그 돌과 분리되어 독립적으로 존재한다는 것. 사람이 견백석을 눈으로 봐서는 흰 색깔만 알고 그 단단함은 알지 못하는데, 그것은 '단단함'이 돌에서 분리되기 때문이며, 또 손으로 만져서는 단단함만 알고 그 흰 색깔은 알지 못하는데, 그것은 '흰 색깔'이 돌에서 분리되기 때문이라는 논리. 이는 사실 견리불견합見離不見合, 즉 그 '분리'는 보고 '결합'은 보지 못한 오류에 빠져 있다고 볼 수 있음.

14 昧(매): 우매함, 미매迷昧(마음이 미혹하여 어두움)함. 이상의 '고이견백지매종故以堅白之昧終' 구는 특히 혜자(혜시)를 두고 이르는 것으로 이해됨.

15 其子(기자): 문맥상 혜자의 아들을 가리킴. 일설에는 소문의 아들.

16 文之綸(문지륜): 글[文]로 변론하는 일. 일설에는 소문의 유업. 곧 금을 타는 일.

'륜'은 서緖와 같음. 일, 사업. 일설에는 금슬琴瑟의 현絃.

17 滑疑(골의): '골'은 혼란함, '의'는 의혹함, 미혹함.

18 圖(도): 비鄙와 같음. 여기서는 비鄙의 가차假借로 이해됨. 천하게 여김, 경멸함. 또 버림, 배제함.

해설

우주 만물의 본원을 탐구해 그 극점으로 달려가면, '아무런 사물도 존재하지 않는' 무물無物의 상태에 이르는데, 그것은 곧 도의 모습을 시사하는 것으로, '허虛'·'무無'를 특징으로 한다. 장자가 볼 때, 옛날에 지극히 지혜로운 사람들은 아직은 피차니 시비니 하는 관념 자체가 없이, 그야말로 대도 본연의 '허'··'무'를 닮아 있었다. 그러나 사람들이 점차 사물의 존재와 사물 사이의 경계를 인식하면서 피차와 시비의 관념을 갖게 되었고, 그러한 관념은 다시 사람들로 하여금 특정 사물에 대한 애증의 의식을 형성하게 했다. 그리하여 마침내 사람들이 온갖 언론과 의론을 내놓으며 쟁변에 열을 올리면서 삶은 힘들어지고, 사회는 혼란에 휩싸일 수밖에 없었다. 이는 모두 사람들이 만물 본원의 그 순수와 '허무'로 돌아가기는커녕, 망령되이 시비 분별과 다툼을 일삼으며 오히려 그로부터 점점 더 멀어져간 결과이다. "대도의 관점에서 만물을 바라보아야 한다"는 장자의 일관된 주장은 바로 이 같은 인식에 근거한다.

5-1

지금 여기에 또 할 말이 하나 있는데, 다른 논자論者들의 언론과 같은 것인지, 아니면 다른 것인지 모르겠다. 하지만 양자가 같든 같지 않든, 모두가 다 언론이요 의론인 만큼 사실은 서로 다 같은 것이며, 그렇다면 다른 논자들의 언론과 다를 게 없다. 아무튼 비록 그렇기는 하지만, 그래도 그 말을 한번 해보자. 우주의 시작이 있다는 것은, 곧 일찍이 우주의 시작이 있지 않은 때가 있었다는 것이며, 또 일찍이 그 일찍이 우주의 시작이 있지 않은 때가 있었던 때조차도 있지 않은 때가 있었다는 것이다. 유有가 있다는 것은, 곧 무無가 있다는 것이고, 또 일찍이 무가 있지 않은 때가 있었다는 것이며, 다시 또 일찍이 그 일찍이 무가 있지 않은 때가 있었던 때조차도 있지 않은 때가 있었다는 것이다. 아무튼 그러다 갑자기 유와 무가 있게 되었는데, 다만 아직 유와 무가 과연 어느 것이 진정한 유이고, 어느 것이 진정한 무인지는 알지 못한다. 이처럼 지금 나는 이미 이 같은 의론을 말하기는 했으나, 내가 말한 것이 과연 제대로 말한 것인지, 아니면 제대로 말하지 못한 것인지 알지 못한다.

천하에는 가을 털갈이한 짐승의 가는 털끝보다 큰 게 없나니, 태산泰山도 오히려 작은 것이다. 또 강보에서 죽은 아이보다 오래 산 이가 없나니, 팽조도 오히려 요절한 것이다. 천지는 나와 함께 존재하고, 만물은 나와 하나이다. 한데 기왕에 하나라고 한다면, 굳이 또 무슨 의론을 할 수 있단 말인가? 그리고 기왕에 그것을 하나라고 한다면, 어떻게 또 의론을 하지 않을 수 있단 말인가? 하나에 나의 의론을 더하면 둘이 되고, 다시 둘에 하나를 더하면 셋이 된다. 이와 같이 추산

해가면, 설령 산술의 명인이라도 그 마지막 수를 구해내지 못할 텐데, 하물며 뭇 범인凡人들이랴! 그러므로 나는 지금 무언無言에서 유언有言으로 나아가서는 다시 셋에 이르렀는데, 하물며 뭇 논자들이 유언에서 유언으로 나아가서야 말이 말을 낳으면서 더욱 그 끝을 알 수 없으리라! 하여 이제 더 이상 의론할 것 없나니, 진정 '제물'의 이치에 따라야 할 따름이로다.

今且有言於此, 不知其與是¹類²乎? 其與是不類乎? 類與不類, 相
금 차 유언 어차 부지기여시류호 기여시불류호 유여불류 상

與爲類, 則與彼無以異矣. 雖然, 請嘗³言之. 有始也者, 有未始⁴有
여 위 류 즉여피무이이의 수연 청상언지 유시야자 유미시유

始也者, 有未始有夫未始有始也者. 有有⁵也者, 有無也者, 有未始
시 야 자 유미시유부미시유시야자 유유 야자 유무야자 유미시

有無也者, 有未始有夫未始有無也者. 俄而⁶有無矣, 而未知有無之
유무야자 유미시유부미시유무야자 아이 유무의 이미지유무지

果孰有孰無也. 今我則已有謂矣, 而未知吾所謂之其果有謂乎? 其
과 숙유숙무야 금아즉이유위의 이미지오소위지기과유위호 기

果無謂乎?
과 무 위 호

天下莫大於秋豪⁷之末, 而大山⁸爲小; 莫壽於殤子,⁹ 而彭祖¹⁰爲夭.
천 하 막 대 어 추 호 지 말 이태산 위소 막수어상자 이팽조 위요

天地與我並生, 而萬物與我爲一. 旣已爲一矣, 且得有言乎? 旣已
천 지 여 아 병 생 이만물여아위일 기이위일의 차득유언호 기이

謂之一矣, 且得無言乎? 一與言爲二, 二與一爲三. 自此以往, 巧
위지일의 차득무언호 일여언위이 이여일위삼 자차이왕 교

曆¹¹不能得, 而況其凡乎! 故自無¹²適¹³有¹⁴以至於三, 而況自有適有
력 불능득 이황기범호 고자무 적 유 이지어삼 이황자유적유

乎! 無¹⁵適¹⁶焉, 因¹⁷是¹⁸己¹⁹!
호 무 적 언 인 시 이

주석

1 **是**(시): 지시대명사. 다른 논자들의 말, 곧 언론 내지 의론議論(어떤 문제에 대하여 각자의 의견을 제기함. 또는 그런 의견)을 가리킴. 아래의 '피彼'도 이와 같음.

2 **類**(류): 유사함, 동류임. 곧 같음.

3 **嘗**(상): 시험 삼아, 한번.

4 **未始**(미시): 미증未曾. 곧 일찍이 ~하지 않음.

5 **有**(유): 이 '유'와 다음 구의 '무無'는 『노자』에서 유래한 개념으로, 곧 도의 다른 이름. 『노자』 1장, 40장 참조.

6 **俄而**(아이): 아연俄然과 같음. 갑자기.

7 **秋豪**(추호): 추호秋毫와 같음.

8 **大山**(태산): 태산泰山. '태大'는 태太와 같고, '태太'는 또 태泰와 같음.

9 **殤子**(상자): 강보(포대기)에서 죽은 아이. 일설에는 미성년에 죽은 아이라고 하나, 전후 문맥상 적절치 않음.

10 **彭祖**(팽조): 요임금 때 태어나 팔백 년을 살며 팽성彭城 제후를 지낸 인물로, 특히 장수한 것으로 이름이 남.

11 **巧曆**(교력): 셈이 뛰어난 사람. 곧 산술 명인.

12 **無**(무): 무언無言. 곧 언론 내지 의론이 없음.

13 **適**(적): 감(往, 到).

14 **有**(유): 유언有言.

15 **無**(무): 금지를 나타내는 말. 곧 "~하지 마라" 또는 할 것 없음.

16 **適**(적): 감. 여기서는 계속 발전시켜 간다는 뜻으로, 곧 부단히 의론한다는 말.

17 **因**(인): 따름, 순응함.

18 **是**(시): 지시대명사. 여기서는 '제물' 사상 또는 무위자연의 이치를 가리킴.

19 **已**(이): 의矣와 같음.

해설

장자는 계속해서 '제물론'의 주장을 펴는데, 여기서는 특히 언어로 하는 변론 내지 의론, 예를 들면 당시의 '백가쟁명'을 강하게 비판하는

92

것으로 보인다. 장자의 언설言說은 먼저 그 철학 사상의 본체론으로 말머리를 연다. 우주의 시원始原을 탐구하노라면, 만물은 모두 '무', 즉 '허무'의 대도에서 근원함을 알 수 있다. 그런데 거듭 탐구해 올라가면 "또 일찍이 그 일찍이 무가 있지 않은 때가 있었던 때조차도 있지 않은 때가 있었"을 것이고, "아무튼 그러다 갑자기 유와 무가 있게 되었"으며, 더욱이 진정한 유와 무를 제대로 분별해 알 수도 없는 노릇이다. 그러니 이 같은 우주의 시원뿐만 아니라 만사 만물에 대해 언어로 하는 변론과 의론은 어쩔 수 없이 단편적이고, 부정확할 수밖에 없다. 장자가 자신의 의론에 대해서 회의적인 시각을 드러낸 것은 바로 그 때문이다.

또한 노자 사상의 계승자인 장자의 우주론에서 볼 때, 우주의 시원 그 궁극은 지극히 '허'··'무'한 상태이며, 따라서 그 어떤 시비나 피차가 있을 리 만무하다. 바로 그러한 우주 만물의 근원적 관점에서 보건대, 만물은 결국 다 한가지요, "천지는 나와 함께 존재하고, 만물은 나와 하나이다." 하여 장자는 말한다. 사람은 그처럼 물아를 모두 망각한 경지를 지향해 일로매진하여, 부질없고 끝없는 의론에 대한 집착에서 완전히 벗어나는가 하면, 진정 '제물'의 이치를 깊이 깨닫고, 그 정신과 원칙에 따라 처신 처사해야 할 것이다.

한편 이른바 "천하에는 가을 털갈이한 짐승의 가는 털끝보다 큰 게 없나니, 태산도 오히려 작은 것이다. 또 강보에서 죽은 아이보다 오래 산 이가 없나니, 팽조도 오히려 요절한 것이다"라고 한 것은 가히 궤변이라 함 직하다. 이를 어떻게 이해해야 할까? 「추수편」에서 "사물 간의 차이라는 측면에서 보건대, 어떤 사물이 크다는 견지에서 보면 그것을 크다고 여기게 되며, 그러면 만물은 크지 않은 게 없다. 또 어떤 사물이 작다는 견지에서 보면 그것을 작다고 여기게 되며, 그러면 만물은 작지 않은 게 없다. 그러니 크디큰 천지도 돌피처럼 작다는 것을 알고, 작디작은 털끝도 산언덕처럼 크다는 것을 안다면, 사물 간 상대적 차이(격차)의 이치를 분명히 알게 될 것이다(以差觀之, 因其所大而大之, 則萬物莫不大; 因其所小而小之, 則萬物莫不小. 知天地之爲稊米也, 知毫末之爲丘山也, 則差數睹矣)"라고 했듯이, 상대적인 관점에서 보면 세상에는 공간상 작거나 크지 않은 게 없고, 시간상 짧거나 길지 않은 게 없다. 천꾸잉이 이른 대로, 장자는 이 같은 논리에 더하여, 사물과 사물 사이의 상호 비교적 관계에서 하나는 크고 다른 하나는 작다는 절대적 차이(예를 들어 개와 개미를 비교할 때 개는 크고 개미가 작은 것은 절대적임)를 의도적으로 간과했는데, 그 목적은 사물을 현상계 안에서 비교 구별하지 않고, 시야를 더 확대하여 현상계의 시공 경계선을 넘어서서 사물을 보려는 데에 있는 것이다.

5-2

무릇 대도에는 일찍이 어떤 피차의 경계도 없었고, 언론에는 일찍이 어떤 시비의 정설도 없었거늘, 사람들은 각기 그 나름의 '옳음[是]'을 주장하고 고집하면서 허다한 경계와 구분을 지어내었다. 그 경계와 구분을 한번 말해보면, 좌가 있는가 하면 우가 있고, 윤리가 있는가 하면 법도가 있고, 분석이 있는가 하면 변별이 있고, 승부를 겨룸이 있는가 하면 시비를 다툼이 있나니, 이를 팔덕八德, 즉 여덟 가지 경계와 구분이라고 한다. 한편 우주 밖의 일은, 성인은 그대로 두고 논술하지 아니하고, 우주 안의 일은, 성인은 담담히 논술하되 세세히 의론하지는 않는다. 또 옛 사서에 보이는 고대 선왕의 치세 기록에 대해서, 성인은 의론은 하되 변박辯駁하지는 않는다. 그러므로 세상에는 온갖 사리를 분별하는 이가 있는가 하면 분별하지 않는 이가 있고, 변론하는 이가 있는가 하면 변론하지 않는 이가 있는 것이다. 묻노니 "어떻게 그러한가?" "성인은 사리를 묵묵히 체득하지만, 뭇사람들은 사리를 쟁변하며 서로 과시한다. 그러므로 말한다. '쟁변하는 이는 보지 못하는 것이 있는 법이다.'"

무릇 지극한 도는 이름 붙여 일컫지 않고, 지극한 변론은 말로 하지 않으며, 지극한 인애仁愛는 사사로이 인애하지 않음이요, 지극한 청렴은 겸양하지 않으며, 지극한 용기는 사람을 해치지 않는다. 도는 이름 붙여 밝혀낼 수 있으면 진정한 도라 할 수 없고, 변론은 말로 해서는 진리에 이르지 못하며, 인애는 특정한 데에 고정되어서는 두루 미치지 못하고, 청렴은 지나치게 청백淸白하여서는 진실하지 않으며, 용기는 사람을 해쳐서는 공업功業을 이루지 못한다. 이 다섯 가지는 모두 비유하자면 둥글기를 추구했으나 오히려 거의 모나게 된 꼴이다. 그러므로 사람이 자신이 알지 못하는 데에 머무를 줄 안다면, 진정 지극한 경지에 이른 것이다. 어느 누가 말로 하지 않는 변론과 이름 붙여 일컫지 않는 도를 아는가? 만약 능히 그것을 아는 이가 있다면, 그는 그야말로 대자연의 곳간이라 할 것이다. 그러한 곳간은 집어넣고 또 넣어도 결코 가득 차지 않고, 들어내고 또 내어도 결코 고갈되지 않지만, 그 원천이 무엇인지 알 수가 없나니, 그것을 일러 마음 깊숙이 감추고 드러내지 않는 광휘라 한다.

夫道未始有封, 言未始有常,[1] 爲是而有畛[2]也. 請言其畛: 有左有
부도미시유봉 언미시유상 위시이유진 야 청언기진 유좌유

右,[3] 有倫有義,[4] 有分有辯,[5] 有競有爭, 此之謂八德.[6] 六合[7]之外, 聖
우 유륜유의 유분유변 유경유쟁 차지위팔덕 육합지외 성

人[8]存而不論; 六合之內, 聖人論而不議. 春秋[9]經世先王[10]之志,[11] 聖
인 존이불론 육합지내 성인론이불의 춘추 경세선왕 지지 성

人議而不辯. 故分也者, 有不分也; 辯也者, 有不辯也. 曰: "何也?"
인의이불변 고분야자 유불분야 변야자 유불변야 왈 하야

"聖人懷之,[12] 衆人辯之以相示也. 故曰: '辯也者, 有不見[13]也.'"
성인회지 중인변지이상시야 고왈 변야자 유불견 야

夫大道不稱, 大辯不言, 大仁不仁,[14] 大廉不嗛,[15] 大勇不忮.[16] 道昭[17]
부대도불칭 대변불언 대인불인 대렴불겸 대용불기 도소

而不道, 言辯[18]而不及, 仁常而不周,[19] 廉淸而不信,[20] 勇忮而不成.
이부도 언변 이불급 인상이부주 염청이불신 용기이불성

五者圓而幾[21]向方矣. 故知止其所不知, 至矣. 孰知不言之辯, 不
오자원이기 향방의 고지지기소부지 지의 숙지불언지변 부

道[22]之道? 若有能知, 此之謂天府.[23] 注[24]焉[25]而不滿, 酌[26]焉而不竭,
도 지도 약유능지 차지위천부 주 언 이불만 작 언이불갈

而不知其所由來, 此之謂葆光.[27]
이부지기소유래 차지위보광

주석

1 常(상): 고정불변의 준칙, 곧 시비의 표준 내지 정설.

2 畛(진): 밭의 경계를 이루는 두둑. 곧 지경地境. 여기서는 사물이나 사리事理 사
   이의 경계와 구분을 가리킴.

3 左(좌)·右(우): 쟝시창이 이른 대로, '좌'는 낮음(卑)과 아래(下)를, '우'는 높음(尊)
   과 위(上)를 각각 이르는 것으로 이해됨.

4 義(의): 의儀와 같음. 예의, 법도.

5 辯(변): 변辨과 같음. (피차를) 변별·분별함.

6 八德(팔덕): 이 여덟 가지 경계와 구분은 곧 유가와 묵가 등의 유파들이 쟁집 爭執(서로 자기 의견을 고집하여 옥신각신 다툼)하는 것임.

7 六合(육합): 천지 사방四方(동·서·남·북). 곧 우주.

8 聖人(성인): 도가의 성인. 이는 유가의 성인을 이르는 것이 아님.

9 春秋(춘추): 고대 역사서의 통칭. 이는 유가 경전인『춘추』를 가리키는 게 아님.

10 經世先王(경세선왕): '선왕경세先王經世'의 도치. '경세'는 치세를 뜻함.

11 志(지): 지誌와 같음. 기재記載한 내용, 기록.

12 懷之(회지): 그것을 품음. 곧 피차와 시비를 분별하지 않고, 단지 마음속으로 묵 묵히 만물의 이치를 체득함을 이름.

13 不見(불견): 보지 못하는 것. 무릇 쟁변하는 사람은 자신의 옳음만 볼 뿐, 자신 의 그름은 보지 못하는 경향이 있음.

14 大仁不仁(대인불인): '대인'은 오히려 사사로이 인애하지 않음. 왜냐하면 사사로 이 인애하는 바가 있으면 필연적으로 사사로이 인애하지 않는 바가 있게 되기 때문이며, 따라서 '대인'은 물아일체와 일시동인一視同仁을 추구하는 것임. 또 한 이는 곧『노자』5장 '천지불인天地不仁' 및『장자』「경상초편庚桑楚篇」'지인무 친至仁無親'과 같은 의미임.

15 嗛(겸): 겸謙과 같음. 겸양함, 겸손함.

16 忮(기): 해침, 상해함.

17 昭(소): 밝힘. 곧 도의 실체를 분명히 밝힘을 이름.

18 言辯(언변): 이는 구법상句法上 '변언辯言'의 도치로 보임.

19 周(주): 통행본에는 본디 '성成'으로 되어 있으나, 문맥상 어울리지 않아 곽상의 주와 시통 등의 견해에 근거해 고침.

20 信(신): 신실함, 진실함.

21 幾(기): 거의, 가까이.

22 不道(부도): 이는 앞의 '불칭不稱'과 같은 뜻으로 이해됨.

23 天府(천부): 천연의 곳집. 곧 우주 만물을 능히 포용하는, 성인의 넓고도 큰 마 음(의식 세계)을 비유함.

24 注(주): 부어 넣음. 또 집어넣음.

25 焉(언): '어지於之'와 같은 뜻으로, 여기서 '지'는 '천부天府'를 가리킴.

26 酌(작): 퍼냄. 또 끄집어냄.
27 葆光(보광): 빛을 깊숙이 감춤. 또 그 빛, 광휘. '보'는 감춤을 이름.

해설 ─────────────────────────

장자가 볼 때, 대도가 그렇듯이, 만물과 만물에 대한 언론은 본디 피차
도 없고, 시비도 없는 것이다. 하지만 사람들이 무리하게 분별하고, 경
계를 지으면서 '물物'이나 '물론物論'의 제일齊一(똑같음, 한가지임)이 무너
지고 부정되기에 이르렀다. 사람들은 또 마냥 쟁변하며 서로 과시하
기에 여념이 없다. '쟁변하는 이는 보지 못하는 것이 있음'을 알지 못
한 탓이다. 이에 장자는 사람들이 세워놓은 인위적 경계를 무너뜨리
고, 정신적 한계를 허물기 위해 '말로 하지 않는 변론'과 '이름 붙여 일
컫지 않는 도'에 대한 이해와 깨달음을 증진시켜 갈 것을 요구한다. 그
렇게 하여 대도와 일체화된 개방적이고 원통圓通한 마음으로 삼라만
상을 망라하고 통찰한다면, 그야말로 '대자연의 곳간〔天府〕'과 같은 존
재로서 '마음 깊숙이 감추고 드러내지 않는 광휘光輝〔葆光〕'를 발하게
되리라는 것이 장자의 생각이다.

6-1

옛날에 요임금이 순에게 물었다. "나는 종宗·회膾·서오胥敖 세 나라
를 정벌코자 하오. 한데 매양 조정에 나가 정무를 보노라면 왠지 석연
치 않아 마음이 편치 않습니다. 그 까닭이 무엇이겠소?" 순이 아뢰었
다. "저 세 나라 군주는 마치 쑥대 사이에 사는 것 같아 보잘것없습니

다. 한데 폐하께서 석연치 않아 마음이 편치 않으신 것은 무엇 때문입니까? 먼 옛날에는 하늘에 열 개의 해가 나란히 나와 만물을 두루 비추었거늘, 하물며 그 덕이 해를 능가하는 폐하께서야 어찌 더 말할 필요가 있겠사옵니까?"

故¹昔者堯問於舜曰: "我欲伐宗·膾·胥敖,² 南面³而不釋然. 其故
고 석 자 요 문 어 순 왈   아 욕 벌 종 회 서 오   남 면 이 불 석 연   기 고
何也?" 舜曰: "夫三子⁴者, 猶存乎蓬艾之間. 若⁵不釋然, 何哉? 昔
하 야   순 왈   부 삼 자 자 유 존 호 봉 애 지 간   약 불 석 연   하 재   석
者十日並出,⁶ 萬物皆照, 而況德之進⁷乎日者乎!"
자 십 일 병 출   만 물 개 조 이 황 덕 지 진 호 일 자 호

주석

1 故(고): 발어사. 부夫와 같음.
2 宗(종)·膾(회)·胥敖(서오): 모두 작은 나라 이름으로, 장자가 허구한 것.
3 南面(남면): 군주가 용좌에 앉아 국정을 살핌을 이름. 이는 옛날에 군주가 흔히 북쪽에 앉아서 남쪽을 향하여 문무백관을 대면했던 데서 유래한 말임.
4 三子(삼자): 세 나라의 군주를 가리킴.
5 若(약): 제이 인칭대명사. 너, 당신, 그대. 여기서는 요임금을 가리킴.
6 十日並出(십일병출): 고대 신화 전설에 따르면 옛날에 열 개의 해가 한꺼번에 나와 내리쬐는 바람에 곡식과 초목이 다 말라죽어 백성들이 먹을 것이 없었는데, 요임금이 대예大羿에게 명해 활을 쏘아 아홉 개의 해를 다 떨어뜨리고, 한 개만 남겨놓았다고 함. 여기서 장자는 '십일'이 가져온 재해의 의미는 취하지 않고, '십일'이 만물을 두루 비추며 추호의 편사偏私도 없는 형상을 강조함.
7 進(진): 능가함, 넘어섬.

이 단락의 문의文義는 장자 '제물론'과의 논리적 관련성이 그다지 밀접해 보이지 않는다. 그 때문에 장모어성 역시 이는 위작이거나 착간錯簡일 가능성이 있다는 혹자의 견해를 소개하며 공감을 표하기도 했다. 다만 아직은 확증이 없는 상태인 만큼, 견강牽強하는 듯한 감이 없지 않으나, 아래와 같이 풀이해본다.

이 이야기는 '제물' 사상의 정치적 효용성을 설명한 것으로 보인다. 군주가 일단 '제물' 사상을 제대로 체화·체득한다면, 능히 천하 만백성을 일시동인一視同仁(멀고 가까운 사람을 친함에 관계없이 똑같이 대해준다는 뜻으로, 성인이 누구나 평등하게 똑같이 사랑함을 이르는 말)하게 될 것이다. 그러면 요임금처럼 다른 나라를 정벌하지도 않을 것이며, 또한 그로 인해 뭔가 석연치 않아 마음이 편치 않은 일도 없을 것이다. '제물' 사상의 체화와 구현은 그야말로 자타 모두에게 공히 이로운 것이다.

6-2

설결齧缺이 왕예王倪에게 물었다. "선생님께서는 만물에 똑같이 적용되는 하나의 표준을 아십니까?" 왕예가 대답했다. "내가 어떻게 그걸 알겠느냐?" "선생님께서는 선생님이 그걸 모르시는 까닭을 아십니까?" "내가 어떻게 그걸 알겠느냐?" "그렇다면 만물은 도무지 알 수가 없는 겁니까?" "내가 어떻게 그걸 알겠느냐? 한데 비록 그렇긴 하지만, 그냥 한번 말이나 해보자꾸나. 이를테면 내가 말하는 '안다는 것'이 흔히 말하는 '모르는 게 아니라고' 어떻게 단정할 수 있겠느냐? 또 내가 말하는 '모른다는 것'이 흔히 말하는 '아는 게 아니라고' 어떻게 단정할 수 있겠느냐? 아무튼 너에게 한번 물어보자. 사람이 습한 곳에서 자면 허리에 병이 생기고, 심하면 몸 한쪽을 못 쓰게 되지만, 미꾸라지도 그러하냐? 또 사람이 나무 위에서 살면 무서워 떨면서 불안해하지만, 원숭이도 그러하냐? 사람과 미꾸라지, 원숭이 이 셋 가운데 과연 누가 표준에 맞는 진정한 거처를 아는 것이냐? 사람은 가축의 고기를 먹고, 고라니와 사슴은 풀을 먹고, 지네는 뱀을 즐겨 먹고, 올빼미와 까마귀는 쥐를 즐기는데, 이 넷 가운데 과연 누가 표준에 맞는 진정한 맛을 아는 것이냐? 원숭이는 개코원숭이가 짝을 삼고, 고라니는 사슴과 짝짓기를 하며, 미꾸라지는 물고기와 교합한다. 모장毛嬙과 여희麗姬는 세상 사람들이 다 아름답다고 여기는 미인들이다. 하지만 물고기가 그들을 보면 물속 깊이 들어가버리고, 새가 그들을 보면 하늘 높이 날아가버리며, 고라니와 사슴이 그들을 보면 재빨리 달아나고 만다. 이 넷 가운데 과연 누가 표준에 맞는 진정한 미색을 아는 것이냐? 내가 볼 때, 인의仁義의 단서나 시비의 표준이 혼란하기 그지없거늘, 내가 어떻게 그 구분을 알 수가 있겠느냐?"

설결이 물었다. "선생님께서는 사물의 이로움과 해로움을 모르시는데, 그렇다면 지인至人도 본디 어떤 것이 이롭고, 어떤 것이 해로운지를 알지 못합니까?" 왕예가 대답했다. "지인은 진정 신묘하도다! 광대한 진펄이 다 불타도 그를 덥게 할 수 없고, 황하와 한수漢水가 다 얼어붙어도 그를 춥게 할 수 없으며, 요란한 천둥이 산을 무너뜨려도 그를 다치게 할 수 없고, 거센 바람이 바다를 뒤흔들어도 그를 놀라게 할 수 없다. 그러한 지인은 구름을 타기도 하고, 해와 달을 타기도 하

면서 사해의 밖에서 노니니, 삶과 죽음 같은 큰일도 그에게는 어떠한
변화도 가져오지 못하거늘, 하물며 뭇 사물의 이로움과 해로움 같은
작은 일이야 더 말해 무엇 하겠느냐?"

齧缺問乎王倪[1]曰: "子知物之所同是[2]乎?"曰: "吾惡乎知之!" "子
설결문호왕예왈   자지물지소동시호   왈   오오호지지   자

知子之所不知邪?"曰: "吾惡乎知之!" "然則物無知邪?"曰: "吾
지자지소부지야   왈   오오호지지   연즉물무지야   왈   오

惡乎知之! 雖然, 嘗試言之. 庸詎[3]知[4]吾所謂知之非不知邪? 庸詎知
오오호지지   수연 상시언지 용거 지 오소위지지비부지야 용거지

吾所謂不知之非知邪? 且吾嘗試問乎女[5]: 民濕寢則腰疾偏死,[6] 鰌[7]
오소위부지지비지야 차오상시문호여   민습침즉요질편사   추

然乎哉? 木處則惴慄恂懼,[8] 猨猴[9]然乎哉? 三者孰知正處? 民食芻
연호재 목처즉췌률순구   원후연호재   삼자숙지정처   민식추

豢,[10] 麋鹿食薦,[11] 蝍且[12]甘帶,[13] 鴟鴉[14]耆[15]鼠, 四者孰知正味? 猨猵
환   미록식천   즉저 감대   치아 기 서 사자숙지정미   원편

狙[16]以爲雌, 麋與鹿交, 鰌與魚遊.[17] 毛嬙麗姬[18] 人之所美也, 魚見
저 이위자 미여록교 추여어유   모장여희   인지소미야   어견

之深入, 鳥見之高飛, 麋鹿見之決驟.[19] 四者孰知天下之正色哉? 自
지심입 조견지고비 미록견지결취   사자숙지천하지정색재   자

我觀之, 仁義之端, 是非之塗,[20] 樊然殽亂,[21] 吾惡能知其辯[22]!"
아관지 인의지단 시비지도   번연효란   오오능지기변

齧缺曰: "子不知[23]利害, 則至人固不知利害乎?"王倪曰: "至人神
설결왈   자부지 이해 즉지인고부지이해호   왕예왈   지인신

矣! 大澤[24]焚而不能熱, 河漢[25]沍[26]而不能寒, 疾雷破山而不能傷, 飄
의 대택 분이불능열 하한 호 이불능한   질뢰파산이불능상   표

風振海而不能驚.[27] 若然者, 乘雲氣, 騎日月, 而遊乎四海之外, 死
풍진해이불능경   약연자 승운기 기일월 이유호사해지외   사

生無變於己, 而況利害之端[28]乎!"
생무변어기 이황이해지단 호

1 齧缺(설결)·王倪(왕예): 두 사람 모두 허구의 인물로,「천지편天地篇」에서는 왕
  예가 설결의 스승이라고 함.

2 所同是(소동시): (만물에) 두루(동일하게) 그렇다고 시인되고 긍정되는 바. 곧 만물
  공통의 판단 기준 내지 표준을 가리킴.

3 庸詎(용거): 기詎와 같음. 어찌, 어떻게.

4 知(지): 앎. 여기서는 단정한다는 의미를 내포하는데, 한글 표현의 자연스러움
  을 더하기 위해 번역문에서는 그 같은 함의를 드러내기로 함.

5 女(여): 여汝와 같음. 너.

6 偏死(편사): 반신半身이 고사枯死함. 곧 반신불수를 이름.

7 鰌(추): 추鰍와 같음. 미꾸라지.

8 惴慄恂懼(췌률순구): 네 글자 모두 두렵다·무섭다는 뜻.

9 猨猴(원후): 원후猿猴와 같음. 원숭이.

10 芻豢(추환): 가축을 가리킴. '추'는 풀을 먹여 기르는 소·양 따위를 이르고, '환'
   은 곡식을 먹여 기르는 개·돼지 따위를 이름.

11 薦(천): 짐승이 먹는 잡초. 풀, 꼴.

12 蝍且(즉저): 즉저蝍蛆와 같음. 지네.

13 帶(대): (띠처럼 생긴) 작은 뱀을 이름.

14 鴟鴉(치아): 올빼미와 까마귀.

15 耆(기): 기嗜와 같음. (먹기를) 즐김, 좋아함.

16 猵狙(편저): 개코원숭이.

17 遊(유): 헤엄침, 놂. 여기서는 교합함을 이름.

18 毛嬙(모장)·麗姬(여희): 고대의 이름난 미녀. 일설에 '여희'는 '서시'의 잘못이라
   고도 함.

19 決驟(결취): 빨리 달림.

20 塗(도): 길, 경로. 여기서는 표준을 이름.

21 樊然殽亂(번연효란): '번연'은 복잡하고 어지러운 모양. '효란'은 뒤섞여 어지러움.

22 辯(변): 변辨과 같음. 분별, 구분.

23 知(지): 앎. 여기서는 돌보다, 고려하다는 뜻이 내포되어 있음.

24 澤(택): 진펄, 즉 땅이 질어 질퍽한 벌로, 초목이 무성함.

25 河漢(하한): 황하와 한수(장강의 최대 지류).

26 沍(호): 얾[凍].

27 "疾雷破山(질뢰파산)···" 2구: 통행본에는 본디 '질뢰파산풍진해이불능경疾雷破
山風振海而不能驚'으로 되어 있으나, 천구잉을 따라 시통과 왕수민의 고증에 근
거해 탈자를 보충함.

28 端(단): 단서, 실마리. 곧 작은 일.

해설

장자는 먼저 왕예의 입을 빌려, 사람이나 다른 여러 동물이 각기 거처
나 식미食味, 미색 등에 대해 갖가지 상이한 취향과 반응을 보인다는
엄연한 사실을 예시하면서, 사람들은 동일한 사물에 대해서도 각기
서로 다른 견지에서 출발하는 만큼 분명 서로 다른 시비의 표준을 설
정 견지하게 됨을 설명했다. 이 같은 논리에 근거해, 장자는 인의나 시
비도 결코 모두가 공인하는 정해진 표준이 있는 것이 아니며, 단지 사
람들이 각기 인위로 제정하고 고취하는 것일 따름임을 논증했다. 이
는 곧 본디 어떠한 시비나 피차도 존재하지 않으며, 오로지 만물은 다
한가지일 뿐이라는 '제물'의 관점을 분명히 하는 것이다. 이에 장자는
또 세상의 어떤 시비나 이해 따위에도 흔들림 없이, 시종 유유히 자연
에 순응하는, 한껏 자유롭고 초월적인 정신세계를 가진 지인이야말로
진정 본받고 따라야 할 형상임을 강조했다.

6-3

구작자瞿鵲子가 장오자長梧子에게 물었다. "제가 공자께 들으니, '성

인은 통상적인 일에 매달리지 않고, 사사로운 이익을 좇지 않으며, 위해危害 앞에서 물러서지 않고, 탐구貪求하기를 좋아하지 않고, 그렇다고 도에도 얽매이지 않으며, 또한 말을 하지 않아도 말을 한 것 같고, 말을 하여도 말을 하지 않은 것 같으며, 티끌세상 밖에서 노닌다'고 한 것을, 공자께서는 터무니없는 얘기라고 하시지만, 저는 오히려 그것을 신묘한 대도의 실행이요 구현이라고 생각합니다. 선생님께서는 어떻게 생각하십니까?"

장오자가 대답했다. "그것은 황제黃帝가 들어도 이해가 안 될 텐데, 공자가 어떻게 그걸 알겠는가? 그리고 자네도 생각하는 게 너무 성급하구먼. 마치 달걀을 보고는 새벽을 알리는 수탉을 얻으려 하고, 탄환을 보고는 올빼미구이를 먹으려 하는 것만 같으이. 내가 그냥 자네한데 마음대로 한번 말해볼 터이니, 자네도 그냥 편하게 한번 들어보게나. 어떤가? 성인은 일월에 의지하며, 우주를 품고, 만물과 하나되어 세상의 온갖 시비와 혼란은 그대로 둔 채 돌아보지 않고, 세속적인 비천함과 존귀함 또한 매한가지라 여긴다. 세상 뭇사람들은 마냥 시비 분별에 골몰하며 아등바등하지만, 성인은 오히려 우둔하여 장구한 세월 동안의 무수한 세상사 변화를 아우르는가 하면 일체화하여 본연의 순수를 이룬다. 무릇 우주 만물이 다 그러하나니, 바로 그 때문에 성인은 만물과 서로 포용하며 하나가 되는 것이다.

내 어찌, 삶에 애착하는 것이 멍청한 일이 아니란 걸 알랴! 내 어찌, 죽음을 싫어하는 것이 어려서 길을 잃고 타향을 떠돌다 끝내 고향으로 돌아갈 줄 모르는 것과 같은 게 아니란 걸 알랴? 여희는 본디 애艾 땅에서 국경을 지키는 이의 딸이었는데, 진晉나라가 처음 그녀를 붙잡아왔을 때는 너무 울어서 눈물이 옷깃을 적셨건만, 나중에 진나라 왕궁에 들어가서 임금과 함께 커다란 침상에서 잠을 자고, 진미를 먹게 되었을 때에는 애초에 자신이 울었던 것을 후회했다. 내 어찌, 죽은 사람은 애초 살아 있는 동안에 더 살고 싶어 하던 것을 후회할지도 모른다는 것을 알랴?

꿈속에서 술을 마시며 즐기던 사람이 다음 날 일어나서는 울기도 하고, 꿈속에서 울던 사람이 다음 날 일어나서는 사냥을 즐기기도 한다. 사람은 바야흐로 꿈을 꾸면서도 자신이 꿈을 꾸고 있다는 것을 알지 못하고, 때로는 꿈속에서 자신이 꾼 꿈의 길흉을 점치다가 깨어난 다음에야 비로소 그것이 꿈이었다는 것을 안다. 또한 대도를 체득하여 큰 깨달음이 있은 다음에야 비로소 이 인생이란 것이 한바탕 큰 꿈일 뿐임을 안다. 하지만 어리석은 사람들은 오히려 스스로는 한껏 깨어 있어 인생 만사를 다 잘 안다고 생각한다. 그리하여 무슨 임금이니, 목부牧夫니 하지만, 천박하고 고루하기 그지없도다! 공자와 자네도 모두 꿈을 꾸고 있으며, 내가 자네더러 꿈을 꾸고 있다고 하지만, 나 또한 꿈을 꾸고 있는 것이다. 내가 하는 이러한 말은 그야말로 이름하여 괴이한 언론이라 할 것이니, 천만년 이후에 한 번 위대한 성인을 만나 그 의미와 이치를 안다면, 그 또한 한없이 빨리 만나는 것이다.

가령 내가 자네와 쟁변을 하는데, 자네가 나를 이기고, 내가 자네를 이기지 못했다면, 자네가 과연 옳고, 나는 과연 그른 것인가? 반대로 내가 자네를 이기고, 자네가 나를 이기지 못했다면, 내가 과연 옳고, 자네는 과연 그른 것인가? 그러니까 우리 둘 가운데 한 사람은 옳고, 한 사람은 그른 것인가? 아니면 우리 둘 다 옳거나 혹은 우리 둘 다 그른 것인가? 나와 자네 모두가 서로 생각을 잘 알지 못하면, 다른 사람들은 그로 인해 더더욱 어리벙벙할 텐데, 내가 누구더러 바르게 평결해달라고 할 것인가? 자네와 생각이 같은 이에게 바르게 평결해달라고 하면, 생각 자체가 이미 자네와 같은데, 어떻게 바르게 평결할 수 있겠는가? 나와 생각이 같은 이에게 바르게 평결해달라고 하면, 생각 자체가 이미 나와 같은데, 어떻게 바르게 평결할 수 있겠는가? 또 나와 자네 모두와 생각이 다른 이에게 바르게 평결해달라고 하면, 생각 자체가 이미 나와 자네 모두와 다른데, 어떻게 바르게 평결할 수 있겠는가? 나와 자네 모두와 생각이 같은 이에게 바르게 평결해달라고 하면, 생각 자체가 이미 나와 자네 모두와 같은데, 어떻게 바르게 평결할 수 있겠는가? 그렇다면 나와 자네 그리고 뭇사람들이 모두 서로 생각을 잘 알지 못하거늘, 또 다른 누구를 더 기다려야 한단 말인가?

시비의 쟁변으로 서로 대립하는 것은, 도저히 바르게 분별하거나 평결할 수가 없으니 사실상 서로 대립하나 마나 한 것이다. 그러니 결국은 천연의 표준인 대도에 입각해 시비를 한가지로 여기고, 마음껏 노닐며 자적함으로써 만물 변화에 순응하는 것이, 바로 천수를 다하는 길이다. '천연의 표준인 대도에 입각해 시비를 한가지로 여긴다'는 것은 무슨 말일까? 이를테면 이런 말이지. 옳지 않음을 옳음으로 여기고, 그렇지 않음을 그러함으로 여기는 것이다. 그러면 옳음이 설령 진실로 옳을지라도 옳음이 옳지 않음과 다르다는 것을 굳이 쟁변할 필요가 없으며, 그러함이 설령 진실로 그러할지라도 그러함이 그렇지 않음과 다르다는 것을 굳이 쟁변할 필요가 없도다. 요컨대 무릇 사람은 생사도 잊고, 시비도 잊은 채, 무궁한 대도의 경지를 소요해야 할 것인바, 그러므로 성인은 시종 일신을 무궁한 대도의 경지에 맡기는 것이다."

瞿鵲子問乎長梧子[1]曰: "吾聞諸夫子[2]: '聖人不從事於務,[3] 不就[4]
구 작 자 문 호 장 오 자 왈   오 문 저 부 자   성 인 부 종 사 어 무   불 취

利, 不違[5]害, 不喜求, 不緣[6]道; 無謂有謂, 有謂無謂, 而遊乎塵垢[7]
리 불 위 해 불 희 구 불 연 도 무 위 유 위 유 위 무 위 이 유 호 진 구

之外.' 夫子以爲孟浪[8]之言, 而我以爲妙道之行也. 吾子[9]以爲奚
지 외 부 자 이 위 맹 랑 지 언 이 아 이 위 묘 도 지 행 야 오 자 이 위 해

若[10]?"
약

長梧子曰: "是黃帝之所聽熒[11]也, 而丘也何足以知之? 且女亦大[12]
장 오 자 왈   시 황 제 지 소 청 형   야 이 구 야 하 족 이 지 지   차 여 역 태

早計,[13] 見卵而求時夜,[14] 見彈而求鴞炙.[15] 予嘗爲女妄[16]言之, 女以
조 계   견 란 이 구 시 야   견 탄 이 구 효 적   여 상 위 여 망 언 지 여 이

妄聽之, 奚? 旁[17]日月, 挾[18]宇宙, 爲其脗合,[19] 置其滑涽,[20] 以隸相
망 청 지 해 방 일 월 협 우 주 위 기 문 합 치 기 골 혼 이 례 상

尊.[21] 衆人役役,[22] 聖人愚芚,[23] 參[24]萬歲[25]而一成純. 萬物盡然, 而以
존 중 인 역 역 성 인 우 둔 참 만 세 이 일 성 순 만 물 진 연 이 이

是相蘊.[26]
시 상 온

予惡乎知說[27]生之非惑[28]邪? 予惡乎知惡死之非弱喪[29]而不知歸者
여 오 호 지 열 생 지 비 혹 야 여 오 호 지 오 사 지 비 약 상 이 부 지 귀 자

邪? 麗之姬,[30] 艾封人[31]之子也, 晉國之始得之也, 涕泣沾襟; 及其
야 여 지 희 애 봉 인 지 자 야 진 국 지 시 득 지 야 체 읍 첨 금 급 기

至於王所,[32] 與王同筐牀,[33] 食芻豢, 而後悔其泣也. 予惡乎知夫死
지 어 왕 소 여 왕 동 광 상 식 추 환 이 후 회 기 읍 야 여 오 호 지 부 사

者不悔其始之蘄[34]生乎?
자 불 회 기 시 지 기 생 호

夢飮酒者, 旦[35]而哭泣; 夢哭泣者, 旦而田獵.[36] 方[37]其夢也, 不知其
몽 음 주 자 단 이 곡 읍 몽 곡 읍 자 단 이 전 렵 방 기 몽 야 부 지 기

夢也. 夢之中又占其夢焉, 覺而後知其夢也. 且有大覺[38]而後知此其
몽 야 몽 지 중 우 점 기 몽 언 교 이 후 지 기 몽 야 차 유 대 각 이 후 지 차 기

大夢也. 而愚者自以爲覺, 竊竊然³⁹知之. 君乎, 牧⁴⁰乎, 固哉! 丘也
대몽야 이우자자이위교 절절연 지지 군호 목호 고재 구야

與女, 皆夢也; 予謂女夢, 亦夢也. 是其言也, 其名爲吊詭.⁴¹ 萬世之
여여 개몽야 여위여몽 역몽야 시기언야 기명위적궤 만세지

後而一遇大聖, 知其解者, 是旦暮⁴²遇之也.
후이일우대성 지기해자 시단모 우지야

旣使⁴³我與若⁴⁴辯矣, 若勝我, 我不若勝,⁴⁵ 若果是也? 我果非也邪?
기사 아여약 변의 약승아 아불약승 약과시야 아과비야야

我勝若, 若不吾勝, 我果是也? 而⁴⁶果非也邪? 其或⁴⁷是也? 其或非
아승약 약불오승 아과시야 이 과비야야 기혹 시야 기혹비

也邪? 其俱是也? 其俱非也邪? 我與若不能相知也, 則人固受其黮
야야 기구시야 기구비야야 아여약불능상지야 즉인고수기탐

闇,⁴⁸ 吾誰使⁴⁹正之? 使同乎若者正之, 旣與若同矣, 惡能正之? 使
암 오수사 정지 사동호약자정지 기여약동의 오능정지 사

同乎我者正之, 旣同乎我矣, 惡能正之? 使異乎我與若者正之, 旣
동호아자정지 기동호아의 오능정지 사이호아여약자정지 기

異乎我與若矣, 惡能正之? 使同乎我與若者正之, 旣同乎我與若矣,
이호아여약의 오능정지 사동호아여약자정지 기동호아여약의

惡能正之? 然則我與若與人俱不能相知也, 而待彼也邪?
오능정지 연즉아여약여인구불능상지야 이대피야야

化聲⁵⁰之相待,⁵¹ 若⁵²其不相待. 和之⁵³以天倪,⁵⁴ 因⁵⁵之以曼衍,⁵⁶ 所
화성 지상대 약기불상대 화지 이천예 인 지이만연 소

以窮年⁵⁷也. 何謂和之以天倪? 曰: 是⁵⁸不是, 然⁵⁹不然. 是若果是也,
이궁년 야 하위화지이천예 왈 시 불시 연 불연 시약과시야

則是之異乎不是也亦無辯; 然若果然也, 則然之異乎不然也亦無
즉시지이호불시야역무변 연약과연야 즉연지이호불연야역무

辯. 忘年⁶⁰忘義,⁶¹ 振⁶²於無竟,⁶³ 故寓諸無竟."
변 망년 망의 진 어무경 고우저무경

주석

1 瞿鵲子(구작자)·長梧子(장오자): 두 사람 모두 허구의 인물.

2 夫子(부자): 선생님. 여기서는 공자를 가리킴.

3 務(무): 상무常務, 즉 통상적인 일.

4 就(취): 나아감. 곧 좇음.

5 違(위): 피함, 물러남.

6 緣(연): 따름. 또 얽매임.

7 塵垢(진구): 티끌과 때. 곧 티끌세상을 이름.

8 孟浪(맹랑): 황당함, 터무니없음.

9 吾子(오자): 상대방에 대한 존칭. 선생님.

10 奚若(해약): 여하如何와 같음.

11 聽熒(청형): 듣고 어리둥절해함. '형'은 미혹함.

12 大(태): 태太와 같음. '너무.'

13 計(계): 셈. 여기서는 생각함.

14 時夜(시야): 사야司夜와 같음. '시야'는 밤에 닭이 울어서 시간을 알린다는 뜻이고, '사야'는 밤에 시간을 알리는 일을 맡아 한다는 뜻으로, 양자 모두 닭의 별칭으로도 쓰임.

15 鴞炙(효적): 올빼미구이.

16 妄(망): 마음대로, 편하게, 되는대로.

17 旁(방): 방傍과 같음. 기댐, 의지함.

18 挾(협): 겨드랑이에 껴 가짐. 여기서는 (우주를) 품는다는 말.

19 脗合(문합): 문합吻合과 같음. 위아래 입술이 맞는 것처럼 꼭 들어맞음. 곧 (우주 만물과) 하나가 됨을 이름. '문'은 입술.

20 滑涽(골혼): 혼란, 혼탁.

21 以隸相尊(이례상존): 노복을 존귀하다고 여김. 곧 비천함과 존귀함이 한가지라는 말. '례'는 종, 노복. 곧 비천한 사람. '상'은 (~라고) 봄, 여김.

22 役役(역역): 쉴 없이 노고하는 모양. 여기서는 시비나 피차의 분별에 골몰함을 두고 이르는 것으로 이해됨.

23 愚芚(우둔) : 우둔愚鈍과 같음. 이는 물론 대지약우大智若愚의 어리석음을 이름.

24 參(참): 섞음, 아우름, 헤아림.

25 萬歲(만세): 천만세, 천만년. 곧 아주 오랜 세월.

26 蘊(온): 쌓음, 모음. 여기서는 포용함.

27 說(열): 열悅과 같음. 좋아함. 여기서는 애착함.

28 惑(혹): 미혹함, 멍청함.

29 弱喪(약상): 유년에 고향을 잃고 떠돌아다님. '약'은 유약한 때. 장자의 생각은 다음과 같음. 사람의 진정한 고향은 대자연이며, 사람이 세상에 태어나 살아가는 것은 마치 타향을 떠도는 것과 같음. 다시 말해 죽어서 대자연으로 돌아가는 것은 곧 고향으로 돌아가는 것이거늘, 마냥 삶에 대한 미련을 버리지 못하는 것은 흡사 어려서 고향을 떠나서는 장성한 이후에도 고향으로 돌아가고파 하지 않는 것과 같다는 것임.

30 麗之姬(여지희): 곧 여희. 본디 여융국麗戎國 사람이었는데, 진晉 헌공獻公이 여융국을 정벌할 때 포로로 잡혀 왔으며, 나중에는 헌공의 부인이 됨.

31 艾封人(애봉인): 여융국 '애' 땅의 변경을 지키는 사람. '애'는 땅 이름. '봉'은 변경, 국경.

32 王所(왕소): 왕의 처소, 곧 왕궁을 이름. '왕'은 진 헌공을 가리킴.

33 筐牀(광상): 광상匩牀과 같음. 침상. 여기서는 특히 크고 편안한 침상을 가리킴. '광'은 모양이 네모지고 반듯함을 뜻함.

34 薪(기): 기祈와 같음. 구求함.

35 旦(단): 날이 밝음. 곧 다음 날.

36 田獵(전렵): 전렵畋獵과 같음. 사냥함.

37 方(방): 바야흐로, 지금 한창.

38 大覺(대각): 대도를 체득하고 깨달은 이후의 깨어남.

39 竊竊然(절절연): 아는 체하는 모양.

40 牧(목): 목부牧夫, 즉 목장에서 소·말 따위의 가축을 돌보며 키우는 사람. 여기서는 존귀한 임금에 비해 비천한 백성을 두고 이르는 말.

41 吊詭(적궤): 괴이함.

42 旦暮(단모): 아침저녁 사이. 곧 매우 짧은 시간을 비유함. 여기서 장자는, 대도를 터득한 사람이 너무 드물어 설령 천만년 후에라도 그러한 사람을 단 하나라도 만난다면 오히려 상당히 빨리 만난 것이라고 말함. 즉 득도의 성인은 참으로 찾아보기 힘듦을 강조한 말.

43 旣使(기사): 가령, 만약.

44 若(약): 너, 그대.

45 不若勝(불약승): '불승약不勝若'의 도치.

46 而(이): 너, 그대.

47 或(혹): 혹자. 곧 쟁변의 일방一方을 가리킴.

48 韘闇(탐암): 어두운 모양. 곧 시비를 분명히 알지 못해 어리둥절함을 이름.

49 誰使(수사): '사수使誰'의 도치. 누구로 하여금.

50 化聲(화성): 곽상의 풀이에 따르면 시비의 변론으로 이해됨.

51 相待(상대): 서로 대치함, 대립함.

52 若(약): 같음. 여기서는 하나 마나 하다는 뜻을 내포함.

53 和之(화지): 온갖 사물의 시비를 각각 한가지로 여김. '화'는 조화·융화함. 여기서
는 한가지로 본다는 말. '지'는 갖가지 사물과 논점을 가리키는 것으로 이해됨.

54 天倪(천예): 천연의 끝·경계, 표준. 이는 곧 대도를 두고 이름.

55 因(인): 인습因襲함. 여기서는 순응함.

56 曼衍(만연): 유연遊衍함. 곧 마음껏 노닐며 자적함.

57 窮年(궁년): 천년天年·천수를 다함. 이상의 "화성지상대~소이궁년야化聲之相待
~所以窮年也"5구가 통행본에는 본디 "망년망의忘年忘義"구 앞에 있으나, 문맥상
자연스럽지 못한 점이 있어, 북송 여혜경呂惠卿과 청대 선영, 왕선겸 등 다수 주
석가의 견해에 따라 이곳으로 옮김.

58 是(시): 여기서는 동사로, 옳다고 여긴다는 뜻.

59 然(연): 역시 동사로, 그렇다고 여김.

60 年(년): 나이. 곧 생사를 이름.

61 義(의): 함의含義/含意. 곧 시비를 이름.

62 振(진): 진동, 즉 흔들려 움직임. 임희일林希逸은 여기서 이는 곧 소요함을 이른
다고 함.

63 無竟(무경): 무궁한 대도의 경지. '경'은 다함[窮/盡]. 일설에는 경경境과 같음.

해설 ─────────────────────────────────

장자는 우선 성인의 본질적 형상을 묘사했다. 진정 "일월에 의지하며,
우주를 품고[旁日月, 挾宇宙]" "티끌세상 밖에서 노닌다[遊乎塵垢之外]"고
했으니, 성인은 그야말로 대도와 일체화된, 대도의 구현자로서, 장자

112

가 급급히 추구하는 이상적 경지요 형상인 것이다.

그리고 장자는 세상 사람들의 일반적인 생사나 시비의 관념을 부정했다. 사람들은 대개 삶에 애착하고, 죽음을 싫어하지만, 인생이란 단지 한바탕 큰 꿈일 뿐이니, 생사도 이해利害도 다 매한가지란 얘기다. 또한 본시 하나인 시비를 두고, 쟁변하며 대립하는 것은 진정 '하나 마나 한' 부질없는 노릇임을 알고 쟁변을 멈춰야 한다는 주장이다.

결국 사람은, 일신을 대도에 맡기고 "생사도 잊고, 시비도 잊은 채, 무궁한 대도의 경지를 소요하는" 성인처럼 유유히 만물 변화에 순응함으로써 천수를 다해야 한다는 게 장자의 생각이다.

7-1

그림자 언저리의 희미한 곁 그림자가 그림자에게 물었다. "아까는 당신이 걸어가더니, 지금 당신은 또 멈춰 서고, 아까는 당신이 앉아 있더니, 지금 당신은 또 일어서는구먼. 어째 그렇게 당신 특유의 지조가 없소?" 그림자가 대답했다. "내가 의지하는 게 있어서 그런 것이겠지? 내가 의지하는 것은 또 그가 의지하는 게 있어서 그런 것이겠고? 한데 과연 나는 뱀의 아랫배 비늘이나 매미의 날개 같은 것에 의지하는 것인가? 내가 어떻게 그러한 까닭을 알겠으며, 또 내가 어떻게 그렇지 않은 까닭을 알겠는가?"

周兩^{1}問景^{2}曰: "曩^{3}子行, 今子止; 曩子坐, 今子起. 何其無特操^4
망 량 문 영 왈　 낭 자 행　 금 자 지　 낭 자 좌　 금 자 기　 하 기 무 특 조

與^5?" 景曰: "吾有待^{6}而然者邪? 吾所待又有待而然者邪? 吾待蛇
여　 영 왈　 오 유 대 이 연 자 야　 오 소 대 우 유 대 이 연 자 야　 오 대 사

蚹⁷蜩⁸翼邪? 惡識所以然? 惡識所以不然?"
부 조 익 야   오 식 소 이 연   오 식 소 이 불 연

주석

1 罔兩(망량): 달에 무리가 지듯, 그림자 바깥쪽으로 퍼져나간 희미한 곁 그림자.

2 景(영): 影影과 같음. 그림자.

3 曩(낭): 접때, 아까.

4 特操(특조): 특유의 지조, 주견主見. '특'은 특유의, 독자적인, 독립된.

5 與(여): 여歟와 같음. 의문조사.

6 待(대): 기다림. 여기서는 기댐, 의지함.

7 蚹(부): 뱀의 배(腹) 비늘.

8 蜩(조): 매미.

해설

이는 장모어성이 이른 대로, 장자의 이른바 '순수 우언'이다. 순수 우언이란 작자 본인은 등장하지도 않을뿐더러 의론을 발하지도 아니하며, 단지 무생물이나 하등 동물의 입을 빌려 말하려는 뜻을 드러내는 것이다. 아무튼 여기서 장자는, 세상의 온갖 사리事理는 사람이 그 어느 것도 제대로 알 수가 없으며, 따라서 "자신이 알지 못하는 데에 머무를 줄 알아야(知止其所不知)"(「제물론편」 5-2장)함을 역설했다. 바꿔 말하면 함부로 시비의 견해를 내고, '물론物論'을 발하는 것은, 그야말로 "어리석은 사람들이 오히려 스스로는 한껏 깨어 있어 인생 만사를 다 잘 안다고 생각하는(愚者自以爲覺, 竊竊然知之)"(「제물론편」 6-3장) 것에 지나지 않는다.

7-2

예전에 장주莊周가 나비가 된 꿈을 꾸었는데, 경쾌히 날며 기껍고 자득한 한 마리 나비였다. 또한 스스로 얼마나 기껍고 득의함에 취했던가! 자신이 장주라는 사실조차 알지 못했다. 그러다 갑자기 잠을 깼는데, 놀랍게도 자신은 본디 장주였던 것이다. 한데 장주가 꿈속에서 나비가 된 것인지, 아니면 나비가 꿈속에서 장주가 된 것인지 알 수가 없었다. 장주와 나비는 분명 구별이 있는 것일 텐데 말이다. 아무튼 이를 일컬어 '물화物化', 즉 만물이 상호 동화되는 변화라고 한다.

昔者莊周夢爲胡蝶,[1] 栩栩然[2]胡蝶也. 自喻[3]適志[4]與[5]! 不知周也. 俄
석 자 장 주 몽 위 호 접　 허 허 연 호 접 야　 자 유 적 지 여　 부 지 주 야　 아
然[6]覺, 則蘧蘧然[7]周也. 不知周之夢爲胡蝶與[8] 胡蝶之夢爲周與?
연 교　 즉 거 거 연 주 야　 부 지 주 지 몽 위 호 접 여　 호 접 지 몽 위 주 여
周與胡蝶, 則必有分[9]矣. 此之謂物化.[10]
주 여 호 접　 즉 필 유 분 의　 차 지 위 물 화

주석

1　胡蝶(호접): 호접蝴蝶과 같음. 나비.

2　栩栩然(허허연): 편편연翩翩然과 같음. 경쾌히 날며 기껍고 자득한 모양.

3　喩(유): 유愉와 같음. 기뻐함, 즐거워함. 곧 취醉함.

4　適志(적지): 적의適意와 같음. 마음과 뜻에 맞음. 곧 기껍고 득의함.

5　與(여): 여歟와 같음. 감탄조사.

6　俄然(아연): 홀연, 갑자기.

7　蘧蘧然(거거연): 놀란 모양. 또는 갑자기 깨닫는 모양. 일설에는 자득한 모양.

8　與(여): 여歟와 같음. 의문조사.

9　分(분): 분별, 구별, 차이.

10　物化(물화): 사물과 사물 사이의 차이와 구별이 없어지고, 물아 또는 피차가 혼

연히 동화되고 조화되는 경지. 장자의 생각에 따르면, 사람이 죽은 후 그 육신은 쥐의 간이 될 수도 있고, 벌레의 다리가 될 수도 있으며, 쥐의 간이나 벌레의 다리 역시 죽은 후에는 다른 것으로 바뀔 수 있음. 보다 자세한 것은 「대종사편」 참조.

해설 ─────

이는 후세에 널리 알려진 장자의 호접몽胡蝶夢 이야기로, '제물론'의 지극한 경지를 논증하고 있다. 여기서 주목할 것은 바로 "장주가 꿈속에서 나비가 된 것인지, 아니면 나비가 꿈속에서 장주가 된 것인지 알 수가 없었다"는 대목이다. 꿈속의 장자 자신이 모든 '아我', 즉 자아를 대표한다면, 나비는 또 모든 '물物', 즉 외물을 대표한다고 할 수 있다. 결국 '아'가 '물'인지, 아니면 '물'이 '아'인지 도무지 알 수가 없다는 것이니, 그야말로 물아일체·물아양망物我兩忘(외물과 자아를 모두 망각함)이 따로 없다. 또한 이는 곧 무아요, 망아의 경지이니, 편 첫머리의 '상아'와도 통한다. 아무튼 진실로 망아와 상아의 경지에 이른다면, 세속의 시비나 이해·생사·귀천 따위의 잡념은 말끔히 사라지고 말 터이니, '제물'과 '제론'에 대한 신념은 절로 확고해질 것이다.

한편 이상과 같은 단락 요지와는 별도로, 여기서 우리는 장자가 스스로 꿈속의 나비처럼 아무런 구속 없이 한껏 자유자재하며 유유히 노닐고픈 인생관을 견지하고 있었음을 확인하게 된다.

이상 「제물론편」 전편의 역해를 마무리하면서, 참고로 장쑹후이의 분석 설명을 덧붙이고자 하는데, 이는 우리가 장자의 '제물론' 주장을 보다 깊고 체계적으로 이해하는 데 상당한 도움이 될 것으로 믿는다.

(1) 장자가 '제물', 즉 만물을 다 같은 것으로 보는 방법은 주로 다음 몇 가지다. 첫째, 사물과 사물 사이의 서로 같은 점을 최대한 확대 적용한다. 세상 사물은 비록 천차만별이지만, 사물과 사물 사이에는 또한 분명 공통점이 존재하는데, 예를 들면 모든 사물은 다 물질로 구성되어 있다는 점 등이다. 장자도 물론 만물에 차이가 있다는 것을 안다. 하지만 그는 의도적으로 차이는 보지 않고, 오로지 같은 점만 보기 때문에, 어마어마하게 큰 천지도 자신의 작디작은 손가락 하나와 같다고 여긴다. 둘째, 사람들의 서로 다른 심미관과 가치관을 들어, 모든 사람이 가지고 있으며 서로 대립되는 시비의 표준을 부정한다. 셋째, 만물은 모두 도에서 근원한다는 점을 들어, 만물은 다 같은 것임을 증명한다. 천지 만물이 모두 그 근원을 같이한다면, 결국 만물은 다 한가지란 논리다.

(2) 장자가 만물을 다 같은 것으로 보는 이유와 목적은 대략 두 가지다. 첫째, '제물'의 사상 관념을 통해 세속적인 번뇌를 해소하고자 했다. 장자는 현실사회와는 도무지 맞지 아니하여 시종 득지得志하지 못한 사람이다. 그 때문에 평생 자신의 정치적 이상을 실현할 길을 찾지 못했을 뿐만 아니라, 때로는 기본적인 생계조차 막연할 정도였다. 하지만 '제물' 사상은 성공과 실패, 존귀함과 비천함, 부유함과 빈궁함 등등을 모두 다 같은 것으로 보는 만큼, 실패니 빈천함이니 하는 것들 때문에 고통스러워할 필요가 없다는 것이다. 둘째, '제물'의 사상 관념을 통해 유아독존唯我獨尊, 즉 세상에서 오직 나만이 가장 존귀하다는 사상적 경지에 이르고자 했다. 만물은 다 한가지이지만, 도는 진정 지고

무상至高無上한 것이다. 장자 본인은 곧 득도한 성인으로서, 능히 "일월에 의지하며, 우주를 품어(旁日月, 挾宇宙)"(「제물론편」 6-3장) "천지로 하여금 나와 함께 존재하게(天地與我並生)"(「제물론편」 5-1장) 할 수 있다. 그렇기 때문에 장자는 군주에서 백성에 이르기까지 세상 모든 사람을 멸시했는데, 그는 곧 '제물' 관념을 통해 그야말로 '정신적 귀족'이 될 수가 있었던 것이다.

(3) 장자가 비록 이론상으로는 만물을 다 같은 것으로 보았으나, 실제로 '제물' 관념을 충실히 실천하지는 못했다. 먼저 '제시비齊是非', 즉 시비(옳음과 그름)가 다 한가지라는 주장을 보자. 장자는 '제시비'할 것을 거듭 강조했지만, 『장자』 일서에서 그는 끊임없이 다른 사람을 비판했으며, 심지어 유가·묵가·명가를 포함한 절대 다수의 사람들은 다 그르고, 오직 자기 한 사람만 옳다고 여긴 것으로 보인다. 이 어찌 시비의 논쟁을 벌이고 있는 게 아니겠는가? '제시비'를 극력 주장할 때, 장자는 사실상 시비의 논쟁에 빠져 스스로 헤어나지 못했다. 장자는 시비가 없는 것이 옳고, 시비가 있는 것은 그르다고 생각했는데, 그 자체가 곧 대단히 선명한 시비의 경계를 짓는 것이다.

다음으로 '제생사齊生死', 즉 생사(삶과 죽음)가 다 한가지라는 주장을 보자. 장자는 삶과 죽음은 다 같은 것이며, 심지어 죽음이 삶보다 낫다고까지 생각했다. 하지만 그는 시종 자신의 생명을 각별히 애호했으니, 언행이 일치하지 않은 것이다. 자신의 생명을 보전하기 위해, 장자가 생각한 방법은 대략 이러하다. 첫째, 벼슬살이를 거부한다. 『장자』와 『사기』에서 모두 그 같은 내용을 기록하고 있는데, 장자가 벼슬살이를 거부한 이유는 자신이 정쟁에 휘말려 목숨을 잃을 것을 우려한 때문이다. 둘째, '무용無用', 즉 쓸모가 없음으로써 생명을 보전한다. 장자는 "계수나무는 식용할 수 있으며, 그렇기 때문에 사람들이 베어가고, 옻나무는 옻칠하는 데 쓸 수 있으며, 그렇기 때문에 사람들이 잘라간다〔桂可食, 故伐之 ; 漆可用, 故割之〕"(「인간세편」 8장)고 생각했다. 사람이 쓸모가 있으면 성가시고, 번거롭고, 골치 아픈 경우에 허다히 처하게 되기 때문에, 쓸모가 없어야만 비로소 생명 보전에 유리하다는 것이다. 셋째, '근명近名', 즉 명예를 얻으려 하지도 않고, '근형近刑', 즉 형벌을 받도록 하지도 않는다. 형벌을 가까이하면 생명에 상해를 가하게 됨은 두말할 나위가 없다. 한데 장자는 생명 보전을 위해, 명성 또한 가까이하지 않으려고 삼가고 또 삼갔는데, 그가 얼마나 목숨을 중시하고 애호했는지 짐작하고도 남음이 있다. 바로 다음 「양생주편養生主篇」에서, 장자는 또 어떻게 양생養生할 것인가에 대해 집중적으로 토론하고 있다.

'제물' 사상상, 장자의 이러한 이론과 실제(실천)의 모순과 괴리는, 우리에게 세상에는 흔히 '말하기는 쉬워도 행하기는 어려운 것'이 있음을 일깨워준다. 허다한 이론이 말로 설명하기는 그다지 어렵지 않지만, 실제로 행하기는 결코 쉽지 않다. 이 같은 이론과 실천의 모순과 괴리는 장자 개인의 비극일 뿐만 아니라, 우리 모두의 비극이기도 하다. 아무튼 이 점을 분명히 알면, 우리는 사람이라면 누구나 다 가지고 있는 일련의 약점들을 더욱 명확히 간파할 수 있을 것이다.

제3편

양생주

養生主

'양생주養生主'란 양생의 도 내지 근본 원칙을 말한다. 여기서 '주主' 는 곧 주지主旨, 원칙 등의 뜻으로 이해된다. 한편 예전에는 흔히 '생 주生主' 두 글자를 하나의 어절로 묶어 진군眞君, 진재眞宰, 진성眞性 등 을 뜻하는 것으로 풀이하며, '양생주'를 인체의 주재자인 진심眞心 내 지 정신을 보양하는 이치로 이해하기도 했으나, 장자의 본의와는 거 리가 있어 보인다. 아무튼 장자가 말하는 양생의 도는 사람이 자연 섭 리·천리天理에 순응하여 지극히 청허淸虛함, 즉 사사로운 욕심이나 잡 념이 없어 마음이 한껏 맑고 깨끗함에 처하고, '지극히 공허 청정淸靜 한 경지에서 노닒(遊於無有)'(「응제왕편應帝王」4장)으로써 외물 때문에 심 신이 손상되는 일이 없도록 하여 천수를 다하는 궁극의 목표에 도달 하는 것이다.

「양생주편養生主篇」은 모두 3장으로 나뉜다. 첫 장은 전편의 총론이 고, 나머지 두 장은 각론이다.

1

우리의 생명은 유한하지만, 지력智力은 무한하다. 유한한 생명으로 무한한 지력을 좇는 것은 위험하거늘, 그러한데도 기어코 지력을 좇는다면 위험천만할 따름이다. 따라서 선한 일을 하여 명예를 얻으려 하지 말고, 악한 일을 하여 형벌을 받도록 하지 말 것이며, 오로지 중정中正한 자연 섭리에 순응함을 원칙으로 삼으면, 일신을 보호하고, 천성을 보전하며, 양친을 봉양하고, 천수를 다할 수가 있다.

吾生也有涯,[1] 而知[2]也無涯. 以有涯隨無涯, 殆[3]已[4]; 已[5]而爲知者, 殆
오 생 야 유 애　이 지 야 무 애　이 유 애 수 무 애　태 이　이 이 위 지 자 태
而已矣. 爲善無近名, 爲惡無近刑, 緣督[6]以爲經,[7] 可以保身, 可以
이 이 의　위 선 무 근 명　위 악 무 근 형　연 독 이 위 경　가 이 보 신　가 이
全生,[8] 可以養親,[9] 可以盡年.[10]
전 생　가 이 양 친　가 이 진 년

124

1 **涯**(애): 가, 끝, 한계.

2 **知**(지): 지智와 같음. 지혜(사물의 이치를 빨리 깨닫고 사물을 정확하게 처리하는 정신적 능력), 지력智力(사물을 헤아리는 능력), 재지才智(재능과 슬기). 여기서 '지知'는 앞 「제물론편」에서 논한 피차와 시비의 분별을 이어받아 이른 것으로, 사람의 지혜·지력을 가리키며, 객관적인 지식을 말하는 게 아님.

3 **殆**(태): 위험함. 일설에는 피곤함.

4 **已**(이): 문장 끝에 쓰이는 어조사로, 의矣와 같음.

5 **已**(이): 차此와 같음. 여기서는 여차如此, 즉 이러함, 그러함.

6 **緣督**(연독): '연'은 따름, 순응함. '독'은 본디 인체의 정중앙 척추 경맥을 이름. 여기서는 중정中正한, 즉 어느 쪽으로도 치우치지 않으면서 곧고 바른 자연自然(저절로 그러함)의 도를 비유함.

7 **經**(경): 경상經常, 즉 항상 일정하여 변하지 아니함. 여기서는 상법常法(늘 변함이 없는 법), 원칙, 표준을 이름.

8 **生**(생): 성性과 통함. 곧 천성을 이름.

9 **親**(친): 양친兩親, 부모. 흔히 소위 '양친養親'은 「양생주편」의 사상과 무관하다는 이유를 들어, '친'을 신身의 가차假借로 보고 '양신養身'의 뜻으로 풀이하기도 함. 하나 청대 마기창馬其昶이 이른 대로 "사람은 부모에게서 그 몸을 받았으니, 자기 한 몸을 보전함이 곧 부모를 섬기는 근원이다(受形父母, 保身所以事親也)"는 관점에서 보면 결코 무리가 없음.

10 **年**(년): 천년, 천수, 천명.

이는 「양생주」 전편의 총론으로, 사람이 유한한 생명으로 무한한 지력을 좇는 것은 위험하다는 전제하에, 형벌을 멀리해야 함은 물론, 명예도 좇을 게 못 되며, 오로지 "중정中正한 자연 섭리에 순응해(緣督)", 다시 말해 만사 만물의 자연적 변화 발전에 순응해 처신 처세하는 것이 올바른 삶의 자세임을 강조했다.

2

포정庖丁이 문혜군文惠君을 위해 소를 잡아 해체하는데, 그가 손을
대는 곳과 어깨를 기대는 곳, 발로 밟는 곳, 무릎으로 누르는 곳엔 어
김없이 쩍쩍 갈라지는 소리가 크게 나고, 칼을 들이밀어 베는 소리가
썩썩 요란했다. 한데 그 소리가 어느 것 하나 음률에 맞지 않는 게 없
나니, 가위 '상림桑林'의 곡조에 맞춰 추는 춤에도 맞고, '경수經首'의 가
락에도 맞았다.

문혜군이 말했다. "와, 훌륭하구나! 소 잡는 기술이 어떻게 이런 경
지까지 이를 수 있단 말인가?"

포정이 칼을 내려놓고 대답했다. "제가 좋아하는 것은 사물의 이치
인데, 그것은 기술의 단계를 넘어선 것입니다. 처음에 제가 소를 잡을
때는, 보이는 것이라고는 온통의 소가 아닌 경우가 없었습니다. 하지
만 삼 년 뒤에는 소가 온통으로 보인 적이 없었습니다. 그리고 지금
저는 소를 마음으로 대할 뿐, 눈으로 보지 않습니다. 그 때문에 눈, 코,
귀 같은 감각은 정지되고, 그저 마음이 가는 대로 움직이게 됩니다. 먼
저 소의 몸통에 있는 천연의 결을 따라 근골의 큰 틈새를 쪼갠 뒤, 골
절의 큰 빈틈으로 칼을 찔러 넣어, 소 본래의 몸 조직을 따라 베어 들
어갑니다. 다만 그런 가운데에도 경락이 모여 있는 곳이나 뼈와 힘줄
과 살이 서로 붙어 있는 곳은 절대로 건드리지 않는데, 하물며 큰 뼈
야 두말할 나위가 있겠습니까? 꽤 괜찮은 백정은 해마다 칼을 바꾸는

데, 그들은 칼로 힘줄을 베기 때문입니다. 그리고 일반 백정은 달마다 칼을 바꾸는데, 그들은 칼로 뼈를 부러뜨리기 때문입니다. 하지만 지금 저의 이 칼은 십구 년이 되었는데, 그간 잡아 해체한 소가 수천 마리나 되지만, 칼날은 마치 숫돌에서 새로 갈아낸 것 같습니다. 소의 골절에는 간극이 있는 데 반해, 칼날은 두께가 없으니, 두께가 없는 얇은 칼날을 간극이 있는 골절 속으로 찔러 넣으면, 그야말로 널찍하여 칼날을 놀리는 데에 틀림없이 여유가 있습니다. 그렇기 때문에 이 칼은 십구 년이 되었는데도, 칼날이 마치 숫돌에서 갓 갈아낸 것과 같은 것입니다. 한데 비록 그렇기는 하지만, 힘줄과 뼈가 엉겨 있는 곳에 이르게 되면 매번 저도 다루기가 어렵다는 것을 알고 조심스레 경계심을 높이며, 시선을 집중하고 손놀림을 천천히 합니다. 그러면서 칼을 툭툭 아주 가볍게 움직이면, 우두둑하며 소는 어느새 해체되어 마치 흙이 무너져 땅바닥에 쌓이듯 더미를 이룹니다. 그러면 저는 칼을 들고 서서 사방을 둘러보며 득의양양하고 흡족해하며 칼을 잘 닦아 간수합니다."

문혜군이 말했다. "훌륭하도다! 나는 포정의 말을 듣고, 양생의 이치를 터득했다."

庖丁[1]爲文惠君[2]解牛, 手之所觸, 肩之所倚, 足之所履, 膝之所踦,[3]
포정 위문혜군 해우 수지소촉 견지소의 족지소리 슬지소기
砉然[4]嚮然,[5] 奏刀[6]騞然,[7] 莫不中音, 合於桑林[8]之舞, 乃中經首[9]之
획연 향연 주도 획연 막부중음 합어상림 지무 내중경수 지
會.[10]
회

文惠君曰: "譆,[11] 善哉! 技蓋[12]至此乎?"
문혜군왈　희　　선재　기개　지차호

庖丁釋[13]刀對曰: "臣之所好者道也, 進[14]乎[15]技矣. 始臣之解牛之
포정석 도대왈　신지소호자도야　진　호　기의　시신지해우지

時, 所見無非全牛[16]者. 三年之後, 未嘗見全牛也. 方今之時, 臣以
시　소견무비전우　자　삼년지후　미상견전우야　방금지시　신이

神遇[17]而不以目視, 官知[18]止而神欲行. 依乎天理,[19] 批[20]大郤,[21] 導大
신우　이불이목시　관지　지이신욕행　의호천리　비　대극　도대

窾,[22] 因[23]其固然.[24] 枝經[25]肯綮[26]之未嘗,[27] 而況大軱[28]乎? 良庖歲更
관　인기고연　　지경　긍계 지미상　　이황대고　호　양포세경

刀, 割也; 族庖[29]月更刀, 折也. 今臣之刀十九年矣, 所解數千牛矣,
도　할야　족포　월경도　절야　금신지도십구년의　소해수천우의

而刀刃若新發於硎.[30] 彼節者有間, 而刀刃者無厚; 以無厚入有間,
이도인약신발어형　　피절자유간　이도인자무후　이무후입유간

恢恢乎[31]其於遊刃必有餘地矣. 是以十九年, 而刀刃若新發於硎. 雖
회회호　기어유인필유여지의　시이십구년　이도인약신발어형　수

然, 每至於族,[32] 吾見其難爲, 怵然[33]爲戒, 視爲止, 行爲遲. 動刀甚
연　매지어족　　오견기난위　출연　위계　시위지　행위지　동도심

微,[34] 謋然[35]已解, 如土委[36]地. 提[37]刀而立, 爲之四顧, 爲之躊躇滿
미　획연　이해　여토위 지　제 도이립　위지사고　위지주저만

志,[38] 善刀[39]而藏之."
지　선도　이장지

文惠君曰: "善哉! 吾聞庖丁之言, 得養生焉."
문혜군왈　선재　오문포정지언　득양생언

주석

1 庖丁(포정): 포인庖人 정丁, 즉 이름이 '정'인 요리사(여기서는 백정으로 이해됨).

2 文惠君(문혜군): 사람 이름. 누구인지는 알려지지 않음. 일설에는 전국시대 위나라 혜왕을 가리킨다고도 하고, 또 조趙나라 혜문왕惠文王을 가리킨다고도 하나 확실치 않음.

3 踦(기): 절름발이. 여기서는 한쪽 다리를 구부려 무릎으로 누르는 것을 말함.

128

4 砉然(획연): 뼈 바르는 소리, 뼈와 살이 분리되는 소리.

5 嚮然(향연): 향연響然과 같음. (소를 잡는) 소리가 나는 모양.

6 奏刀(주도): 진도進刀, 즉 칼을 들이밀어 벰.

7 騞然(획연): 칼로 베는 소리.

8 桑林(상림): 상나라 탕왕 때의 악곡 이름.

9 經首(경수): 요임금 때의 악곡 이름.

10 會(회): 절주節奏, 가락.

11 譆(희): 희嘻와 같음. 놀라 감탄하는 소리.

12 蓋(개): 합盍과 같음. 어찌, 어떻게.

13 釋(석): (칼을) 내려놓음.

14 進(진): (한층 더) 나아감. 곧 초월하다, 능가하다는 뜻을 함축함.

15 乎(호): 어於와 같음.

16 全牛(전우): 온통(쪼개거나 나누지 아니한 덩어리. 또는 온전한 것)의 소. 곧 소가 통째로 만 보일 뿐, 그 힘살과 뼈가 어떻게 이루어져 있는지는 보이지 않았음을 두고 하는 말. '전'은 통행본에는 본디 없는 글자이나, 아래의 "삼년지후, 미상견전우 야三年之後, 未嘗見全牛也"를 보면, '우' 자 앞에 '전' 자가 탈락된 것이 분명함. 하여 천꾸잉을 따라 조간의본趙諫議本에 근거해 보충함.

17 以神遇(이신우): 생각으로 대함. '신'은 마음, 정신, 생각. '우'는 대함, 접촉함.

18 官知(관지): 감관感官의 지각. '관'은 감관, 즉 (눈, 코, 귀 등의) 감각기관을 가리킴.

19 天理(천리): 천연의 문리紋理, 즉 결(나무, 돌, 살갗 따위에서 조직의 굳고 무른 부분이 모여 일정하게 켜를 지으면서 짜인 바탕의 상태나 무늬).

20 批(비): 침[擊]. 여기서는 (도끼 따위로) 쪼갬.

21 郤(극): 극隙과 같음. 틈. 곧 소의 근골 사이 틈을 가리킴.

22 窾(관): 빔[空]. 곧 소 골절의 빈틈을 가리킴.

23 因(인): 따름[順].

24 固然(고연): (소의) 본연의 모양, 구조.

25 枝經(지경): 경락이 모여 있는 곳. '지'는 본디 '기技'로 되어 있으나, '지'의 잘못 이라는 것이 정설이므로, 바로잡음. '지'는 지맥枝脈, 지맥支脈. '경'은 경맥經脈.

26 肯綮(긍계): 뼈와 힘줄과 살이 서로 붙어 있는 부분. '긍'은 뼈에 붙은 살. '계'는 힘줄과 살이 서로 붙어 있는 부분.

27 嘗(상): 상시嘗試함, 즉 시험하여 봄. 여기서는 건드림, 닿음.

28 大軱(대고): 큰 뼈.

29 族庖(족포): 기술이 보통인, 일반 백정. '족'은 중衆과 같음. 뭇, 즉 매우 많은, 대다수의.

30 硎(형): 숫돌.

31 恢恢乎(회회호): 널찍한 모양.

32 族(족): 떼를 지음. 여기서는 힘줄과 뼈가 한데 엉겨 있는 곳을 가리킴.

33 怵然(출연): 두려워하여 조심하는 모양.

34 微(미): 경輕과 같음.

35 謋然(획연): 소의 지체肢體가 순식간에 갈라지는 모양 또는 소리.

36 委(위): 쌓음.

37 提(제): 듦(손에 가짐).

38 躊躇滿志(주저만지): 득의양양하며 흡족해하는 모양. '주저'는 득의한 모양, 자득한 모양. '만지'는 만의滿意, 곧 마음에 흡족함.

39 善刀(선도): 칼을 잘 닦음. '선'은 식拭과 같음. 닦음.

해설

이는 후세 사람들에게 널리 알려져 회자되는, 유명한 우언 '포정해우庖丁解牛' 이야기로, 그 우의寓意는 양생의 핵심적 이치를 설파함에 있다. 이 이야기는 모두 비유로 엮여 있는데, 소의 몸뚱이는 사람의 생활환경인 티끌세상, 즉 심신에 고통을 주는 어지러운 세상을, 소 잡는 칼은 사람을, 칼을 놀려 소를 해체하는 이치는 양생과 처세의 이치를 각각 비유한다. 사람이 만약 양생과 처세의 도에 정통한다면, 그는 곧 포정의 칼이 십구 년을 썼어도 그 날은 아무런 손상을 입지 않고 마치 숫돌에서 갓 갈아낸 것 같은 날카로움을 유지하는 것처럼, 일신을 온전히 보전할 수 있다는 게 장자의 생각이다. 장자가 말하는 양생의 도는 바로 자연의 이치에 순응하는 것으로, 이른바 '의호천리依乎天理', 즉 소의 몸통에 있는 천연의 결을 따름과 '인기고연因其固然', 즉 소 본래의 몸 조직을 따름이 바로 그 같은 이치를 말해준다. 다시 말해 사람은 세상에서 처신 처사함에 있어 응당 포정이 '해우'하듯이 자연 섭리 내지 순리에 순응하여, 악은 물론, 선을 행하여 명리를 좇는 행위조차 멀리하며 가능한 한 시비와 갈등의 소용돌이에 휘말리지 않도록 함으로써 심신을 온전히 보전해야 한다는 것이다.

3-1

공문헌公文軒이 우사右師를 보고는 놀라서 말했다. "저게 어떻게 된 사람인가? 어떻게 다리가 하나뿐이란 말인가? 하늘이 그렇게 한 것인가? 아니면 사람이 그렇게 한 것인가?" 공문헌이 다시 말했다. "저건 하늘이 그렇게 한 것이지, 사람이 그렇게 한 게 아니야. 하늘이 저이의 다리를 외다리로 낳아준 것이야. 왜냐하면 사람의 모습은 하늘이 주는 것이니까. 그렇기 때문에 저건 하늘이 그렇게 한 것이지, 사람이 그렇게 한 게 아니란 걸 알 수 있어."

公文軒[1]見右師[2]而驚曰: "是何人也[3]? 惡乎[4]介[5]也? 天與[6]? 其[7]人
공 문 헌 견 우 사 이 경 왈   시 하 인 야   오 호 개 야   천 여   기 인
與?"曰[8]: "天也, 非人也. 天之生是[9]使獨也, 人之貌有與[10]也. 以是
여   왈   천 야 비 인 야   천 지 생 시 사 독 야   인 지 모 유 여   야   이 시
知其天也, 非人也."
지 기 천 야 비 인 야

주석

1 公文軒(공문헌): 사람 이름. 성은 '공문', 이름은 '헌'. 송나라 사람.

2 右師(우사): 벼슬 이름. 여기서는 그 벼슬아치를 가리킴.

3 也(야): 야耶와 같음. 의문조사. 아래 '개야介也'의 '야'도 이와 같음.

4 惡乎(오호): 하이何以와 같음. 어찌, 어떻게.

5 介(개): 독獨과 같은 뜻으로, 여기서는 외다리를 가리킴. 우사는 죄를 지어 다리가 잘리는 형벌을 받은 것임.

6 與(여): 여歟와 같음. 의문조사.

7 其(기): 억抑과 같음. 아니면, 그렇지 않으면.

8 曰(왈): 이는 석감산釋憨山, 장모어성 등이 이른 대로, 공문헌이 스스로 답한 것을 말하는 것이지 우사가 대답한 것을 가리키는 게 아님.

9 是(시): 차此와 같음. 곧 우사의 다리를 가리킴.

10 與(여): 부여함. 곧 하늘이 주는 것, 결정하는 것이라는 말. 일설에는 공共의 뜻으로, 사람은 두 다리가 함께 있는 것을 이른다고 하나, 문맥상 자연스럽지 못함.

해설

우선 이 이야기를 기왕의 풀이에서는 흔히 공문헌과 우사의 문답으로 이해해왔으나, 아무래도 이치에 맞지 않는 측면이 있다. 왜냐하면 예나 지금이나 장애인에게 대놓고 그 신체적 결함을 지적하며 놀라워한다는 것은 도무지 수긍할 수 없는 일이기 때문이다. 짐작컨대 이는 공문헌이 저만치 지나가는 우사를 보고, 의아한 마음에 자문자답하는 상황으로 이해된다.

그리고 이 우언의 우의를 흔히 양형養形, 즉 육체의 보양보다는 양신養神, 즉 정신의 보양을 중시하는 관점에 입각해, 정신적으로 건강하다면 육체적 결함은 크게 문제 되지 않는다는 주장으로 풀이해왔으나, 재론의 여지가 있다. 여기서 우사가 형벌을 받아 외다리를 갖게 된 엄연한 사실을 두고, 장자의 대변인인 공문헌은 오히려 "저건 하늘이 그렇게 한 것이지, 사람이 그렇게 한 게 아님"을 거듭 강조하고 있다. 다시 말해 그 논지의 초점은 사람의 육체와 정신에 있는 것이 아니라, 외다리가 천리에 따른 것이냐 인위에 의한 것이냐에 있는 것이다. 사람은 "악한 일을 하여 형벌을 받도록 하지 말아야(爲惡無近刑)" 한다. 하지만 설령 형벌의 치욕을 받는다 하더라도 원천우인怨天尤人(하늘을 원망하고 사람을 탓함)하기보다는 기꺼이 천명으로 돌리며 담담히 받아들일 수 있어야 한다. 왜냐하면 사람이 원천우인하게 되면 스스로 심신을 괴롭혀 분노와 고통에 휩싸이게 되는 반면, 천명과 천리로 돌리게 되면 심리적 안녕과 평정을 유지하여 양생에 한껏 이롭게 작용할 수 있기 때문이다. 이것이 바로 장자가 하고 싶은 말이다.

3-2

못가에 사는 꿩은 열 발자국에 한 번 먹이를 쪼아 먹고, 백 발자국에 한 번 물을 마시지만, 새장 속에서 길러지는 것은 바라지 않는다. 왜냐하면 새장 속에서 길러지면, 비록 기력은 넘치겠지만, 결코 즐겁지도, 자재롭지도 않기 때문이다.

澤雉十步一啄, 百步一飮, 不蘄[1]畜乎樊[2]中. 神[3]雖王,[4] 不善[5]也.
택 치 십 보 일 탁   백 보 일 음   불 기 훅 호 번 중   신 수 왕   불 선 야

1 **蘄**(기): 바람, 희구함.

2 **樊**(번): 울(타리), 새장.

3 **神**(신): 정기精氣, 즉 생기 있고 빛이 나는 기운. 여기서는 기력氣力으로 이해됨.

4 **王**(왕): 왕旺과 같음. 왕성함.

5 **善**(선): 즐거움, 자재로움(어떤 속박이나 장애 없이 마음대로임).

해설

장자는 앞에서 사람은 "선한 일을 하여 명예를 얻으려 하지 말아야 한다〔爲善無近名〕"고 했다. 부귀나 명예가 오히려 양생에 걸림돌이 될 수 있다는 얘기다. 이, 못에 사는 꿩 이야기는 바로 그 연장선상에 있다. 장자는 기본적으로 물질생활보다는 정신생활을 중시한다. 사람에게 있어 물질적 욕구란 결코 만족시키기 어렵다. 하여 많은 사람들은 시시각각 이욕에 마음을 어지럽히며 끊임없이 명리를 다투려는 생각에 휩싸인다. "사람은 재물 때문에 죽고, 새는 먹이 때문에 죽는다〔人爲財死, 鳥爲食亡〕"고 한 옛말의 경고를 명심해야 한다. 여기서 못에 사는 꿩이 바라는 삶은 곧 양생의 이치를 일깨워준다. 진정 일찍이 곽상이 말한 대로다. "무릇 하늘과 땅 사이에서 그렁저렁 자재로이 살아가며, 유유히 스스로 즐거운 터전에서 소요자적한다면, 그곳은 분명 양생에는 비할 데 없이 좋은 곳이거늘, 새장 속에 들어가 주인에게 순종하며 길러지면서 무엇을 또 얻으려 한단 말인가?〔夫俯仰乎天地之間, 逍遙乎自得之場, 固養生之妙處也, 又何求於入籠而服養哉?〕" 한마디로 사람은 차라리 가련하기 그지없는 '어미 없는 송아지〔孤犢〕'가 될지언정, 결코 평소에는 호의호식하지만 결국은 '제물로 바쳐지는 소(犧牛)'가 되기를 바라지 않으며(「열어구편列禦寇篇」참조), 차라리 '살아서 진흙탕 속에서 꼬리를 끌고 다니는(生而曳尾塗中)' 거북이 될지언정, 결코 죽어서 그 뼈가 종묘에 고이고이 모셔지는 '신령스러운 거북(神龜)'이 되기를 바라지 않아야 한다(「추수편」참조)는 게 장자의 생각이다.

3-3

노담이 죽자 진일이 조문하는데, 세 번 곡하고 나왔다. 제자가 말했다. "선생님은 우리 선생님의 친구가 아니십니까?" "그렇소." "그런데 그렇게 조문을 하셔도 됩니까?" "그렇소. 처음에 나는 노담이 보통 사람이라고 생각했지만, 지금은 아니오. 방금 내가 들어가 조문을 하는데, 노인은 자기 아들을 잃은 것처럼 곡을 하고, 젊은이는 자기 어머니를 여읜 것처럼 곡을 하더구먼. 저들이 모여서 노담의 죽음을 저렇듯 애통해하는 까닭은, 분명히 원래는 애도의 말을 하려고 하지 않았지만 절로 슬픔이 북받쳐 애도의 말을 하게 되고, 원래는 슬피 울려고 하지 않았지만 절로 슬픔이 북받쳐 슬피 울게 되었기 때문일 것이오. 한데 그것은 천리를 어기고 실정實情을 거스르는 것이며, 우리네 생명은 하늘에서 받은 것임을 망각하는 것인데, 옛사람들은 저 같은 행위를 일러 천리를 어기고 형벌로 달려가는 것이라고 했소. 우연히 이 세상에 온 것은 당신의 선생님이 시운時運을 탄 것이며, 우연히 이 세상을 떠난 것은 당신의 선생님이 순리를 따른 것이오. 그처럼 시운을 타고 순리에 따르면, 사람 마음에 희로애락의 감정이 들어올 수가 없는

데, 옛사람들은 그 같음을 일러 하늘이 거꾸로 매달린 듯한 사람의 고통을 풀어준 것이라고 했소. 그리고 짐승의 기름으로 땔나무 초(燭)를 만들어 불을 붙이면 결국은 다 타고 없어질 날이 있지만, 그 불씨는 또 다른 땔나무 초로 거듭거듭 전해져 언제 다하게 될지 알 수가 없지요."

老聃[1]死, 秦失[2]弔之, 三號而出. 弟子曰: "非夫子之友邪?"曰:
노담 사 진일 조지 삼호이출 제자왈 비부자지우야 왈
"然." "然則弔焉若此, 可乎?"曰: "然. 始也吾以爲其人[3]也, 而今
연 연즉조언약차 가호 왈 연 시야오이위기인 야 이금
非也. 向[4]吾入而弔焉, 有老者哭之, 如哭其子; 少者哭之, 如哭其
비야 향 오입이조언 유노자곡지 여곡기자 소자곡지 여곡기
母. 彼其所以會之,[5] 必有不蘄言[6]而言, 不蘄哭而哭者. 是遁天[7]倍
모 피기소이회지 필유불기언이언 불기곡이곡자 시둔천 배
情,[8] 忘其所受,[9] 古者謂之遁天之[10]刑. 適[11]來, 夫子時也; 適去, 夫子
정 망기소수 고자위지둔천지 형 적래 부자시야 적거 부자
順[12]也. 安時而處順, 哀樂不能入也, 古者謂是[13]帝[14]之縣解[15] 指窮
순 야 안시이처순 애락불능입야 고자위시 제 지현해 지궁
於爲薪,[16] 火傳[17]也, 不知其盡也."
어위신 화전 야 부지기진야

1 **老聃**(노담): 노자. 성은 이李, 이름은 이耳, 자字는 담聃. 춘추시대 초나라 사람, 도가 사상의 창시자.

2 **秦失**(진일): 노자의 친구. 장자가 명명한 허구의 인물일 가능성이 있음. '일'은 일佚과 같음. 따라서 '진일'은 곧 진나라의 은자란 뜻.

3 **人**(인): 범인, 속인을 이름.

4 **向**(향): 향嚮과 같음. 방금, 조금 전.

5 **會之**(회지): 함께 모여 노담의 죽음을 애도함을 이름. '회'는 모임(集). '지'는 노담의 죽음을 가리킴.

6 言(언): 애도하는 말을 함. 일설에는 언嗯과 같음. 조문함.

7 遁天(둔천): 천리, 자연의 섭리를 어김. '둔'은 도피함, 위반함.

8 倍情(배정): 실정實情을 거스름. '배'는 배背와 같음. 일설에는 '배정'을 (속세의) 인정人情을 더한다는 뜻으로 풀이하기도 함.

9 所受(소수): (사람의 생명은) 하늘 내지 자연에서 부여받은 것. 장자는 사람의 생명은 본디 자연에서 받은 것이며, 죽음은 단지 다시 자연으로 돌아가는 것인 만큼, 삶에 연연하여 죽음을 슬퍼할 까닭이 없다고 여김.

10 之(지): 장모어성은 이를 추趨와 같은 뜻으로 풀이했는데, 문맥상 매우 적절해 따를 만함.

11 適(적): 마침, 우연히.

12 順(순): 순리에 따름. 곧 자연법칙·변화에 순응함.

13 是(시): 지之와 같음. 지시대명사.

14 帝(제): 천제, 하늘.

15 縣解(현해): 거꾸로 매달린 것을 풂. '현'은 현懸과 같음. 여기서는 도현倒懸, 즉 거꾸로 매달림을 뜻함.

16 指窮於爲薪(지궁어위신): 짐승의 기름으로 촉신燭薪, 즉 땔나무 초를 만들어 불을 붙이면 결국은 다 타고 없어지게 된다는 뜻을 나타냄. '지'는 지脂의 잘못, 또는 가차假借. '신'은 촉신. 옛날 동물 기름에 땔나무를 집어넣어 초처럼 쓴 것으로, 곧 땔나무 초. 여기서 장자는 땔나무 초로 사람의 육체를 비유해, 땔나무 초가 결국은 다 타고 없어지듯이 사람의 육신도 결국 죽는 날이 있음을 비유함. 이 구절 이하는 흔히 진일이 한 말이 아닌 것으로 보아, 별도의 단락으로 나누기도 하나, 결코 무리가 없다는 판단에서 이 또한 진일의 말로 보기로 함.

17 火傳(화전): 불씨는 하나의 촉신에서 또 다른 촉신으로 전해질 수 있다는 뜻을 나타냄. 여기서 장자는 불로 사람의 정신(영혼)을 비유함. 오늘날 널리 쓰이는 성어成語 '신진화전薪盡火傳'은 바로 여기 이 구절에서 유래된 것으로, 사상이나 학문, 기예 등이 대대로 끊임없이 전해짐을 비유함.

해설

양생이란 사람이 심신을 보양하여 불로장생을 꾀하는 것이다. 하지만 사람이 어느 누가 죽음을 피할 수 있겠는가? 이에 장자는 생과 사의 문제에 대해 달관의 자세로 '시운을 타고 순리에 따르며〔安時而處順〕' 일체를 자연의 섭리에 맡기고 한껏 초연할 것을 강조한다. 사람이 평정한 마음을 유지하고자 한다면, 무엇보다 죽음을 달관하지 않으면 안 된다. 왜냐하면 사람이 죽음에 대한 근심과 두려움을 갖게 되면, 시시각각 마음 한구석에 어두운 그림자가 드리우게 되면서 양생에 부정적인 영향을 끼치게 되기 때문이다. 그리고 이 우언에서 장자의 대변자인 진일은 노자의 죽음을 한없이 애도하며 통곡하는 사람들을 비판한 다음, 죽음을 슬퍼할 필요가 없는 또 다른 이유를 설명했다. 그것은 바로 육체는 비록 스러질지라도 영혼은 결코 사라지지 않고 영존 영생하기 때문에, 사람이 육체의 죽음에 굳이 슬퍼할 필요가 없다는 것이다. 장자의 이 같은 주장 역시 죽음이 인간에게 주는 심리적 압박을 해소하기 위한 것임은 두말할 나위가 없다.

제4편

인간세

人間世

'인간세'란 인간 세상, 인간사회를 말하며, 또한 왕선겸이 이른 대로 당세, 즉 바로 이 시대, 바로 이 세상을 말한다. 이 「인간세편人間世篇」의 중심 주제는 곧 처세의 도이다. 다시 말하면, 사람이 이 세상에서, 특히 장자 당시와 같은 험악하기 그지없는 난세에서 어떻게 처신 처사해야만 능히 일신을 보전하며 살아갈 수 있을 것인가 하는 문제이다.

한데 장자의 처세의 도(이치, 원칙)는 보통 사람들의 그것과는 사뭇 다르다. 보통 사람들의 처세는 대개 주어진 환경에 맞서며 세상과 그리고 사람들과 끊임없이 다투는 것인 반면, 장자의 처세는 주어진 환경에 순응하며 결코 세상 사람들과 다투지 않는 것이다. 보통 사람들의 처세는 대개 재능을 자랑하며 자신을 드러내는 것인 반면, 장자의 처세는 재능을 감추고 기꺼이 무용한, 즉 세상에 쓸모없는 존재가 되는 것이다.

「인간세편」은 한마디로 장자의 처세 철학으로, 모두 8장으로 나뉜다. 그리고 그것은 다시 두 부분 내지 측면으로 나뉘는데, 앞 3장이 하나의 측면이요, 뒤 5장이 또 하나의 측면이다. 먼저 첫 번째 측면은 공자와 안회顔回, 공자와 섭공자고葉公子高, 안합顔闔과 거백옥蘧伯玉의 대화로 이루어진 세 가지 이야기를 통해, 신하 된 자가 화복이 혼재해 앞날의 길흉을 점칠 수 없는 조정 정치의 현장에서, 특히 부덕하고 무도한 군주를 보필하거나 상대하며 어떻게 처신 처사해야 할 것인가를 논했다. 예나 지금이나 포학한 최고 통치자를 상대한다는 것은, 세상의 갖가지 인간관계 중에서도 아마도 가장 어렵고 힘든 일일 것이다. 그렇기 때문에 그 같은 책무를 무사히 그리고 원만히 완수할 수 있다면, 세상 어떤 사람이라도 능히 상대할 수 있을 것이다.

두 번째 측면은 재목이 못 되는 나무들이 천수를 다하고, 불구자인 지리소支離疏가 징병과 부역은 면하면서도 나라의 구제 혜택은 모두 받는 이야기를 통해, 무용지용無用之用(쓸모없음의 쓸모), 즉 무용함이야 말로 진정 유용함이라는 이치를 설파했다. 장자의 그 같은 인식과 논리의 배경에는, 바로 유용함은 뜻밖에도 그로 인한 성가심과 골치 아픔, 나아가 극심한 폐해와 재앙을 불러올 수 있는 반면에, 무용함은 오히려 그 같은 부작용은 초래하지 않으면서 자신의 생명은 온전히 지키게 할 수 있다는 생각이 자리 잡고 있다.

이상의 두 측면은 일견 피차간의 논리적 연관성을 찾기 어려워 보일 뿐만 아니라, 심지어 그 사상 관념상 상호 모순되는 것은 아닌지 의혹하게 된다. 하지만 사실 양자는 내재적으로 밀접히 연관되어 있다.

장자는 군주가 선정을 베풀도록 직간直諫 보필해 도탄에 허덕이는 만백성을 구제하고픈 웅지雄志를 품고 있었다. 그러나 그가 분명히 목도하고 인지한 것은, 당시 조정의 현실은 도처에 위험이 도사리고 있어서 한시라도 삼가고 조심하지 않으면 "임금이 신하의 아름다운 덕행을 트집잡아 배척해 죽이는〔其君因其修以擠之〕"(「인간세」 1-1) 비극이 발생할 가능성이 상존한다는 것이었다. 혹여 그런 불상사를 당하게 되면 평소 품어온 정치 이상의 실현이 하루아침에 물거품이 되고 만다는 것은 두말할 나위가 없다.

벼슬길 곳곳에 잠복한 위험과 그에 대한 두려움은 결국 장자로 하여금 다소 극단적인 지향을 갖게 했으니, 그것이 바로 무용함으로 보신을 추구한다는 것이다. 그리하여 이 편에서는 장자가 한편 벼슬길에 나아가 한바탕 공업功業을 이루어 평소의 포부를 실현하고파 하면서도, 다른 한편으론 또 그로 인해 자칫 목숨을 잃을 수도 있음을 두려워하는 모순된 심리를 여실히 보여준다.

1-1

안회가 공자를 뵙고 길을 떠나겠다고 아뢰었다. 공자께서 물으셨다. "어디로 가느냐?" 안회가 대답했다. "위衛나라에 가려고 합니다." 공자께서 물으셨다. "그곳에 가서 무얼 하려느냐?" 안회가 대답했다. "제가 듣기로 위나라 임금은 나이는 젊고, 처사는 독단적인 데다 국사를 경솔히 처리하면서도 자신의 과오는 알지 못하고, 또한 전쟁 따위로 인해 백성이 죽는 것도 가벼이 여겨 죽은 사람이 전국적으로 못(澤)에 가득히 초개草芥(쓸모없고 하찮은 것)처럼 쌓여 있어서, 백성들은 그야말로 누구한테도 돌아가 의탁할 데가 없을 지경이라고 합니다. 제가 일찍이 듣기로, 선생님께서는 이렇게 말씀하셨습니다. '잘 다스려지는 나라는 떠나고, 혼란과 위험에 빠진 나라는 달려가 구원을 해야 하나니, 왜냐하면 마치 의원의 집 문 앞에 치료를 기다리는 환자가 많은 것과 같기 때문이다.' 바라건대 선생님께 들은 것에 근거하여 치국의 원칙을 생각해내어 실행하면, 아마도 위나라가 혼란과 위험에서 벗어나지 않겠습니까?"

공자께서 말씀하셨다. "어이쿠, 그러면 너는 아마 위나라에 가서 목숨을 잃게 될 것이다! 무릇 도는 번잡하지 않게 행해야 하나니, 만약 도를 행함이 번잡하면 일이 번다해지고, 일이 번다하면 혼란에 빠지게 되고, 혼란에 빠지면 우환을 부르게 되고, 우환에 휩싸이면 구제가 되지 않는다. 옛날의 지인至人은 먼저 자기 자신의 존립을 확고히 하고, 그다음에 다른 사람을 구원했다. 한데 너는 너 자신의 존립조차 안정되지 않고서 어느 겨를에 폭군의 소행을 바로잡는단 말이냐? 게다가 너는 도덕이 파괴되고, 지혜가 생기는 까닭을 아느냐? 도덕은 사람들이 명성을 추구하면서 파괴되고, 지혜는 사람들이 서로 이기려고 다투면서 생기는 것이다. 명성은 사람들이 서로 갈등하는 원인이요, 지혜는 사람들이 서로 다투는 도구다. 그 때문에 이 두 가지는 모두 흉기이니, 세상에서 힘써 추구하고 행할 바가 아니다.

또한 네가 비록 덕성이 순후淳厚하고 신의가 굳건하더라도 다른 사람들이 알아주지 않을 것이고, 또 명성을 다투지 않더라도 다른 사람들이 믿어주지 않을 것이다. 한데 네가 만약 무리하게 인의와 법도에 준한 언론으로 포악한 사람의 면전에서 너 자신을 과시한다면, 그 사람은 네가 다른 사람의 과오를 가지고 자신의 미덕을 드러내 뽐낸다고 여기며, 네가 다른 사람에게 해코지한다고 할 것이다. 다른 사람을 해코지하는 사람은 다른 사람도 반드시 그 사람을 해코지해 대갚음하는 법이니, 너는 아마 다른 사람에게 해코지를 당할 것이다!

더욱이 만약에 위나라 임금이 현인을 좋아하고, 악인을 싫어한다면, (위나라 조정에는 이미 현인이 넘쳐날 텐데) 굳이 또 너를 등용하여 뭔가 다른, 혁신을 추구할 필요가 어디 있겠느냐? 네가 간언을 하지 않으면 몰라도, 그렇지 않으면 위나라 임금은 반드시 네가 간언하는 틈을 타서 자신의 교묘한 변론으로 너와 논쟁을 할 것이다. 그러면 너의 눈은 현혹되고, 너의 안색은 평온해지며, 너의 입은 자기변명을 늘어놓고, 너의 태도는 그에게 끌려가는 모습을 나타내며, 너의 마음은 결국 그와 타협하게 될 것이다. 그것은 이를테면 불로 불을 끄고, 물로 물을 막는 것이니, 잘못에 다시 잘못을 더해 오히려 상황을 더 나쁘게 만드는 것이라 할 것이다. 그렇게 위나라 임금에게 순종하기 시작하면 장차 한도 끝도 없이 순종하게 될 터인데, 그런 와중에 너는 아마 임금의 신임을 받지 못하고 조바심을 내어 충언을 올리다가 필시 포악한 임금 앞에서 죽게 될 것이다!

옛날에 하나라 걸왕桀王은 현신賢臣 관용봉關龍逢을 죽이고, 은나라 주왕紂王은 왕자 비간比干을 죽였다. 한데 관용봉과 비간 그 두 현인은 모두 자신의 수양에 힘써 신하의 신분으로 몸을 굽혀 임금의 백성을 어루만져주었으니, 그것은 곧 신하로서 임금을 노엽게 한 것이다. 그러므로 그 임금이 그들의 아름다운 덕행을 트집잡아 그들을 배척해 죽인 것이다. 이는 바로 명성을 좋아한 결과이다. 또 옛날에 요임금은 총叢·지枝·서오 세 나라를 공격하고, 우임금은 유호有扈를 공격했다. 그리하여 그들 네 나라의 땅은 폐허가 되고, 백성은 죽어 귀신이 되었으며, 군주들 자신은 모두 죽임을 당했는데, 그것은 그 네 나라 군주들이 끊임없이 전쟁을 하며, 실리를 추구하기를 멈추지 않았기 때문이다. 이는 모두 허명과 실리를 추구한 결과이다. 너는 설마 이런 얘기를 듣지 못했느냐? 명리에 대한 욕심은 성인도 이기지 못하거늘, 하물며 너야 더 말할 나위가 있겠느냐?

한데 비록 그렇긴 하지만, 너는 분명히 네 나름의 생각과 방법이 있을 것이다. 어디 한번 나에게 말해보아라!"

顔回¹見仲尼,² 請行. 曰: "奚之³?" 曰: "將之衛.⁴" 曰: "奚爲焉?" 曰:
안 회 현 중 니 청 행 왈 해 지 왈 장 지 위 왈 해 위 언 왈

"回聞衛君, 其年壯, 其行獨, 輕用其國, 而不見其過; 輕用民死, 死
회 문 위 군 기 년 장 기 행 독 경 용 기 국 이 불 견 기 과 경 용 민 사 사

者以國⁵量⁶乎澤若蕉,⁷ 民其無如⁸矣! 回嘗聞之夫子⁹曰: '治國去之,
자 이 국 량 호 택 약 초 민 기 무 여 의 회 상 문 지 부 자 왈 치 국 거 지

亂國就之, 醫門多疾.' 願以所聞思其則,¹⁰ 庶幾¹¹其國有瘳¹²乎!"
난 국 취 지 의 문 다 질 원 이 소 문 사 기 칙 서 기 기 국 유 추 호

仲尼曰: "譆, 若¹³殆¹⁴往而刑¹⁵耳! 夫道不欲雜, 雜則多, 多則擾,¹⁶
중 니 왈 희 약 태 왕 이 형 이 부 도 불 욕 잡 잡 즉 다 다 즉 요

擾則憂, 憂而不救. 古之至人, 先存¹⁷諸己, 而後存諸人. 所存於己
요 즉 우 우 이 불 구 고 지 지 인 선 존 저 기 이 후 존 저 인 소 존 어 기

者未定, 何暇至於¹⁸暴人¹⁹之所行! 且若亦知夫德之所蕩²⁰而知²¹之
자 미 정 하 가 지 어 포 인 지 소 행 차 약 역 지 부 덕 지 소 탕 이 지 지

所爲出乎哉? 德蕩乎名, 知出乎爭. 名也者, 相軋²²也; 知也者, 爭之
소 위 출 호 재 덕 탕 호 명 지 출 호 쟁 명 야 자 상 알 야 지 야 자 쟁 지

器也. 二者凶器, 非所以盡行也.
기 야 이 자 흉 기 비 소 이 진 행 야

且德厚信矼,²³ 未達人氣²⁴; 名聞不爭, 未達人心. 而强以仁義繩墨²⁵
차 덕 후 신 강 미 달 인 기 명 문 부 쟁 미 달 인 심 이 강 이 인 의 승 묵

之言術²⁶暴人之前者, 是以人惡有²⁷其美也, 命之曰菑²⁸人. 菑人者,
지 언 현 포 인 지 전 자 시 이 인 악 유 기 미 야 명 지 왈 재 인 재 인 자

人必反菑之, 若殆爲人菑夫!
인 필 반 재 지 약 태 위 인 재 부

且苟爲²⁹悅賢而惡不肖,³⁰ 惡³¹用而³²求有以異? 若³³唯無詔,³⁴ 王公³⁵
차 구 위 열 현 이 오 불 초 오 용 이 구 유 이 이 약 유 무 조 왕 공

必將乘人³⁶而鬪其捷.³⁷ 而³⁸目將熒³⁹之, 而色將平⁴⁰之, 口將營⁴¹之,
필 장 승 인 이 투 기 첩 이 목 장 형 지 이 색 장 평 지 구 장 영 지

容將形⁴²之, 心且成⁴³之. 是以火救火, 以水救水, 名之曰益多.⁴⁴ 順
용 장 형 지 심 차 성 지 시 이 화 구 화 이 수 구 수 명 지 왈 익 다 순

始無窮, 若殆以不信厚言, 必死於暴人之前矣!
시 무 궁　약 태 이 불 신 후 언　필 사 어 포 인 지 전 의

且昔者桀⁴⁵殺關龍逢,⁴⁶ 紂⁴⁷殺王子比干,⁴⁸ 是⁴⁹皆修其身以下傴拊⁵⁰
차 석 자 걸　살 관 용 봉　주　살 왕 자 비 간　시　개 수 기 신 이 하 구 부

人⁵¹之民, 以下拂⁵²其上者也, 故其君因其修⁵³以擠⁵⁴之. 是好名者
인 지 민　이 하 불 기 상 자 야　고 기 군 인 기 수　이 제 지　시 호 명 자

也. 且昔者堯攻叢·枝·胥敖,⁵⁵ 禹攻有扈,⁵⁶ 國爲虛厲,⁵⁷ 身⁵⁸爲刑戮,
야　차 석 자 요 공 총 · 지 · 서 오　우 공 유 호　국 위 허 려　신　위 형 륙

其用兵不止, 其求實⁵⁹無已. 是皆求名實者也. 而獨⁶⁰不聞之乎? 名
기 용 병 부 지　기 구 실　무 이　시 개 구 명 실 자 야　이 독　불 문 지 호　명

實者, 聖人之所不能勝也, 而況若乎! 雖然, 若必有以⁶¹也, 嘗⁶²以語
실 자　성 인 지 소 불 능 승 야　이 황 약 호　수 연　약 필 유 이　야　상　이 어

我來⁶³!"
아 래

주석

1 顔回(안회): 성은 '안', 이름은 '회', 자字는 자연子淵.『논어』에서는 흔히 안연顔淵
   이라 일컬음. 노魯나라 사람으로, 공자의 수제자.

2 仲尼(중니): 공자의 자字. 공자와 안회의 이 대화는 장자가 허구한 것으로, 유가
   의 창시자인 공자가 여기서는 장자의 학설을 널리 알리는 도가적인 인물로 변
   해 있음.

3 奚之(해지): '해'는 어디(何)를, '지'는 감(往)을 뜻함.

4 衛(위): 춘추시대 제후국 이름.

5 國(국): 시통은 이를 연문衍文, 즉 글 가운데에 쓸데없이 들어간 군더더기 글귀
   라고 함.

6 量(량): 만滿과 같음.

7 蕉(초): 초개, 쓰레기.

8 無如(무여): 돌아가고, 의탁할 데가 없음. '여'는 왕往과 같음. 감, 돌아감. 반면
   마기창馬其昶은 이를 혈유孑遺, 즉 살아남은 이가 없음을 말한다고 풀이하며,
  「추수편」의 '여무여의予無如矣'도 이와 같은 뜻이라고 했는데, 참고할 만함.

9 夫子(부자): 선생님. 곧 공자를 지칭함.

10 其則(기칙): 위나라를 다스리는 원칙. '기'는 위나라. '칙'은 원칙, 방법. 일부 판본에서는 '기' 자 아래에 '소행所行' 두 글자가 더 있고, '칙'은 '즉則'의 의미로 아래 구절을 이끄는 말로 보는데, 문의의 전개가 한결 자연스러워 충분히 참고할 만함.

11 庶幾(서기): 아마, 거의.

12 瘳(추): 병이 나음. 여기서는 나라가 다스려짐.

13 若(약): 너.

14 殆(태): 아마.

15 刑(형): 형륙刑戮됨. 곧 죽임을 당함.

16 擾(요): 어지러움, 혼란함.

17 存(존): 존립함. 곧 자기 생명의 보전을 이름. 아래 '존저인存諸人'의 '존'은 다른 사람을 존립케 함, 곧 구원함을 이름. 여기서 공자는, 안회가 대도를 잘 알지 못하기 때문에 위나라에 가서는 필시 자신의 목숨도 부지하지 못할 텐데, 어떻게 그 나라 백성을 구제할 수 있겠느냐고 비판한 것.

18 至於(지어): ~에 이름, 미침. 곧 (폭군의 소행을) 돌아봄, 바로잡음.

19 暴人(포인): 포악한 사람. 여기서는 폭군으로, 곧 위나라 임금을 가리킴.

20 蕩(탕): 유탕遊蕩함, 방탕함. 여기서는 파괴함, 훼손함.

21 知(지): 지智와 같음.

22 軋(알): 삐걱거림, 갈등함.

23 矼(강): 굳음, 견실함.

24 人氣(인기): 민정民情, 민심. 아래의 '인심人心'도 이와 같음. '미달인기未達人氣'는 곧 많은 사람의 광범위한 이해와 공감을 얻지 못한다는 말.

25 繩墨(승묵): 먹줄, 즉 목수가 먹을 묻혀 곧게 줄을 치는 데 쓰는 줄. 여기서는 법도, 법규를 이름.

26 衒(현): 뽐냄, 자랑함, 과시함. 이는 통행본에는 '술術'로 되어 있으나, 석감산이 응당 '현'으로 써야 한다고 한 이후 많은 이들이 따르고 있고, 강남고장본江南古藏本에는 실제로 '현'으로 되어 있음. 따라서 그에 근거해 고침.

27 有(유): 이는 유월兪樾이 이른 대로, '육育'의 잘못으로 보임. 최선본崔譔本에는 실제로 '육'으로 되어 있음. '육'은 육鬻과 통함. 팖(賣), 자랑함.

28 菑(재): 재災와 같음. 재해를 입힘, 해침(害), 해코지함.

29 苟爲(구위): 만약 ~이라면. 이 구절의 주어는 위군衛君.

30 不肖(불초): 못난 사람, 악인.

31 惡(오): 하何 또는 하필何必과 같음.

32 而(이): 제이인칭대명사. 너.

33 若(약): 너.

34 詔(조): 고함. 여기서는 간언함, 즉 임금에게 옳지 못하거나 잘못된 일을 고치도
록 말함.

35 王公(왕공): 위군을 가리킴.

36 乘人(승인): 네가 간언하는 틈을 타서. '인'은 안회를 가리킴.

37 捷(첩): 날램, 빠름. 여기서는 교변巧辯, 즉 교묘한 변론.

38 而(이): 너. 다음 구의 '이而'도 이와 같음.

39 熒(형): 현혹됨, 미혹됨.

40 平(평): (안색 또는 기색이) 평온해짐. 이는 곧 상대방의 논리에 설득되었다는 말.

41 營(영): 영구營救함, 즉 방법을 강구하여 구원함. 여기서는 변호함, 변명함.

42 形(형): 나타냄, 드러냄.

43 成(성): 화해함, 타협함.

44 益多(익다): 잘못에 다시 잘못을 더하여 갈수록 더 나빠지게 만듦을 이름.

45 桀(걸): 폭군으로 이름난 하나라 마지막 임금.

46 關龍逢(관용봉): 하나라 걸왕 때의 현신으로, 성심으로 충간忠諫하다가 죽임을
당함.

47 紂(주): 폭군으로 이름난 은나라 마지막 임금.

48 王子比干(왕자비간): 은나라 주왕의 숙부로, 직간을 멈추지 않다가 죽임을 당
함. '비간'은 선대 임금의 아들이었으므로, '왕자'라고 일컬어짐.

49 是(시): 차此. 이들, 그들. 곧 관용봉과 왕자 비간을 가리킴.

50 偪拊(구부): (불쌍히 여겨) 몸을 굽혀 어루만짐.

51 人(인): 다른 사람. 곧 임금을 가리킴.

52 拂(불): (비위를) 거스름, 노엽게 함. 이는 관용봉과 왕자 비간이 각기 임금의 백
성을 위로하고 어루만져 달램으로써 결국 민심을 얻기 위해 임금과 경쟁했다
는 혐의를 받게 되었음을 두고 하는 말.

53 修(수): 미덕.

54 擠(제): 배제함, 배척함.

55 叢(총)·枝(지)·胥敖(서오): 모두 장자가 허구한 요임금 때의 작은 나라. 대개「제물론편」에서 요임금이 정벌코자 한 세 나라 종·회·서오를 일컫는다고 함.

56 有扈(유호): 작은 나라 이름〔小國名〕.

57 國爲虛厲(국위허려): 국토는 폐허가 되고, 백성은 귀신이 됨. '국'은 나라의 땅과 백성을 이름. '허'는 墟와 같음. 폐허. '려'는 여귀厲鬼, 즉 제사를 받지 못하는 귀신. 곧 사람들이 죽어 귀신이 되었다는 말.

58 身(신): 자신. 곧 위의 네 나라 군주를 가리킴.

59 實(실): 실리實利. 곧 세력을 넓히고 세상에 이름을 떨치는 따위.

60 獨(독): 설마.

61 以(이): 인因함. 곧 (위나라 임금을 설득할) 방법을 가리킴.

62 嘗(상): 상시嘗試, 즉 시험 삼아 함.

63 來(래): 어기조사語氣助詞.

해설

장자는 제1장에서 안회와 공자의 대화를 허구해 처세의 이치를 논했다. 먼저 이 첫 절에서는 안회가, 포학한 통치로 나라와 백성을 혼란과 위험에 빠뜨린 위나라 임금을 찾아가 바른 정치를 하도록 설득할 의욕적인 생각을 아뢰었다. 하지만 공자는 당신이 볼 때, 그것은 위나라를 구원하기는커녕 스스로의 목숨도 보장할 수 없는 방법일 뿐이라고 일침을 놓는다. 공자의 지적은, 한마디로 명리에 대한 욕심이 있는 한 결코 성공하지 못할 것이며, 단지 화근이 될 따름이라는 얘기다.

1-2

안회가 말했다. "단정한 태도와 겸허한 마음으로, 부지런히 온 심력心力을 거기에만 쏟아부으면 되지 않겠습니까?"

공자께서 말씀하셨다. "허허! 그렇게 해서 어떻게 되겠느냐? 위나라 임금은 내심에 굳세고 거만한 기운이 가득하여 걸핏하면 본색을 드러내는 데다 기뻐하거나 화내는 기색의 변화가 무쌍하여, 보통 사람은 감히 그의 뜻을 거스르지 못한다. 그 틈을 타서 그는 곧 다른 사람의 감정이나 생각을 억눌러 자신의 마음이 기쁘고 흡족하기를 꾀한다. 그런 위나라 임금은 이름하여 '날로 점차 깨닫게 하는 일깨움'으로도 감화시킬 수 없거늘, 하물며 '일시에 깨닫게 하는 일깨움'으로야 더 말할 나위가 있겠느냐? 그는 분명 자기 생각을 고집하며 변화하지 않을 것이며, 설령 겉으로는 너의 의견에 공감할지라도 속으로는 결코 자기주장을 굽히지 않을 텐데, 네가 말하는 대로 그렇게 해서 어떻게 되겠느냐?"

안회가 말했다. "그렇다면 저는 마음은 곧고 바르게 유지하되 몸가짐은 공손하게 하면서, 옛말을 인용해 옛사람에 빗대어 말할 것입니다. 마음을 곧고 바르게 유지하는 것은 곧 하늘을 본받는 것이며, 하늘을 본받으면, 임금님과 제가 모두 하늘이 낳은 존재임을 알게 될 것입니다. 그런데 제가 어떻게 유독 제 자신이 하는 말만을 다른 사람이 옳다고 여기기를 바라거나, 다른 사람이 옳다고 여기지 않는 것을 따지겠습니까? 아무튼 그렇게 하면, 사람들이 저를 천진한 동자 같은 사람이라 할 것인데, 이를 일컬어 하늘을 본받는 것이라 하겠습니다. 그리고 몸가짐을 공손하게 하는 것은 다른 사람을 본받는 것입니다. 홀을 잡거나 꿇어앉거나 허리를 굽혀 절하거나 두 손을 맞잡고 읍하는 것은 임금에 대한 신하의 예입니다. 다른 사람들이 다 그렇게 하는데, 제가 어떻게 감히 그렇게 하지 않겠습니까? 다른 사람들이 다 하는 것을 하면 다른 사람들도 저를 비난하지 않는데, 이를 일컬어 다른 사람을 본받는 것이라 하겠습니다. 또 옛말을 인용해 옛사람에 빗대어 말하는 것은 옛사람을 본받는 것입니다. 그렇게 제가 하는 말은 비록 선善을 권하는 것이지만, 사실은 잘못을 고치라는 뜻을 담고 있습니다. 이러한 방식으로 간하는 것은 옛날부터 있었으며, 제가 새롭게 하는 것은 아닙니다. 아무튼 그렇게 하면, 비록 직언을 하게 되지만, 그래도 화를 당하지는 않는데, 이를 일컬어 옛사람을 본받는 것이라 하겠습니다. (어떻습니까?) 이같이 하면 되겠습니까?"

공자께서 말씀하셨다. "허허! 그렇게 해서 어떻게 되겠느냐? 사람의 잘못을 바로잡는 방법이 조목조목 너무 많아서 제대로 효과를 내지는 못할 것인데, 네 생각이 비록 다소 고루하기는 하나 그래도 위나라 임금에게 잘못을 저질러 죄를 얻지는 않을 것이다. 다만 비록 그렇긴 하지만, 기껏해야 죄를 얻지 않는 거기까지일 뿐이거니, 어찌 위나라 임금을 감화시킬 수가 있겠느냐? 너는 여전히 네 생각을 고집하는구나."

顔回曰: "端而虛, 勉¹而一,² 則可乎?"
안 회 왈   단 이 허   면 이 일   즉 가 호

曰: "惡³! 惡⁴可? 夫以陽爲充孔揚,⁵ 采色⁶不定, 常人之所不違, 因
왈   오   오 가   부 이 양 위 충 공 양   채 색 부 정   상 인 지 소 불 위   인
案⁷人之所感,⁸ 以求容與⁹其心. 名之曰日漸之德¹⁰不成, 而況大德¹¹
안 인 지 소 감   이 구 용 여 기 심   명 지 왈 일 점 지 덕 불 성   이 황 대 덕

乎! 將執而不化, 外合而内不訾,¹² 其庸詎¹³可乎!"
호　장집이불화　외합이내부자　기용거　가호

"然則我内直而外曲,¹⁴ 成¹⁵而上¹⁶比. 内直者, 與天爲徒.¹⁷ 與天爲徒
연즉아내직이외곡　성 이상비　내직자　여천위도　여천위도

者, 知天子之與己皆天之所子,¹⁸ 而¹⁹獨以己言蘄²⁰乎而人²¹善²²之,
자　지천자지여기개천지소자　이　독이기언기　호이인　선　지

蘄乎而人不善之邪? 若然者, 人謂之童子,²³ 是之謂與天爲徒. 外曲
기호이인불선지야　약연자　인위지동자　시지위여천위도　외곡

者, 與人之²⁴爲徒也. 擎跽曲拳,²⁵ 人臣之禮也. 人皆爲之, 吾敢不爲
자　여인지　위도야　경기곡권　인신지례야　인개위지　오감불위

邪? 爲人之所爲者, 人亦無疵²⁶焉, 是之謂與人爲徒. 成而上比者,
야　위인지소위자　인역무자　언　시지위여인위도　성이상비자

與古爲徒. 其言雖敎,²⁷ 讁²⁸之實也. 古之有也, 非吾有也. 若然者,
여고위도　기언수교　적　지실야　고지유야　비오유야　약연자

雖直而不病,²⁹ 是之謂與古爲徒. 若是則可乎?"
수직이불병　시지위여고위도　약시즉가호

仲尼曰: "惡! 惡可? 大多政法³⁰而不諜,³¹ 雖固亦無罪. 雖然, 止是
중니왈　오　오가　태다정법 이불첩　수고역무죄　수연　지시

耳矣, 夫胡³²可以及化! 猶師心³³者也."
이의　부호　가이급화　유사심　자야

주석

1 勉(면): 근면히.

2 一(일): 전일專一함, 즉 마음과 힘을 모아 오직 한곳에만 씀.

3 惡(오): 탄사로, 반박하는 소리. "허허".

4 惡(오): 하何와 같음.

5 以陽爲充孔揚(이양위충공양): 내심에 굳세고 사나운 기운이 가득 차서 자못 본색을 드러냄. '양陽'은 굳세고 사나우며 거만한 기운. '충'은 (내심에) 충만함. '공'은 심甚히. '양揚'은 밖으로 드러냄, 나타냄.

6 采色(채색): 안색, 기색. 곧 기뻐하거나 노하거나 하는 따위의 기색의 변화를 이름.

154

7 案(안): 안按과 같음. 억누름, 억압함.

8 感(감): 감정, 생각. 이는 충간忠諫을 두고 하는 말.

9 容與(용여): 옹용雍容함, 즉 마음 따위가 화락和樂함.

10 日漸之德(일점지덕): 소덕小德을 이르는 말. 곧 점오漸悟, 즉 점차적으로 깨닫게 하는 가르침 내지 일깨움을 말함.

11 大德(대덕): 돈오頓悟, 즉 일시에 갑자기 깨닫게 하는 가르침 내지 일깨움.

12 訾(자): 헐擊. 여기서는 (자기주장을) 비판함, 곧 굽힘, 버림. 일설에는 자資의 가차假借로, (남의 의견을) 받아들임, 취함.

13 庸詎(용거): 기豈와 같음. 어떻게.

14 外曲(외곡): 몸가짐을 공손하게 함. '외'는 겉으로 드러나는 몸가짐. '곡'은 몸을 굽힘, 곧 공손함.

15 成(성): 옛말, 즉 옛날 사람이 이미 말한, 기성의 견해나 주장을 인용함을 이름.

16 上(상): 옛사람을 가리킴.

17 與天爲徒(여천위도): 하늘에게 제자가 됨. 곧 천도天道·자연을 스승으로 삼는다, 본받는다는 말. '천'은 천도, 자연. '도'는 도제, 제자.

18 子(자): 동사로, 낳다(生)는 뜻.

19 而(이): 어찌, 어떻게(豈).

20 蘄(기): 기祈와 같음. 희구함, 바람. 다음 구의 '기'는 따짐, 왈가왈부함.

21 而人(이인): 타인.

22 善(선): 옳거나 훌륭하다고 여김, 칭찬함.

23 童子(동자): 곧 자연 본성을 잃지 않고 천진난만한 사람을 비유함.

24 之(지): 원이뒤, 천꾸잉 등이 이른 대로, 이는 상하 문맥상 연문衍文으로 보임.

25 擎跽曲拳(경기곡권): '경'은 홀을 잡음. '기'는 무릎을 꿇고 앉음. '곡'은 허리를 굽혀 절함. '권'은 두 손을 맞잡고 읍함.

26 疵(자): 흠봄, 비난함.

27 教(교): 가르쳐 이끎. 여기서는 선하고 바르게 하도록 권함을 이름.

28 謫(적): 질책함, 곧 간언함.

29 病(병): 해나 화를 당함.

30 大多政法(태다정법): 사람의 잘못을 바로잡는 방법이 너무 많고 복잡함. '태大'는 태太와 같음. '정'은 정正과 같으며, 곧 정인正人, 즉 사람의 잘못된 품성이나

행동을 바로잡음을 이름.

31 諜(첩): 접渫과 같음. 막힘없이 통함. 일설에는 당當과 같음. 타당함.

32 胡(호): 하何와 같음. 어찌, 어떻게.

33 師心(사심): 자신의 마음을 스승으로 삼음. 곧 스스로 옳다고 여기며 자신의 생
각을 고집함을 이름.

해설 ———————————————————————

위나라 임금을 설득할, 안회의 더 구체적인 방법은 '단허면일端虛勉一',
즉 단정한 태도와 겸허한 마음으로, 부지런히 온 심력을 거기에만 쏟
아붓는 것이다. 하지만 공자가 볼 때, 굳세고 거만한 성정의 소유자인
위나라 임금을 감화시키기에는, 그 역시 실효성이 없는 방법이다. 이
에 안회가 제시한 마지막 방법은 '내직외곡, 성이상비內直外曲, 成而上
比', 즉 마음은 곧고 바르게 유지하되 몸가짐은 공손하게 하면서, 옛말
을 인용해 옛사람에 빗대어 말하는 것이다. 하지만 공자는 그 또한 탐
탁히 여기지 않는다. 왜냐하면 그 생각과 마음 한가운데에는 그 자신
이 엄연히 자리를 잡고 있기 때문이다. 자신의 생각을 고집하며 다른
사람의 잘못을 바로잡으려 해서는 안 된다는 얘기다. 또한 자신의 온
갖 총명과 지혜로 다른 사람을 대한다면, 설령 모든 것이 다 선의에서
비롯된 것일지라도 반드시 있는 그대로 받아들여진다는 보장이 없다.

1-3

안회가 말했다. "저로서는 이보다 더 좋은 방법이 없습니다. 선생님

께서는 어떤 좋은 방법이 있으신지 감히 여쭙겠습니다." 공자께서 말씀하셨다. "먼저 재계齋戒하여라. 그러면 내가 너에게 말해주마. 너는 자신의 주관적인 생각을 가지고 위나라 임금을 감화시키려고 하지만, 그게 어찌 그리 쉽겠느냐? 만약 쉽다고 한다면, 그건 자연의 이치에 맞지 않는 생각이다." 안회가 말했다. "저는 집이 가난하여 술을 마시지 않고, 고기를 먹지 않은 지 여러 달이 되었습니다. 이러하면 재계라고 할 수 있습니까?" 공자께서 말씀하셨다. "그것은 제사 때 하는 재계지, '심재心齋'가 아니다."

안회가 말했다. "감히 여쭙겠습니다. '심재'는 어떻게 하는 것입니까?" 공자께서 말씀하셨다. "너는 사고思考를 순일純一하게 하여 귀로 듣지 말고 마음으로 들을 것이며, 나아가서는 또 마음으로 듣지 말고, 기氣로 들어야 할 것이다. 귀는 소리를 듣는 데 그치고, 마음은 만물에 감응하는 데 그친다. 반면에 기란 지극히 허정하여 만물을 그대로 받아들이는 것이다. 그리고 오직 대도만이 허정한 경지에 집중된다. 요컨대 마음을 고도로 수양해 허정한 상태에 이르게 하는 것이 바로 '심재'이다."

안회가 말했다. "제가 아직 '심재'에 대한 가르침을 받지 못했을 때는, 확실히 제 자신의 존재를 느끼며 자아를 망각하지 못했습니다. 하지만 '심재'에 대한 일깨움을 받은 후에는, 마침내 제 자신의 존재를 느끼지 못하겠습니다. 이러면 제 마음 상태가 허정하다고 할 수 있습니까?" 공자께서 말씀하셨다. "그래, 충분하다! 이제 내가 너에게 말하노라. 너는 위나라 경내로 들어가 맘껏 노닐 수 있더라도 명리에 마음을 움직이지 말 것이며, 위나라 임금이 너의 의견을 받아들이면 진언하고, 받아들이지 않으면 진언하지 마라. 그리고 마음의 문을 굳게 닫지 말고, 또 성급히 발끈해 화내지 말 것이며, 네 마음을 한껏 순일하게 하여 일체의 언행을 항상 그렇게 하지 않을 수 없는 부득이한 상황이 되어서야 비로소 그렇게 한다면, 너의 처세는 거의 상당한 경지에 이르렀다 할 것이다. 무릇 사람이 아예 길을 가지 않기는 쉬워도, 길을 가며 자취를 남기지 않기는 어렵다. 또한 사람에게 부림을 당하면 허위로 하기 쉬워도, 하늘에게 부림을 당하면 허위로 하기 어렵다. 날개가 있어서 난다는 소리는 들었어도, 날개도 없이 난다는 소리는 듣지 못했으며, 지혜가 있어서 사물을 안다는 소리는 들었어도, 지혜도 없이 사물을 안다는 소리는 듣지 못했다. 저 허정한 마음을 보아라. 아무런 선입견도 없는, 지극히 허정한 마음은 무념무욕의 순수하고 청정한 정신세계를 낳고, 또한 길하고 복된 기운이 그 마음에 모여들 것이다. 한데 만약 그 마음이 허정함에 잠기지 않는다면, 그것은 곧 몸은 방 안에 가만히 앉아 있는데, 마음은 밖으로 내달리는 것과 같다 할 것이다. 하지만 눈과 귀의 감각을 마음속 깊이 통하게 하면서, 마음속의 세속적인 지혜를 깡그리 내쳐버린다면, 귀신도 달려와 머물 것인데, 하물며 사람이야! 이것이 바로 만물의 변화에 순응함이며, 순임금과 우임금이 견지한 처세 원칙의 핵심이요, 복희伏羲와 궤거几蘧가 종신토록 받들어 행한 준칙이거늘, 하물며 보통 사람들이야 더 말할 나위가 있겠느냐?"

顏回曰: "吾無以進[1]矣, 敢問其方." 仲尼曰: "齋,[2] 吾將語若. 有心[3]
안 회 왈   오 무 이 진 의   감 문 기 방   중 니 왈   재   오 장 어 약   유 심
而爲之,[4] 其[5]易邪? 易之者, 皡天[6]不宜.[7]" 顏回曰: "回之家貧, 唯不
이 위 지 기 이 야 이 지 자 호 천 불 의   안 회 왈   회 지 가 빈   유 불

158

飲酒不茹葷[8]者數月矣. 如此, 則可以爲齋乎?" 曰: "是祭祀之齋, 非
음주불여훈 자수월의   여차 즉가이위재호   왈 시제사지재 비

心齋[9]也."
심재 야

回曰: "敢問心齋." 仲尼曰: "若一志,[10] 無聽之以耳而聽之以心, 無
회왈 감문심재 중니왈   약일지 무청지이이이청지이심 무

聽之以心而聽之以氣.[11] 耳止於聽,[12] 心止於符.[13] 氣也者, 虛而待[14]
청지이심이청지이기 이지어청   심지어부   기야자 허이대

物者也. 唯道集虛. 虛者, 心齋也."
물 자야 유도집허 허자 심재야

顏回曰: "回之未始[15]得使,[16] 實有回[17]也; 得使之也, 未始有回也, 可
안회왈 회지미시 득사   실유회 야 득사지야 미시유회야 가

謂虛乎?"夫子曰: "盡[18]矣! 吾語若! 若能入遊其樊[19]而無感其名,
위허호 부자왈   진 의 오어약 약능입유기번 이무감기명

入則鳴,[20] 不入則止. 無門無毒,[21] 一宅[22]而寓[23]於不得已,[24] 則幾[25]矣.
입즉명 불입즉지 무문무독 일택 이우 어부득이 즉기 의

絕迹易, 無行地難.[26] 爲人使易以僞, 爲天使難以僞.[27] 聞以有翼飛
절적이 무행지난 위인사이이위 위천사난이위 문이유익비

者矣, 未聞以無翼飛者也; 聞以有知[28]知者矣, 未聞以無知知者也.
자의 미문이무익비자야 문이유지 지자의 미문이무지지자야

瞻[29]彼闋者,[30] 虛室[31]生白,[32] 吉祥止止.[33] 夫且不止,[34] 是之謂坐馳.[35]
첨 피결자   허실 생백   길상지지   부차부지   시지위좌치

夫徇[36]耳目內通而外[37]於心知,[38] 鬼神將來舍,[39] 而況人乎! 是萬物之
부순 이목내통이외 어심지 귀신장래사 이황인호 시만물지

化也, 禹·舜之所紐[40]也, 伏羲·几蘧[41]之所行終, 而況散焉者[42]乎!"
화야 우·순지소뉴 야 복희·궤거 지소행종 이황산언자 호

주석 ────────

1 無以進(무이진): 더 나아갈 방도가 없음. 곧 더 좋은 방법이 없다는 말.

2 齋(재): 재계함. 여기서 공자가 말하는 '재계'는 마음을 한껏 허정하게, 즉 공허
  하고 청정하게 닦아 추호의 사견도 없는 상태를 말함.

3 心(심): 통행본에는 원래 없는 글자이나, 천꾸잉을 따라 곽상의 주 등에 근거해

보충함. '심'은 성심成心, 곧 자신의 주관적인 생각, 견해를 이름.

4 之(지): 위나라 임금을 감화시키는 일을 가리킴.

5 其(기): 기뵬와 같음.

6 皡天(호천): 하늘. 곧 자연을 이름.

7 宜(의): 마땅함, 부합함.

8 茹葷(여훈): 육식함. '여'는 먹음. '훈'은 육류 식품. 일설에는 매운 맛과 향이 강한 생강, 마늘, 파 같은 채소.

9 心齋(심재): 마음의 재계. 이는 장자 철학의 전용어專用語로, 사람이 일체의 감각과 인지 활동을 배제하는가 하면, 모든 사유 활동을 멈추고, 오로지 순수하고 청정한 마음으로 대도를 깨닫고 체득하는 하나의 방법을 말함.

10 若一志(약일지): '약'은 너, 그대. '일'은 순일함, 즉 다른 것이 섞이지 아니하고 순수함. 일설에는 전일專—함, 곧 집중함. '지'는 내심의 뜻, 생각. 여기서는 사고思考.

11 氣(기): 옛날 사람들의 관념 속에서 '기'란 천지 만물이 생성되기 이전의 물질 상태를 말하는데, 그 같은 '기'의 상태에서는 그야말로 어떠한 사심이나 사욕도 있지 않음. 따라서 여기서 말하는 '기'는 마음이 고도로 수양된 경지로, 개인적인 생각이나 선입견은 티끌만큼도 없는 지극히 허정한 상태를 가리키는 것으로 이해됨.

12 耳止於聽(이지어청): 통행본에는 본디 '청지어이聽止於耳'로 되어 있으나, 전사傳寫 과정의 오류라는 유월俞樾, 천꾸잉 등의 견해가 따를 만하여, 그에 근거해 바로잡음.

13 符(부): 부합함. 여기서는 감응함.

14 待(대): 접대함. 여기서는 받아들임.

15 未始(미시): 미증未曾과 같음.

16 得使(득사): 가르침·깨우침을 받음.

17 有回(유회): 안회 자신이 존재함, 곧 자신의 생각과 견해가 있음. 이는 아직 '망아'와 '무기'의 경지에 다다르지 못했음을 이름. '유회'가 통행본에는 본디 '자회自回'로 되어 있으나, 아래 '미시유회야未始有回也' 구와 견주어 '자'는 '유'의 잘못이라고 한 시통의 주장에 설득력이 있어, 그에 근거해 고침.

18 盡(진): 충분함. 곧 '심재'의 묘妙를 충분히 이해했다는 말.

19 其樊(기번): 위나라 경내를 가리킴. '번'은 울(타리). 곧 경계, 국경을 이름.

20 鳴(명): 욺. 곧 진언함을 이름.

21 無門無毒(무문무독): 이에 대해서는 중설이 분분하나, 천꾸잉이 이른 대로 양리우챠오楊柳橋의 풀이가 가장 나음. 곧 마음의 문을 굳게 닫지도 말고, 성급히 발끈해 화내지 마라는 말. '독'은 폭暴과 같음. 폭노暴怒함.

22 一宅(일택): 마음을 순일하게 함을 이름. 성현영은 '택'은 거처함이며, '택일'은 마음을 '지일至一'(『장자』「선성편繕性篇」참조)의 도에 처處하는 것이라고 함. 석감산은 마음을 고도로 집중된 상태에 편안히 처하며 추호의 잡념도 없는 것이라고 함.

23 寓(우): 맡김, 의탁함. 곧 따름, 순응함.

24 不得已(부득이): 그렇게 하지 않을 수 없을 때 움직임을 이름. 곧 '저절로 그러함[自然]'에 순응해 움직일 뿐, 어떤 의도를 가지고 인위적으로 움직이지 않는다는 말.

25 幾(기): (이상적인 경지에) 거의 근접함.

26 "絕迹易(절적이)…" 2구: 이는 길을 가고 또 그 자취를 남기는 것으로 벼슬자리에 나가 정치를 하는 것(여기서는 안회가 위나라 임금에게 간언하는 일을 포함함)을 비유한 것으로 이해됨. 이를 두고 곽상은 "길을 가지 않기는 쉬워도, 길을 가며 땅을 밟지 않기는 불가능하며, 아무것도 하지 않기는 쉬워도, 뭔가를 하면서 본성을 훼손하지 않기는 불가능하다"고 했으며, 또 석감산은 "인간 세상을 떠나 절속絕俗하기는 오히려 쉬워도, 특히나 이 티끌세상을 살아가면서 마음을 비우고 자취를 남기지 않기는 어렵다"고 풀이함. '땅을 밟지 않음'은 곧 자취를 남기지 않음을 이름.

27 "爲人(위인)…" 2구: 이는 곧 공자가 안회에게 수양을 통해 '심재'의 묘妙를 자신의 천성으로 화化하게 하라는 말. '천天'은 천리 또는 천성.

28 知(지): 지智와 같음.

29 瞻(첨): 봄, 관조함.

30 闃者(결자): 허정한 마음을 가리킴. '결'은 공허함, 허정함.

31 虛室(허실): 빈방. 곧 어떠한 선입견도 없는, 지극히 허정한 마음을 비유함.

32 白(백): 순백함. 또 티 없이 맑고 밝은 광채. 곧 무념무욕의 순수하고 청정한 정신세계를 비유함.

33 止止(지지): 앞의 '지'는 동사로 모임[集], 도래到來함을 뜻함. 뒤의 '지'는 명사로 허정한 마음을 가리킴. 일설에는 어조사. 유월은 『회남자』「숙진훈편」에서 "허실생백, 길상지야虛室生白, 吉祥止也"라고 한 데에 근거해 이를 '야也'의 잘못이라고 함. 또 왕선겸과 시통은 이를 '지之'의 잘못으로 봄.

34 止(지): 이는 앞 '지지止止'의 두 번째 '지'가 동사로 쓰인 것으로, 마음이 허정함에 깊이 잠겨들어 안정됨을 이르는 것으로 이해됨.

35 坐馳(좌치): 몸은 방 안에 가만히 앉아 있는데, 마음은 밖으로 내달림. 곧 정신이 안정되지도 안식하지도 못함을 이름.

36 徇(순): 사使와 같음. 하여금.

37 外(외): 배제함, 내쳐 없앰.

38 知(지): 지智와 같음.

39 舍(사): 거주함, 머묾.

40 紐(뉴): 추뉴樞紐, 관건關鍵.

41 伏羲(복희)·几蘧(궤거): 두 사람 모두 전설상의 상고시대 성군.

42 散焉者(산언자): 별 성취가 없는 사람, 곧 일반인, 보통 사람.

해설

결국 장자가 공자의 입을 빌려 안회에게 제안한, 위나라 임금을 감화시킬 최상의 처세 방법은 바로 '심재'에 의거하는 것이다. 이는 「대종사편」에서 안회가 제시한 '좌망坐忘'과 같은 경지의 다른 일컬음이다. 재계는 흔히 제사를 준비하며 음주나 육식을 금하는 등 부정한 일을 멀리하는 것을 말한다. 하지만 '심재'란 그와는 달리, 마음을 고도로 수양해 갖은 욕망과 잡념을 일소하고 진실로 허정한 상태에 이르게 하는 것이니, 곧 마음의 재계요, 무아의 재계다. 인간 세상의 온갖 다툼은 대개 지혜를 짜고, 명성을 좇는 데에서 그 근본 원인을 찾을 수 있다. 그야말로 "명성은 사람들이 서로 갈등하는 원인이요, 지혜는 사람들이 서로 다투는 도구다(名也者, 相軋也; 知也者, 爭之器也)." 따라서 사람은 지혜를 다투고, 명리를 추구하려는 생각을 떨쳐버리고, 무념무욕의 지극히 순수하고 청정한 마음으로 만물의 변화에 적극 순응해야 한다. 예를 들면 공자가 안회에게 요구했듯이, "네 마음을 한껏 순일하게 하여 일체의 언행을 항상 그렇게 하지 않을 수 없는 부득이한 상황이 되어서야 비로소 그렇게 하여야 한다."

첨언하건대, 장자는 왕왕 다른 사람의 입을 빌려 자신의 사상을 설파하곤 한다. 바로 이 장에서 공자와 안회의 대화는 장자가 허구한 것이며, 따라서 두 사람의 대화 내용은 공자와 안회의 사상이 아니라 장자 자신의 사상이다. 이와 같은 표현은 『장자』 전편에 걸쳐 허다히 나타난다.

2

섭공자고가 장차 제齊나라에 사신으로 가게 되어 공자께 여쭈었다. "우리 초나라 임금님이 저를 사신으로 보내며 맡긴 임무가 심히 막중합니다. 한데 제나라가 외국 사신을 응대하는 것은 대개 겉으로는 매우 공경하면서도 저희가 바라는 일은 서두르지 않고 질질 끌 겁니다. 보통 사람도 그 습성을 바꾸게 하지 못하는데, 하물며 한 나라의 제후야 어떻겠습니까? 그래서 저는 몹시 걱정이 됩니다. 선생님께서 일찍이 저에게 이렇게 말씀하셨습니다. '무릇 일이란 크거나 작거나를 막론하고, 바른 도를 따르지 않고 훌륭한 성과를 내는 경우는 드물다. 일을 이루지 못하면 필시 임금님이 내리는 징벌을 받을 것이요, 일을 이루면 필시 흉중의 음양 기운이 평정을 잃으면서 속병을 앓을 것이다. 일을 이루든 이루지 못하든 그 후에 화난禍難에 빠지지 않는 것은, 오직 유덕자有德者만이 능히 그렇게 할 수가 있다.' 저는 평소 식사할 때 거친 음식을 먹을 뿐 좋은 음식을 찾지 않습니다. 그렇기 때문에 저희 집 부엌에서는 밥을 지으며 애써 시원했으면 하는 사람이 없습니다. 지금 저는 아침에 출사의 명을 받고, 저녁에는 얼음냉수를 마셔야 할 것 같은데, 그것은 아무래도 제가 초조해서 속이 타기 때문이겠지요? 저는 아직 이번 출사의 임무를 시작도 하지 않았는데, 벌써 음양의 기운이 평정을 잃으면서 속병을 앓고 있습니다. 만약 이번 일을 성공하지 못하면 분명히 임금님의 징벌이 있을 것입니다. 이 두 가지 화난은 신하 된 자가 감당하기 어렵습니다. 선생님께서는 아마 저에게 일러주실 좋은 방법이 있으시겠지요?"

공자께서 말씀하셨다. "천하에는 누구나 준수해야 할 두 가지 큰 법칙이 있는데, 하나는 명命, 즉 천명이고, 다른 하나는 의義, 즉 도의道義입니다. 자녀가 부모를 친애함은 천명으로, 그 감정은 사람의 마음속에서 없앨 수가 없습니다. 반면 신하가 군주를 섬김은 도의인데, 세상 어디를 가든 군주의 통치하에 있지 않은 곳이 없으며, 따라서 천지지간 어디에도 도망하여 몸을 피할 데가 없습니다. 이를 일컬어 두 가지 큰 법칙이라고 하지요. 그러므로 무릇 그 부모를 모시는 사람은 어떤 곳, 어떤 상황에서도 편안히 모시는 것이 곧 효도의 지극함이요, 그 임금을 섬기는 사람은 어떤 위험한 일에 직면해서도 편안히 섬기는 것이 곧 충성의 성대함입니다. 그리고 스스로 그 마음을 수양해 조절하는 사람은, 슬프거나 즐거운 일 때문에 자기 목전의 평정한 마음을 바꾸지는 않으며, 따라서 진정 어떻게 할 수 없을 정도로 힘들고 어려운 일인 줄을 알면서도 명을 받들어 마음의 안정을 기하게 되는데, 그것은 곧 덕성의 지극함입니다. 다른 사람의 신하 된 자는 본디 부득이한 상황에 부딪히게 되지요. 하지만 오로지 주어진 임무를 수행하면서 자기 자신의 이해득실을 잊어버린다면, 어느 겨를에 목숨에 연연하며 죽음을 두려워하겠습니까? 공께서는 그렇게 하시면 됩니다.

그리고 제가 또, 들은 바를 말씀드리면 이렇습니다. 무릇 국가 간의 외교는 가까이 이웃한 나라와는 반드시 신의로써 서로 친선 관계를 유지하고, 멀리 떨어진 나라와는 반드시 말로써 서로의 신뢰 관계를 굳건히 하는데, 말이란 반드시 누군가 사람이 나서서 그것을 전하게 됩니다. 한데 양국 군주가 모두 기뻐하거나 노여워하는 말을 전하는 것은 천하에서 가장 어려운 일이지요. 양국 군주가 다 기뻐한다면, 필시 지나치게 치켜세우는 말이 많았을 것이고, 양국 군주가 다 노여워한다면, 필시 지나치게 헐뜯는 말이 많았을 겁니다. 대개 정도에 지나친 말은 거짓말이나 다름없는데, 말이 거짓되면 그것을 믿기에는 마음이 내키지 않게 되고, 말에 믿음이 가지 않으면 그 말을 전하는 사신이 재앙을 당하게 되는 법이지요. 그러므로 격언에 이르기를, '통상적인 감정에 맞는 말을 전해야 하며, 정도에 지나친 말은 전하지 말아야 한다. 그러면 무난히 목숨을 보전할 수 있다'라고 했습니다.

슬기로 힘겨루기를 하는 사람은 처음에는 당당히 겨루지만, 종국에는 늘 암투를 벌이고, 심지어 나중에는 도를 넘는 음모와 속임수를 허다히 부립니다. 예로써 술을 마시는 사람은 처음에는 단정하고 예의 바르지만, 종국에는 늘 술에 취해 행동이 난잡해지고, 심지어 나중에는 방탕 무도함이 넘칩니다. 세상 모든 일이 다 그와 같아서, 처음에는 신실하지만 종국에는 늘 추악해지고, 일이 처음 일어날 때는 문제가 작고 간단하지만 일이 끝나갈 때는 문제가 크고 복잡해지지요.

말이란 풍파와 같으니, 말을 전하는 데에는 득실이 있게 마련입니다. 무릇 풍파는 쉬이 요동치는 법이니, 득실 사이에는 쉬이 위난危難을 야기하게 되지요. 그렇기 때문에 분노가 폭발하는 데에는 다른 이유가 없고, 바로 간교히 꾸며대는 말과 일방적이고 편파적인 말이 원인입니다. 궁지에 몰린 짐승은 죽음 앞에서 미친 듯이 울부짖으며 숨을 거칠고 가쁘게 몰아쉬게 되고, 그러면서 사람을 해치려는 마음을 갖게 됩니다. 어떤 일에 있어서 한 사람이 다른 사람을 너무 심하게 다그치면, 다른 사람은 필시 악한 마음을 가지고 보복해 오지만, 그 사람은 다른 사람이 왜 그렇게 하는지 그 까닭을 알지 못합니다. 만약 그 사람 자신도 다른 사람이 그렇게 하는 까닭을 알지 못한다면, 장차 어떤 결과가 일어날지 누가 알겠습니까? 그러므로 격언에 이르기를, '군주에게 받은 사명을 함부로 고치지 말 것이며, 상대를 다그쳐 일을 성사시키려 하지 말아야 하나니, 만사는 정도에 지나치면 좋지 않다' 라고 했습니다. 사명使命을 함부로 고치거나 일을 성사시키려 상대를 다그치면 결국 일을 그르치게 됩니다. 일을 좋게 이루려면 오랫동안 공을 들여야 하고, 일을 나쁘게 마무리하고 나면 후회해도 돌이킬 수가 없습니다. 그러니 어찌 신중하지 않을 수가 있겠습니까?

요컨대 만물 변화에 순응하여 유유히 자적하며, 만사를 그렇게 하지 않으면 안 되는 '부득이'함에 따르면서 마음의 정기精氣를 기르는 것이 최상의 방법입니다. 그렇다면 임금에게는 어떻게 복명復命하면

될까요? 그저 양국 군주의 뜻을 있는 그대로 전달하면 되는 것이거니,
그게 어찌 그렇게 어려운 일이겠습니까?"

葉公子高¹將使於齊, 問於仲尼曰: "王使諸梁也甚重. 齊之待²使者,
섭공자고 장사어제 문어중니왈　왕사제량야심중　제지대 사자

蓋將甚敬而不急. 匹夫猶未可動,³ 而況諸侯乎! 吾甚慄⁴之. 子嘗語
개장심경이불급　필부유미가동　이황제후호　오심률지　자상어

諸梁也曰: '凡事若小若大,⁵ 寡不道以懽成.⁶ 事若不成, 則必有人
제량야왈　범사약소약대　과부도이환성　사약불성 즉필유인

道之患⁷; 事若成, 則必有陰陽之患.⁸ 若成若不成而後無患者, 唯有
도지환　사약성 즉필유음양지환　약성약불성이후무환자 유유

德者能之.' 吾食也執粗而不臧,⁹ 爨無欲淸之人.¹⁰ 今吾朝受命而夕
덕자능지　오식야집조이부장　찬무욕청지인　금오조수명이석

飮冰, 我其內熱與! 吾未至乎事之情,¹¹ 而旣有陰陽之患矣; 事若不
음빙 아기내열여　오미지호사지정　이기유음양지환의　사약불

成, 必有人道之患. 是兩也, 爲人臣者不足以任之. 子其有以語我
성 필유인도지환　시량야　위인신자부족이임지　자기유이어아

來¹²!"
래

仲尼曰: "天下有大戒¹³二: 其一, 命也; 其一, 義也. 子之愛親, 命
중니왈　천하유대계 이　기일 명야　기일 의야　자지애친 명

也, 不可解¹⁴於心; 臣之事君, 義也, 無適¹⁵而非君也, 無所逃於天地
야 불가해 어심　신지사군 의야　무적 이비군야　무소도어천지

之間. 是之謂大戒. 是以夫事其親者, 不擇地而安之, 孝之至也; 夫
지간　시지위대계　시이부사기친자　불택지이안지 효지지야　부

事其君者, 不擇事而安之, 忠之盛也; 自事其心者, 哀樂不易施乎
사기군자　불택사이안지 충지성야　자사기심자　애락불역시호

前,¹⁶ 知其不可奈何而安之若命, 德之至也. 爲人臣子者, 固有所不
전　지기불가내하이안지약명　덕지지야　위인신자자 고유소부

得已. 行事之情而忘其身, 何暇至於悅生而惡死! 夫子其行可矣!
득이　행사지정이망기신 하가지어열생이오사　부자기행가의

丘請復以所聞: 凡交, 近則必相靡¹⁷以信, 遠則必忠¹⁸之以言, 言必
구청복이소문　범교 근즉필상마 이신　원즉필충 지이언 언필

或¹⁹傳之. 夫傳兩喜兩怒之言, 天下之難者也. 夫兩喜必多溢美²⁰之
혹 전지 부전량희량노지언 천하지난자야 부량희필다일미 지

言, 兩怒必多溢惡²¹之言. 凡溢之類妄,²² 妄則其信之也莫,²³ 莫則傳
언 양노필다일오지언 범일지유망 망즉기신지야막 막즉전

言者殃. 故法言²⁴曰: '傳其常情,²⁵ 無²⁶傳其溢言, 則幾乎²⁷全.'
언자앙 고법언왈 전기상정 무 전기일언 즉기호 전

且以巧²⁸鬪力者, 始乎陽,²⁹ 常卒乎陰,³⁰ 大至³¹則多奇巧³²; 以禮飲酒
차이교 두력자 시호양 상졸호음 태지 즉다기교 이례음주

者, 始乎治, 常卒乎亂, 大至則多奇樂.³³ 凡事亦然, 始乎諒,³⁴ 常卒
자 시호치 상졸호란 태지즉다기락 범사역연 시호량 상졸

乎鄙³⁵; 其作始也簡, 其將畢也必巨.
호비 기작시야간 기장필야필거

言者, 風波也; 行³⁶者, 實喪³⁷也. 夫風波易以動,³⁸ 實喪易以危. 故
언자 풍파야 행자 실상 야 부풍파이이동 실상이이위 고

忿³⁹設⁴⁰無由, 巧言偏辭.⁴¹ 獸死不擇音,⁴² 氣息茀然,⁴³ 於是並生心
분 설무유 교언편사 수사불택음 기식발연 어시병생심

厲.⁴⁴ 剋核⁴⁵大至, 則必有不肖⁴⁶之心應之, 而不知其然也. 苟爲不知
려 극핵 태지 즉필유불초 지심응지 이부지기연야 구위부지

其然也, 孰知其所終⁴⁷? 故法言曰: '無遷⁴⁸令, 無勸成, 過度益⁴⁹也.'
기연야 숙지기소종 고법언왈 무천 령 무권성 과도익 야

遷令勸成殆⁵⁰事. 美成在久, 惡成不及改, 可不慎與?
천령권성태 사 미성재구 악성불급개 가불신여

且夫乘⁵¹物以遊心,⁵² 托不得已⁵³以養中,⁵⁴ 至矣. 何作爲報⁵⁵也⁵⁶? 莫
차부승 물이유심 탁부득이 이양중 지의 하작위보 야 막

若⁵⁷爲致命,⁵⁸ 此其⁵⁹難者?"
약 위치명 차기 난자

주석

1 葉公子高(섭공자고): 초나라 대부大夫로, 섭현葉縣의 현령縣令을 지냈는데, 초나
라 대부를 '공公'이라 칭하므로 '섭공'이라 한 것임. '자고'는 그의 자字. 성은 심

沈, 이름은 제량諸梁.

2 待(대): 여기서는 응대함.

3 動(동): 변동, 곧 바꿈. 일설에는 설복說服함.

4 慄(률): 두려움, 걱정됨.

5 若小若大(약소약대): 혹소혹대或小或大. 작거나 크거나 간에, 곧 크고 작음을 막론함.

6 懽成(환성): 사람을 기쁘게 하는 성취, 곧 훌륭한 성과, 결과. '환'은 환歡과 같음.

7 人道之患(인도지환): 인위적인 화난, 곧 군왕이 내리는 징벌을 가리킴.

8 陰陽之患(음양지환): 흉중에 일이 이뤄지기 전의 두려움과 일이 이뤄진 뒤의 기쁨이 서로 엇갈리면서 음양의 기운이 평형과 평정을 잃어 앓게 되는 질환을 가리킴.

9 食也執粗而不臧(식야집조이부장): 식사는 거친 음식을 먹을 뿐 좋은 음식은 찾지 않음. 이는 이번 제나라 출사出使에서는 임무 완수만을 바랄 뿐, 무슨 큰 공을 세우려고 하지는 않음을 비유함. '집'은 취取함, 택함. '장'은 선善함, 좋음. 여기서는 동사로 쓰임.

10 爨無欲淸之人(찬무욕청지인): (좋은 음식을 만들기 위해 부엌에서 큰불을 피우며 그 뜨거운 기운을 감내하지 않아도 되기 때문에) 집 안에는 밥 짓는 데 애써 시원했으면 하는 사람이 없음. '찬'은 불을 때어 밥을 지음. '청'은 청량함, 서늘함, 시원함.

11 事之情(사지정): 일의 실제 정황, 내용. 곧 이번 출사의 사무, 임무를 가리킴. '정'은 실實과 통함.

12 來(래): 어기조사.

13 大戒(대계): 사람은 누구나 준수해야 할 큰 법칙, 원칙. '계'는 법을 이름.

14 解(해): 해제함, 제거함, 없앰.

15 適(적): 감往.

16 哀樂不易施乎前(애락불역이호전): 슬프거나 즐거운 일들이 자신의 평정한 마음을 바꾸게 하지 않는다는 말. '역이'는 옮김, 바꿈. '이'(여기서 이 글자의 독음은 '시'가 아님)는 이移와 통함. '전'은 목전의 평정한 마음을 가리킴.

17 靡(마): 마摩와 같음. 마무摩撫, 무마撫摩. 곧 어루만짐, 친선함.

18 忠(충): 고忠의 잘못. 고忎는 고固의 옛 글자. 공고함, 견고함.

19 或(혹): 혹자.

20 溢美(일미): 지나치게 찬미함. '일'은 지나침, 과도함.

21 溢惡(일오): 지나치게 헐뜯음, 증오함.

22 類妄(유망): 거짓말이나 다름없음. '유'는 유사함, 비슷함.

23 莫(막): 막漠과 같음. 담막淡漠. 곧 냉담함, 담담함.

24 法言(법언): 격언.

25 常情(상정): 통상적인 감정에 맞는 말, 진실한 말.

26 無(무): 무毋와 같음.

27 幾乎(기호): 거의. 곧 무난히.

28 巧(교): 지교智巧, 즉 슬기와 계교.

29 陽(양): 드러냄. 곧 공개적으로 정정당당히 다툼을 이름.

30 陰(음): 숨김. 곧 암투를 이름. 앞의 '양陽'과 이 '음陰'을 일설에는 각각 희喜와
노怒의 뜻으로 풀이하나, 자연스럽지 못함.

31 大至(태지): 태지太至. 심지어, 즉 더욱 심하다 못해 나중에는.

32 奇巧(기교): 기이하고 비정상적인 기교機巧, 지략. 여기서는 도를 넘는 음모와
속임수를 가리킴.

33 奇樂(기락): 기이한 즐거움. 곧 방탕 무도함 따위를 두고 이름.

34 諒(량): 신실함, 성실함.

35 鄙(비): 더러움, 천함. 곧 추악함.

36 行(행): 여기서는 말을 전달함을 이름.

37 實喪(실상): 득실.

38 風波易以動(풍파이이동): 말이란 풍파가 쉽게 요동치는 것과 같아서 쉽게 시비
를 불러일으킴을 비유함.

39 忿(분): 분노忿怒, 분노憤怒.

40 設(설): 베풂. 여기서는 일어남, 발작함.

41 偏辭(편사): 일방적이고 편파적인 말.

42 不擇音(불택음): 소리를 가리지 않음. 곧 미친 듯이 마구 울부짖는다는 뜻으로,
사람이 말을 함부로 함을 비유함.

43 茀然(발연): 촉급한 모양. '발'은 발勃과 같음.

44 心厲(심려): 심중의 악의. 곧 남을 해치는 마음. 일설에 이는 '여심厲心'의 잘못이

라고 함. '려'는 사나움.

45 **勮核**(극핵): 핍박함, 압박함, 다그침.

46 **不肖**(불초): 불선不善.

47 **所終**(소종): 종국, 결과. 이상에서는 사신으로 가서는 언행에 각별히 신중해야
하며, 절대로 일방적이고 극단적이어서는 아니 되는데, 특히 지나치게 다그치
고 몰아세우거나 악착같이 요구해서는 안 되며, 만약 그렇지 않으면 심각한 후
과後果를 초래하게 될 것임을 강조함.

48 **遷**(천): 바꿈, 고침, 변경함.

49 **益**(익): 일溢과 같음. 물이 너무 많아 흘러넘친다는 뜻으로, 일을 무리하게 이루
는 것은 역효과만 낳을 뿐 결코 좋지 않음을 비유함. 이를 일설에는 증익增益의
뜻으로 풀이하나, 적절치 않음.

50 **殆**(태): (일을) 그르침, 망침.

51 **乘**(승): 순응함.

52 **遊心**(유심): 마음을 즐겁고 자유롭게 가짐. 곧 유유자적함을 이름. '유'는 오유遨
遊, 즉 즐겁게 노닒.

53 **托不得已**(탁부득이): 그렇게 하지 않으면 안 되는 '부득이'함에 맡김. 곧 만물의
자연(저절로 그러함) 순리에 따름을 이름.

54 **養中**(양중): 양심養心, 곧 마음의 정기를 기름.

55 **報**(보): 보명報命, 복명, 즉 명령을 받고 일을 처리한 사람이 그 결과를 보고함.
곧 아래의 '치명致命'과 상대됨.

56 **也**(야): 야耶와 같음. 의문조사.

57 **莫若**(막약): 불여不如. ~만 못함.

58 **致命**(치명): 명을 전함. 곧 양국 군주의 뜻을 여실히 전달함을 이름.

59 **其**(기): 기豈와 같음.

해설

장자는 여기서 공자의 입을 빌려, 제나라로 출사하는 섭공자고에게
사신의 임무를 어떻게 수행하면 되는지를 설명하면서, 처세의 또 다

른 방법을 논했다. 섭공자고는 이해득실에 지나치게 민감하고 걱정이
많아, 길을 떠나기도 전에 벌써 막중한 소임에 부담을 느끼며 대책에
만전을 기하고자 고민이 깊다. 하지만 그 같은 마음가짐이 오히려 자
기 자신을 얼마나 힘들게 하고, 얼마나 해치는지는 미처 헤아리지 못
하는 것 같다.

 이에 공자는 먼저 세상에 존재하는 두 가지 큰 법칙, 즉 명命과 의義
를 일깨워주었는데, 하나는 천명에 따르고 호응함이요, 다른 하나는
인사人事에 마땅히 진력함이다. 그와 같이 하면 자연히 이해득실에 조
바심하고 걱정하는 마음을 떨쳐버릴 수가 있고, 또한 일의 성과와 성
공에 눈이 어두워 무리한 처사로 심각한 후과後果를 초래하는 일도 없
을 것이다. 공자가 인용한 두 격언은 바로 그 같은 논리를 뒷받침한
다. 한마디로 "만물 변화에 순응하여 유유히 자적하며, 만사를 그렇게
하지 않으면 안 되는 '부득이'함에 따르면서 마음의 정기를 기르는 것
이 최상의 방법"이라는 게 공자, 아니 장자의 생각이다.

3

 안합이 위衛나라 영공靈公의 태자 괴외蒯聵의 스승으로 가게 되어서
거백옥에게 물었다. "지금 한 사람이 있는데, 그는 심성이 천성적으로
흉악합니다. 아마 그와 함께 지내며 법도와 규범을 무시하고 제멋대
로 하게 하면 우리나라에 위해를 줄 것이고, 그와 함께 지내며 법도와
규범을 지키도록 하면 저에게 위해를 줄 겁니다. 그의 총명과 지혜는
다른 사람의 잘못은 잘 알지만, 다른 사람이 왜 그런 잘못을 한 것인

지는 알지 못합니다. 이런 사람이라면, 제가 어떻게 해야 합니까?"

거백옥이 말했다. "참 좋은 질문이오! 각별히 경계하고 또 삼가며, 먼저 당신 자신의 품행을 방정히 하십시오. 그리고 태도와 자세는 친근하면서도 공경히 하는 것이 좋고, 마음가짐은 분명한 원칙을 가지고 융화하며 이끌도록 하는 것이 좋습니다. 한데 비록 그렇기는 하지만, 이 두 가지도 환난의 위험성을 안고 있습니다. 하여 친근하고 공경히 하더라도 지나치게 친밀히 빠져들려 하지는 말고, 융화해 이끌더라도 속마음을 너무 드러내지는 말아야 합니다. 태도와 자세의 친근함이 지나쳐 너무 깊이 빠져들면, 필시 넘어지고 망가지며, 무너지고 엎어질 겁니다. 또 마음으로 융화해 이끎에 그 의도를 겉으로 지나치게 드러내면, 필시 명성을 얻기 위한 것으로 인식되며 재앙과 환난을 부를 겁니다. 그가 만약 갓난아이처럼 무지하게 굴면, 당신도 그와 함께 지내며 갓난아이처럼 하고, 그가 만약 위엄 없이 굴면, 당신도 그와 함께 지내며 위엄 없이 처신하고, 그가 만약 행동에 절제가 없으면, 당신도 그와 함께 지내며 무절제하게 행동합니다. 그렇게 그와 소통하면서 점차 그를 바른길로 인도해 들어가야 합니다.

당신은 저 사마귀를 모르시오? 앞다리를 힘껏 들어 올려 수레바퀴를 막아서면서도, 자기 힘으로 감당할 수 없는 줄도 모르고, 마냥 자신의 재주와 능력이 뛰어나다고 믿고 있던 사마귀 말이오. 각별히 경계하고, 또 삼가시오. 누차에 걸쳐 당신의 미덕을 자랑하며 그를 언짢게 하면 위험하오.

당신은 저 호랑이를 기르는 사람을 모르시오? 감히 살아 있는 동물을 먹이로 주지 못하는 것은 호랑이가 살아 있는 동물을 덮쳐 죽이면서 그 잔학한 본성이 깨어날까 두렵기 때문이요, 감히 해체하지 않은 동물을 통째로 주지 못하는 것은 해체하지 않은 온전한 동물을 찢어 먹으면서 호랑이의 그 잔학한 본성이 깨어날까 두렵기 때문이지요. 그리고 호랑이의 굶주림과 배부름에 따라 때를 잘 맞추어 호랑이가 사나운 마음을 누그러뜨리게 합니다. 호랑이는 사람과는 다른 종인데도 자기를 기르는 사람에게 알랑거리는 것은, 사람이 호랑이를 그 성정에 순응해 기르기 때문입니다. 그러므로 호랑이가 자기를 기르는 사람을 물어 죽인다면, 그것은 사람이 호랑이의 성정을 거스르기 때문인 것이지요.

말을 좋아하는 사람은 대광주리로 말똥을 받고, 대합 껍데기로 말 오줌을 받습니다. 한데 마침 모기나 등에가 말에 붙어 있어서 그놈을 잡으려고 불시에 손으로 치면, 말은 크게 놀라 재갈을 망가뜨리며 사람의 머리를 받고, 또 가슴을 치게 됩니다. 그 뜻에는 말을 애호함이 지극했지만, 말을 애호하는 그 마음으로 인해 오히려 손실을 입게 되었으니, 어찌 삼가고 조심하지 않을 수 있겠소?"

顔闔[1]將傅[2]衛靈公太子,[3] 而問於蘧伯玉[4]曰; "有人[5]於此, 其德天
안 합 장 부 위 영 공 태 자   이 문 어 거 백 옥 왈   유 인 어 차   기 덕 천
殺.[6] 與之爲無方,[7] 則危吾國; 與之爲有方, 則危吾身. 其知[8]適足以
쇄   여 지 위 무 방   즉 위 오 국   여 지 위 유 방   즉 위 오 신   기 지 적 족 이
知人之過, 而不知其所以過. 若然者, 吾奈之何?"
지 인 지 과 이 부 지 기 소 이 과   약 연 자   오 내 지 하

蘧伯玉曰: "善哉問乎! 戒之, 慎之, 正女[9]身也哉! 形莫若就,[10] 心莫
거 백 옥 왈   선 재 문 호   계 지 신 지 정 여 신 야 재   형 막 약 취   심 막
若和.[11] 雖然, 之[12]二者有患. 就不欲入,[13] 和不欲出.[14] 形就而入, 且
약 화   수 연 지 이 자 유 환   취 불 욕 입   화 불 욕 출   형 취 이 입 차

爲顙[15]爲滅, 爲崩爲蹶,[16] 心和而出, 且爲聲爲名, 爲妖爲孽.[17] 彼且
위전 위멸 위붕위궐 심화이출 차위성위명 위요위얼 피차

爲嬰兒,[18] 亦與之爲嬰兒; 彼且爲無町畦,[19] 亦與之爲無町畦; 彼且
위영아 역여지위영아 피차위무정휴 역여지위무정휴 피차

爲無崖,[20] 亦與之爲無崖. 達之,[21] 入於無疵.[22]
위무애 역여지위무애 달지 입어무자

汝不知夫螳螂[23]乎? 怒[24]其臂以當車轍,[25] 不知其不勝任也, 是[26]其
여부지부당랑 호 노 기비이당거철 부지기불승임야 시기

才之美者也. 戒之, 愼之! 積伐而美者[27]以犯之, 幾[28]矣!
재지미자야 계지 신지 적벌이미자 이범지 기 의

汝不知夫養虎者乎? 不敢以生物與之, 爲其殺之之[29]怒[30]也; 不敢以
여부지부양호자호 불감이생물여지 위기살지지 노 야 불감이

全物[31]與之, 爲其決[32]之之怒也; 時其飢飽, 達[33]其怒心. 虎之與人異
전물 여지 위기결 지지노야 시기기포 달 기노심 호지여인이

類而媚[34]養己者, 順也; 故其殺之[35]者, 逆也.
류이미 양기자 순야 고기살지 자 역야

夫愛馬者, 以筐[36]盛[37]矢,[38] 以蜄[39]盛溺.[40] 適[41]有蚊虻[42]僕緣,[43] 而拊[44]
부애마자 이광 성시 이신 성뇨 적 유문맹 복연 이부

之不時, 則缺銜毀首碎胸.[45] 意有所至而愛有所亡.[46] 可不愼邪!"
지불시 즉결함훼수쇄흉 의유소지이애유소망 가불신야

주석

1 顏闔(안합): 노나라 현인으로, 은자.

2 傅(부): 사부, 스승. 여기서는 동사로 쓰임.

3 衛靈公太子(위영공태자): 괴외. 훗날의 위나라 장공莊公. 그의 아들 괴첩蒯輒, 즉 위나라 출공出公과 서로 왕위를 다투며 정쟁을 벌임.

4 蘧伯玉(거백옥): 위나라 현대부賢大夫. 성은 거, 이름은 원瑗, 자는 백옥.

5 人(인): 괴외를 가리킴.

6 天殺(천쇄): 천성적으로 각박하고 악독함.

7 方(방): 규칙, 규범, 법도.

8 知(지): 지智와 같음.

9 女(여): 여汝와 같음. 너, 당신.

10 就(취): 좇음. 곧 가까이함, 친근함. 이에는 또 공경함을 내포함.

11 和(화): 이는 곽상이 이른 대로, 화이부동和而不同을 뜻함. 곧 아무런 원칙 없이 부화뇌동하는 게 아니라, 분명한 원칙하에 옳은 것은 옳다 긍정하고, 그른 것은 그르다 일깨우면서 서로 원만히 융화하며 이끎을 말함. 임희일도 '화和'가 조화함으로, 유도한다는 말이라고 함.

12 之(지): 차此와 같음.

13 入(입): 깊이 빠져듦. 곧 과도하게 친근해서 급기야 한통속이 됨을 이름.

14 出(출): (마음을) 지나치게(노골적으로) 드러냄.

15 顚(전): 넘어짐. 곧 실패함.

16 蹶(궐): 엎어짐, 넘어짐.

17 妖(요)·孽(얼): 재앙, 환난.

18 嬰兒(영아): 무지함을 비유함.

19 町畦(정휴): (밭의) 경계, 구역. 여기서는 위의威儀, 즉 위엄이 있는 태도, 예법에 맞는 몸가짐을 비유함.

20 崖(애): 낭떠러지, 끝. 여기서는 절제, 한도.

21 達之(달지): 그에 통달함. 이는 왕선겸이 이른 대로, 그의 뜻에 순응하며 그와 소통함을 말함.

22 無疵(무자): 정도正道. '자'는 흠, 결함, 과오.

23 螳螂(당랑): 사마귀.

24 怒(노): 힘껏 들어 올림.

25 車轍(거철): 수레바퀴 자국. 여기서는 이로써 수레바퀴를 이름.

26 是(시): ~라고 여김. 곧 자시自恃, 즉 자기 자신의 능력이나 가치를 믿음.

27 積伐而美者(적벌이미자): 걸핏하면 당신의 미덕, 훌륭한 점을 자랑함. '적'은 늘, 누차. '벌'은 자랑함, 뽐냄. '이'는 이爾와 같음. 너, 당신.

28 幾(기): 위危의 가차假借.

29 之(지): 감(往), 이름(到). 여기서는 초래함, 야기함.

30 怒(노): 분노. 여기서는 호랑이의 잔학한 본성을 이름.

31 全物(전물): 해체하지 않은 온전한 동물.

32 決(결): (갈기갈기) 찢음.

33 達(달): 통하게 함, 곧 (사나움을) 누그러뜨리게 함. 일설에는 통달함, 앎, 헤아림.

34 媚(미): 아양을 떪, 알랑거림.

35 殺之(살지): 사람을 물어 죽임. '지'는 호랑이를 기르는 사람을 가리킴. 통행본에는 '지之' 자가 없으나, 천꾸잉을 따라 『열자』「황제편黃帝篇」에 근거해 보충함.

36 筐(광): 대(나무)광주리.

37 盛(성): (물건을 그릇에) 담음.

38 矢(시): 시屎와 같음. 똥.

39 蜄(신): 대합大蛤. 여기서는 그 껍데기를 이름.

40 溺(뇨): 뇨尿와 같음. 오줌.

41 適(적): 마침, 우연히.

42 蝱(맹): 등에, 즉 파리같이 생겼으며 마소에 붙어 피를 빨아먹는 곤충.

43 僕緣(복연): 붙음.

44 拊(부): 침[拍], 때림[打].

45 缺銜毁首碎胸(결함훼수쇄흉): 이는 사람은 비록 말을 아끼는 마음에 모기와 등에를 잡으려고 손으로 쳤지만, 말은 그 뜻을 이해하지 못하고 오히려 놀라 화를 내며 사람을 다치게 한다는 말로, 곧 신하가 군주에게 행하는 충성과 애호의 뜻을 담은 일련의 행위가 오히려 오해를 사서 군주에게 징벌을 받게 됨을 비유함. '함'은 재갈.

46 亡(망): 잃음, 손실.

해설

포학한 상사를 모셔야 할 때는, 우선은 그 뜻에 순응하면서 신임을 얻은 다음에, 점진적으로 그를 바른길로 인도해야지, 절대로 원리 원칙을 내세우며 강경히 선도하려 해서는 안 된다. 이는 역사상 유례없는 난세를 살았던 장자가 현실적 절박함에서 제시한 전신지책全身之策, 즉 일신을 온전히 보전하는 계책이다.

심성이 흉악한 권력자를 상대한다는 것은 여간 어려운 일이 아니다. 그 때문인가? 거백옥의 입을 빌려 하는 장자의 말에는, 그들에 대한 불만의 정서가 배어 있다. 비록 현자라고는 하지만, 안합 같은 사람은, 괴외 같은 흉포한 자의 강성한 위세 앞에서는, 단지 수레바퀴를 막아서는 사마귀나 다를 바가 없다. 그러므로 자신이 가진 능력의 한계를 분명히 알고, 항시 경각심을 갖고 보다 현명하게 대응해나가야 한다.

장자가 제시한, 현명한 대응책의 핵심은 한마디로 '순順', 즉 대상의 본성에 순응하는 것이요, 순리에 따르는 것이다. 천성적으로 잔학한 호랑이도, 기르는 사람이 그 성정에 순응하면, 사람에게 알랑거린다. 반면 자신을 아끼는 주인에게 순종하는 말도, 주인이 그 성정을 거스르면 돌변하여 난폭해진다. '순', 한 글자로 요약되는 장자의 가르침은, 거백옥이 위나라 영공 태자의 스승으로 가는 안합에게 전달하고 있다. 간단히 말하면 범사에 각별히 경계하고 삼가야 한다는 것이다. 좀 더 구체적으로 말하면, 먼저 친근하고 공경하는 태도를 취하되, 반드시 일정한 거리를 유지해야 한다. 또한 분명한 원칙을 가지고 융화하며 이끌되, 절대로 그 같은 속마음을 드러내지는 말아야 한다. 그리고 생활 속에서 태자와 호흡을 함께하며, 늘 그와 인간적 소통과 유대를 강화한다. 물론 안합이 태자를 상대하며 이에 반한다면, 소기의 목적을 달성하지 못할뿐더러, 오히려 큰 화를 당할 수 있다는 게 장자의 생각이다.

4

장석匠石이 제나라에 갔는데, 곡원 땅에 이르러 토지신 제단의 상수리나무를 보았다. 한데 그 크기가 수천 마리 소를 덮어 가릴 정도였는데, 줄기의 굵기를 재어보니 백百 아름이나 되었다. 또 그 높이는 산봉우리 위로 솟아올라 갈 정도였는데, 줄기에는 열 길[仞] 높이 이후부터 비로소 가지가 나 있었다. 그 나무로 배를 만들 수도 있는데, 거의 수십 척은 족히 나올 것 같았다. 아무튼 구경꾼들이 장날처럼 넘쳐났지만, 장석은 거들떠보지도 않고, 곧장 앞으로 나아가며 걸음을 멈추지 않았다.

제자가 나무를 실컷 보고는, 장석을 쫓아가 말했다. "제가 도끼를 들고 선생님을 따라다닌 이후로 이렇게 훌륭한 목재는 본 적이 없습니다. 한데 선생님께서는 눈길 한번 주려고도 하지 않으시고, 곧장 앞으로 나아가며 멈추지 않으시는데, 어째서 그러십니까?" 장석이 말했다. "아서라. 말할 것도 없다! 저건 쓸모없는 나무다. 저 나무로 배를 만들면 가라앉을 것이고, 널을 만들면 빨리 썩을 것이며, 그릇을 만들면 빨리 망가질 것이고, 문을 만들면 진액이 흘러나올 것이며, 기둥을 만들면 좀이 슬 것이니, 저건 재목이 못 되는 나무다. 그야말로 어디에도 쓸 수 있는 데가 없기 때문에 저렇듯 장수할 수 있는 것이다."

장석이 집으로 돌아오고 나서, 토지신 제단 상수리나무가 꿈에 나타나 말했다. "그대는 무엇에다 나를 견주려 하는가? 그대는 설마 나를 저 쓸모 있는 나무들과 견주려 한단 말인가? 대개 아가위나무, 배나무, 귤나무, 유자나무 등 과실나무 유類들은, 과실이 익으면 사람들이 그것을 따게 되고, 사람들이 과실을 따면 나무들은 굴욕을 당하게 되는데, 큰 가지는 꺾여 부러지고, 작은 가지는 끌어당겨진다. 이는 그들이 과실을 맺는 그 유능함과 유용함 때문에 자신들의 일생을 고통스럽게 하는 것이며, 그렇기 때문에 그들은 천수를 다하지 못하고 중도에 요절하게 되는데, 그것은 곧 그들이 세상 사람들의 공격을 자초하는 것이다. 세상 만물은 어느 것 하나 이와 같지 않은 것이 없다. 하여 나는 무용, 즉 아무 쓸모 없기를 추구한 지 이미 오래되었다. 하마터면 사람들에게 잘려 죽을 뻔도 했지만, 지금까지 내 바람대로 나 자신을 잘 보전하고 있는데, 그야말로 무용(쓸모없음)이 나의 대용大用, 즉 큰 쓸모가 된 것이다. 만약에 내가 쓸모가 있었다면, 이렇게 클 수가 있었겠는가? 더욱이 그대나 나나 모두 하나의 사물에 불과하거늘, 그대가 어떻게 다른 사물을 평가한단 말인가? 또한 그대는 장차 죽을 쓸모없는 사람이거늘, 어떻게 쓸모없는 나무가 무엇인지 안단 말인가?"

장석이 잠에서 깨어 제자에게 그 꿈 얘기를 했더니, 제자가 말했다. "상수리나무가 그토록 절실히 쓸모없음을 추구하면서, 토지신 제단의 나무가 된 것은 또 뭐란 말입니까?" 장석이 말했다. "쉬! 말하지 마라. 저 상수리나무도 단지 토지신에게 몸을 맡겼을 뿐이거늘, 그 때문에 자신을 잘 알지 못하는 사람에게 망신을 당한 것이다. 저 나무가 만약 토지신의 상징 나무가 되지 않았다면, 아마 일찌감치 잘려나갔을 것이야! 더욱이 저 나무가 자신을 온전히 지키는 방법은 뭇사람·뭇 사물들과는 다른데, 일반적인 이치로 그 의도를 가늠한다면, 어찌 너무 동떨어진 얘기가 아니겠느냐?"

匠石[1]之[2]齊, 至於曲轅,[3] 見櫟社樹.[4] 其大蔽[5]數千牛, 絜[6]之百圍[7]; 其
장석 지 제 지어곡원 견역사수 기대폐 수천우 혈지백위 기

高臨[8]山, 十仞[9]而後有枝; 其可以爲舟者, 旁[10]十數.[11] 觀者如市, 匠
고임 산 십인 이후유지 기가이위주자 방 십수 관자여시 장

伯[12]不顧, 遂行[13]不輟.[14]
백 불고 수행 불철

弟子厭觀[15]之, 走及匠石, 曰: "自吾執斧斤以隨夫子, 未嘗見材如此
제자염관 지 주급장석왈 자오집부근이수부자 미상견재여차

其美也. 先生不肯視, 行不輟, 何邪?" 曰: "已矣,[16] 勿言之矣! 散木[17]
기미야 선생불긍시 행불철 하야 왈 이의 물언지의 산목

也. 以爲舟則沉, 以爲棺槨[18]則速腐, 以爲器則速毀, 以爲門戶則液
야 이위주즉침 이위관곽 즉속부 이위기즉속훼 이위문호즉액

樠,[19] 以爲柱則蠹,[20] 是不材之木也. 無所可用, 故能若是之壽."
만 이위주즉두 시부재지목야 무소가용 고능약시지수

匠石歸, 櫟社見夢曰: "女將惡乎比予哉? 若將比予於文木[21]邪? 夫
장석귀 역사견몽왈 여장오호비여재 약장비여어문목 야 부

柤[22]梨橘柚果蓏[23]之屬,[24] 實熟則剝,[25] 剝則辱,[26] 大枝折, 小枝泄.[27]
사 리귤유과라 지속 실숙즉박 박즉욕 대지절 소지예

此以其能苦其生者也, 故不終其天年而中道夭, 自掊擊[28]於世俗者
차 이기능고기생자야 고부종기천년이중도요 자부격 어세속자

也. 物莫不若是. 且予求無所可用久矣, 幾死, 乃今得之, 爲予大用.
야 물막불약시 차여구무소가용구의 기사 내금득지 위여대용

使予也而有用, 且得有此大也邪? 且也若與予也皆物也, 奈何哉其
사여야이유용 차득유차대야야 차야약여여야개물야 내하재기

相[29]物也? 而[30]幾死之散人,[31] 又惡知散木!"
상 물야 이 기사지산인 우오지산목

匠石覺而診[32]其夢. 弟子曰: "趣取[33]無用, 則爲社何邪?" 曰: "密[34]!
장석교이진 기몽 제자왈 촉취 무용 즉위사하야 왈 밀

若無言! 彼亦直寄焉,[35] 以[36]爲[37]不知己者詬厲[38]也. 不爲社者, 且幾[39]
약무언 피역직기언 이 위 부지기자후려 야 불위사자 차기

有翦[40]乎! 且也彼其所保與衆異, 而以義喻之,[41] 不亦遠[42]乎?"
유전 호 차야피기소보여중이 이이의유지 불역원 호

주석

1 **匠石**(장석): 이름이 '석'인 목수. '장'은 목장木匠, 즉 목수, 목공.

2 **之**(지): 감(往).

3 **曲轅**(곡원): 제나라의 땅 이름.

4 **櫟社樹**(역사수): 토지신土地神 상징으로 삼은 상수리나무. 옛날 사람들은 흙을 쌓아 제단을 만들고, 그 위에 나무를 심어 토지신으로 삼고 제사를 지냈음. '역'은 상수리나무. '사'는 사단社壇, 즉 토지신 후토后土를 제사 지내는 제단.

5 **蔽**(폐): 덮어 가림.

6 **絜**(혈): (크기를) 잼(量).

7 **圍**(위): 아름, 즉 양팔을 둥글게 벌려 만든 둘레의 길이 단위.

8 **臨**(임): 위에서 아래를 향해 이름(至). 곧 (나무가 산 위로) 솟아올라 있음을 나타냄.

9 **仞**(인): 길. 길이의 단위로, 한 길은 옛날에는 7척 내지 8척, 후세에는 사람의 키 정도의 길이.

10 **旁**(방): 방方과 같음. 근近, 즉 그 수량에 거의 가까움.

11 **十數**(십수): 십 단위로 셈, 곧 수십數十을 이름.

12 **匠伯**(장백): 곧 '장석'을 일컬음. '백'은 여러 목수의 장長을 이름. 일설에는 장석의 자字라고 함.

13 **遂行**(수행): 앞으로 나아감.

14 **輟**(철): 그침, 멈춤.

15 **厭觀**(염관): 싫증이 나도록 봄. 곧 실컷 봄.

16 **已矣**(이의): 금지하는 말로, 곧 '그만둬라', '아서라', '되었다, 그만' 정도의 뜻.

17 **散木**(산목): 쓸모없는 나무.

18 **棺槨**(관곽): '관'은 속 널, '곽'은 겉 널.

19 **液樠**(액만): 진이 흘러나옴.

20 **蠹**(두): 좀먹음.

21 **文木**(문목): 나뭇결이 치밀해서 아주 쓸모가 있는 나무.

22 **柤**(사): 사樝와 같음. 산사山樝, 산사山査. 곧 산사나무, 아가위나무.

23 **果蓏**(과라): '과'는 씨가 있는 열매(과실), '라'는 씨가 없는 열매. 일설에는 '과'는 나무의 열매, '라'는 풀의 열매.

24 屬(속): 유類.

25 剝(박): 두드려서 떨어뜨림. 곧 사람들이 땀(摘)을 이름.

26 辱(욕): 굴욕을 당함. 곧 꺾이고 부러뜨려짐을 이름.

27 泄(예): 예抴와 같음. 끌어당김.

28 掊擊(부격): 타격, 공격.

29 相(상): 봄, 관찰함. 곧 평가함을 이름.

30 而(이): 너, 그대.

31 散人(산인): 쓸모없는 사람.

32 診(진): 진畛과 같음. 고함, 말함.

33 趣取(촉취): 절실히 ('무용'을) 추구함. '촉'은 촉促과 같음. 빨리, 절박하게, 절실하
게. 일설에는 의취意趣, 지취志趣. '취取'는 취함, 추구함.

34 密(밀): 밀謐과 같음. "조용해라", "쉬!"

35 直寄焉(직기언): 단지 토지신에게 몸을 맡겼을 뿐임. 곧 상수리나무가 토지신의
상징이 된 것은 단지 몸을 맡겨 생명을 보전하기 위한 것일 뿐, 결코 유용을 추
구한 것은 아니라는 말. '직'은 단지, 다만.

36 以(이): 그 때문에.

37 爲(위): 피被의 뜻으로, ~에게 ~을 당함.

38 詬厲(후려): 욕설해 망신을 줌, 책망함.

39 幾(기): 거의, 십중팔구. 일설에는 기豈와 같음.

40 翦(전): (나무를) 벰, 자름.

41 以義喩之(이의유지): 일반적인 이치로 설명함. '의'는 상리常理, 즉 일반적인 이
치, 상식. '유'는 분석 설명함, 가늠함. '유'가 통행본에는 예譽로 되어 있으나, 천
꾸잉을 따라 세덕당본世德堂本 등에 근거해 고침. '지'는 상수리나무의 의도, 의
향, 생각을 가리킴.

42 遠(원): 상리로 분석한 결론은 상수리나무의 생각과는 너무 거리가 멂을 이름.

해설

장자는 토지신 제단의 상수리나무를 예로 들어 무용지용無用之用, 아

니 무용지대용無用之大用, 즉 쓸모없음이 갖는 진실로 큰 쓸모의 이치를 설파했다.

장자의 논리는 명쾌하다. 많은 과실나무들은, 과실을 맺는 바로 그 쓸모 때문에, 사람들의 온갖 공격을 받는 고통스러운 삶을 살다 요절하고 만다. 반면 토지신 제단의 상수리나무는 그 어디에도 쓸 데가 없는 '부재지목不材之木'인 덕분에, 오랜 세월 동안 어떠한 상해도 입지 않고 어마어마하게 거대한 나무로 자라며 장수하고 있다. 또한 상수리나무가 토지신에게 몸을 맡겨 그 상징 나무가 된 만큼, 사람들이 함부로 손을 댈 수가 없다. 그야말로 더더욱 보신의 비책이 아닐 수 없다.

5

남백자기南伯子綦가 상구를 유람하다가 큰 나무를 보았는데, 그 크기가 보통 나무들과는 달리 너무나 거대하여, 네 필의 말이 끄는 수레 천 대를 모아두어도 그 그늘에 덮여 가려질 정도였다. 자기가 말했다. "이게 무슨 나무인가? 이건 분명 특이한 재목이렷다!" 한데 머리를 들어 그 가는 가지를 보니, 구불구불하여 기둥이나 들보를 할 수도 없었고, 머리를 숙여 그 큰 줄기 밑동을 보니, 중심에서 밖으로 갈라져 속 널이나 겉 널을 할 수도 없었으며, 그 잎을 핥았더니 입이 짓물러 상처가 나고, 그 냄새를 맡았더니 사람이 술에 크게 취한 듯 정신이 혼미하여 사흘 동안이나 깨어나지 않았다. 자기가 말했다. "이것은 과연 재목이 되지 못하는 나무이며, 그래서 이렇게 크게 자랄 수 있었던 것이다. 오호, 신인은 그 때문에 크게 쓰이는 재목이 되지 않는 것이구나!"

송나라에는 형지라는 곳이 있는데, 그곳은 가래나무, 잣나무, 뽕나무가 자라는 데 적합하다. 한데 그 나무들 가운데 한두 손아귀 이상 굵은 것은 원숭이를 매어둘 말뚝을 구하는 사람이 베어가고, 굵기가 서너 아름 되는 것은 높고 큰 들보를 구하는 사람이 베어가고, 굵기가 일여덟 아름 되는 것은 귀족이나 부상富商 집안에서 통판의 널감을 구하는 사람이 베어간다. 그렇기 때문에 그 나무들은 천수를 다하지 못하고 중도에 그만 도끼에 찍혀 요절하고 마는데, 이것이 바로 쓰임새가 많은 재목의 환난이다. 무릇 신에게 제사를 지내 환난과 재앙을 물리칠 때, 이마가 흰 소와 코가 위로 뒤집힌 돼지, 치질이 있는 사람은 하신河神에게 제물로 바쳐서는 안 된다. 이는 모두 무당들이 잘 알고 있는데, 그것들은 곧 상서롭지 않은 것이란 얘기다. 하지만 그처럼 결함이 있다는 점은 바로 신인이 아주 상서롭게 여기는 바이다.

南伯子綦[1]遊乎商之丘,[2] 見大木焉, 有異, 結駟千乘,[3] 將隱芘[4]其所
남백자기 유호상지구   견대목언 유이 결사천승   장은비 기소
蘱.[5] 子綦曰: "此何木也哉? 此必有[6]異材夫!" 仰而視其細枝, 則拳
뢰   자기왈   차하목야재   차필유 이재부   앙이시기세지   즉권
曲[7]而不可以爲棟梁, 俯而視其大根,[8] 則軸解[9]而不可以爲棺槨; 咶[10]
곡 이불가이위동량 부이시기대근   즉축해 이불가이위관곽   시
其葉, 則口爛[11]而爲傷; 嗅之, 則使人狂酲,[12] 三日而不已. 子綦曰:
기엽   즉구란 이위상   후지   즉사인광정   삼일이불이   자기왈
"此果不材之木也, 以至於此其大也. 嗟乎,[13] 神人[14]以此不材!"
차과부재지목야   이지어차기대야   차호   신인 이차부재

宋有荊氏[15]者, 宜[16]楸[17]柏桑. 其拱把[18]而上者, 求狙猴[19]之杙[20]者斬[21]
송유형지 자   의 추 백상 기공파 이상자 구저후 지익 자참
之; 三圍四圍, 求高名之麗[22]者斬之; 七圍八圍, 貴人富商之家求樿
지 삼위사위 구고명지려 자참지 칠위팔위 귀인부상지가구선

傍²³者斬之. 故未終其天年, 而中道之夭於斧斤, 此材之患也. 故²⁴
방 자참지 고미종기천년 이중도지요어부근 차재지환야 고

解之²⁵以牛之白顙²⁶者與豚之亢鼻²⁷者, 與人有痔病²⁸者不可以適
해지 이우지백상 자여돈지항비 자 여인유치병 자불가이적

河.²⁹此皆巫祝³⁰以知之矣, 所以爲不祥也. 此乃神人之所以爲大祥
하 차개무축 이지지의 소이위불상야 차내신인지소이위대상

也.
야

주석

1 **南伯子綦**(남백자기):「제물론편」의 남곽자기와 같은 사람.

2 **商之丘**(상지구): 땅 이름. 즉 상구商丘. 송나라 도읍.

3 **結駟千乘**(결사천승): '결'은 집결함. '사'는 사마駟馬, 즉 네 필의 말이 끄는 수레. '승'은 수레를 세는 단위로, 사마 한 대를 일컬음.

4 **將隱芘**(장은비): '장은'이 통행본에는 '은장隱將'으로 도치되어 있으나, 시통의 견해를 따라 곽상의 주와 장군방본張君房本에 근거해 바로잡음. '비'는 비庇의 가차假借이며, '은비'는 덮어 가린다는 뜻의 낱말.

5 **蘱**(뢰): 음蔭의 뜻으로, 가려서 그늘을 이룸.

6 **有**(유): 위爲와 같은 뜻으로, ~임.

7 **拳曲**(권곡): 권곡卷曲. 굽음, 구부러짐.

8 **大根**(대근): 큰 줄기의 밑동.

9 **軸解**(축해): 나무줄기가 중심에서 밖으로 갈라짐. '축'은 본디 수레바퀴 중심의 원주圓柱를 이르는데, 여기서는 나무줄기 중심을 가리킴. '해'는 갈라짐, 터짐.

10 **咶**(시): 핥음.

11 **爛**(란): 문드러짐, 짓무름.

12 **狂酲**(광정): 정신을 못 차릴 정도로 술에 크게 취함. '정'은 술에 취함.

13 **嗟乎**(차호): 감탄하여 내는 소리. "오호."

14 **神人**(신인): 성인.

15 **荊氏**(형지): 땅 이름.

16 **宜**(의): 적의適宜함, 적합함.

17 楸(추): 가래나무, 개오동나무.

18 拱把(공파): '공'은 두 손을 둥글게 합쳐 잡을 수 있는 크기(굵기), '파'는 한 손으로 잡을 수 있는 크기(굵기).

19 狙猴(저후): 원숭이. '저'는 긴팔원숭이.

20 杙(익): (짐승을 매어두는) 말뚝.

21 斬(참): 참벌斬伐, 즉 나무를 벰.

22 高名之麗(고명지려): 높고 큰 들보. '명'은 큼[大]. '려'는 려欐와 같음. 들보.

23 樏傍(선방): 널 좌우에 덧대는 통판의 목재.

24 故(고): 여기서는 문두文頭 어조사로, 부夫와 같음.

25 解之(해지): 양제禳除, 즉 신에게 제사를 지내 환난과 재앙을 물리침.

26 白顙(백상): 흰 이마. 곧 소의 털 색깔이 순색이 아니라는 말.

27 亢鼻(항비): 앙비仰鼻, 즉 콧구멍이 위로 뒤집힌 코.

28 痔病(치병): 치질.

29 適河(적하): 황하에 던져 넣어 하신에게 제사 지냄. '적'은 감[往]. 여기서는 곧 (제물을 황하에) 던짐(바침).

30 巫祝(무축): 무격巫覡, 즉 무녀와 박수(남자 무당).

장자는 여기서도 앞 장에서와 마찬가지로, 무용지용의 이치를 일깨운다. 이 장은 두 절로 나뉘는데, 앞 절에서는 남백자기가 부재지목을 보고 감오感悟(느끼어 깨달음)한 바 있었고, 또한 나아가 성인도 재목이 되지 않음으로써 일신을 보전한다는 사실을 알았다는 이야기를 기술했다. 그리고 뒷절에서는 사람들이 유용한 것으로 생각하는 세 가지 나무와, 무당들이 상서롭지 못한 것으로 생각하는 세 가지 사물 내지 인물을 거론했는데, 전자는 천수를 다하지 못하고 요절하는 반면, 후자는 각기 그 생명을 보전한다. 결론적으로 그렇기 때문에 성인은 쓸모

없음을 큰 쓸모로 삼고, 상서롭지 않음을 큰 상서로움으로 삼는다는 것이다.

한편 여기서 뒷절은 남백자기의 말로 봐도 되고, 장자의 서술로 봐도 무방하다.

6

지리소란 이는 턱은 배꼽 쪽에 숨어 있고, 어깨는 정수리보다 높으며, 목 뒤로 묶은 머리는 하늘을 가리키고, 오장은 몸통 위쪽에 있으며, 두 넓적다리는 겨드랑이에 붙어 있다. 하지만 그는 삯바느질을 하거나 삯빨래를 하여 충분히 끼니를 이어갔고, 또 죽간을 두드려 남에게 점을 쳐주며 충분히 열 식구를 먹여 살렸다. 한편 나라에서 병사를 징집할 때에도, 지리소는 팔뚝을 걷어붙이고 징병관徵兵官 사이를 돌아다니고, 나라에 대규모 부역이 있어도, 지리소는 몸이 불구였기 때문에 부역의 임무를 부여받지 않는다. 반면 나라에서 불구자에게 구제 양식을 줄 때는 곡식 3종과 땔나무 열 단을 받는다. 무릇 그 몸에 결함이 있어 세상에 무소용한 사람도 오히려 그 자신을 보양하며 천수를 다할 수 있거늘, 하물며 그 재덕才德을 잊어버린 사람이야 더 말할 나위가 있겠는가?

支離疏[1]者, 頤隱於臍,[2] 肩高於頂, 會撮[3]指天, 五管[4]在上, 兩髀[5]爲
지 리 소 자 이 은 어 제 견 고 어 정 괄 촬 지 천 오 관 재 상 양 비 위
脅.[6] 挫鍼[7]治繲[8] 足以餬口; 鼓筴播精,[9] 足以食[10]十人. 上[11]徵武士,
협   좌 침 치 해 족 이 호 구 고 협 파 정 족 이 사 십 인 상 징 무 사

則支離攘臂[12]而遊於其間; 上有大役, 則支離以有常疾[13]不受功[14];
즉 지 리 양 비   이 유 어 기 간   상 유 대 역   즉 지 리 이 유 상 질   불 수 공

上與病者粟, 則受三鍾[15]與十束薪. 夫支離其形[16]者, 猶足以養其身,
상 여 병 자 속   즉 수 삼 종   여 십 속 신   부 지 리 기 형   자   유 족 이 양 기 신

終其天年, 又況支離其德[17]者乎!
종 기 천 년   우 황 지 리 기 덕   자 호

주석

1 支離疏(지리소): 장자가 허구한 인물로, '지리'는 지리멸렬함. 여기서는 형체 내지 지체가 온전치 못함을 이름. '소'는 지력智力이 모자람을 이름.

2 頤隱於臍(이은어제): 지리소는 곱사등이라 머리가 아래로 꼬부라져 내려간 까닭에 그의 턱이 배꼽 언저리에 함몰되어 있음을 이름. '이'는 턱, '제'는 배꼽.

3 會撮(괄촬): 속발束髮, 즉 목 뒤로 잡아 묶은 머리(털). '괄'은 괄髻과 같음. 결발함, 즉 머리털을 묶음. '촬'은 한데 모음.

4 五管(오관): 오장의 경혈.

5 髀(비): 넓적다리.

6 脅(협): 겨드랑이.

7 挫鍼(좌침): 삯바느질을 함. '좌'는 잡음, 듦.

8 治繲(치해): 삯빨래를 함. '해'는 헌 옷, 입던 옷.

9 鼓筴播精(고협파정): 죽간을 두드려 남에게 점을 쳐줌. '고'는 두드림. '협'은 죽간. 점쟁이가 죽간을 두드려 소리를 내는 것은 점칠 손님을 끌기 위함임. 일설에는 '협'을 점치는 데 쓰는 시초蓍草, 즉 가새풀 줄기라고도 함. '파'는 흩뿌림. '정'은 정미精米. 옛날 점쟁이는 손님이 가져온 약간의 정미를 신위神位 앞에 흩뿌리고 길흉을 물었음. '고협파정'을 일설에는 키질을 해 정미를 가려내는 것이라고도 함.

10 食(사): 부양함, 먹여 살림.

11 上(상): 임금, 나라.

12 攘臂(양비): 팔(소매)을 걷어 올림.

13 常疾(상질): 불구, 신체장애.

14 功(공): 공工과 같음. 곧 부역의 임무.

15 鍾(종): 옛날 양식의 계량 단위로, 1'종'은 6곡斛 4두斗.

16 支離其形(지리기형): 그 몸을 불구로 함. 이는 곧 성현영이 이른 대로 망형忘形, 즉 그 형체·지체를 잊어버리는 것으로 이해됨. '지리'는 동사로, 온전치 못하게 함, 결함이 있어 별 쓸모가 없게 한다는 뜻.

17 支離其德(지리기덕): 그 덕을 완전하지 않게 함. 이는 곧 성현영이 이른 대로 망덕忘德, 즉 그 덕을 잊어버리는 것, 다시 말해 재덕의 효용과 공용功用에 무심한 것으로 이해됨. 여기서 장자가 말한 '덕'에는 재능의 의미를 내포함.

해설

이 장은 불구자인 지리소를 예로 들어 무용위대용無用爲大用, 즉 쓸모 없음이야말로 진실로 큰 쓸모라는 이치를 강조했다. 여기서 우리는, 장자가 글을 마무리하며 언급한 '지리기덕支離其德'의 심층적 의미에 주목해야 한다. '지리기덕'은 한마디로 망덕忘德, 즉 덕을 잊는 것이다. 부연하면 망덕은 덕을 덕으로 여기지 않으며, 스스로 덕이 있다고 여기지 않는 것이요, 또한 애써 덕을 베풀려고도 하지 않는 것이다. 따라서 이는 곧 노자가 말한 '상덕부덕上德不德'(『노자』 38장)의 함의와 맥락이 닿아 있다.

한데 재덕才德의 효용과 공용에 대해 한껏 무심함으로써 망덕하지 못하고, 사람이 스스로 재덕이 많다고 여기는가 하면, 그 다재함과 유덕有德함을 뽐내며 세상에 큰 공을 세우고, 큰 덕을 쌓을 수 있다는 생각에 갇혀 있다면 어떻게 될까? 아마도 마음과는 달리 실제로는 역부족한 탓에 헛되이 애만 쓰고 아무런 보람도 없거나, 아니면 '위선근명爲善近名'(『장자』「양생주편」참조), 즉 훌륭한 일을 하여 명예를 얻더라도 오히려 다른 사람들의 시기와 질투를 받아 화를 부를 것이다. 요컨대 그것은 결국 장자가 말하는 처세의 도에 크게 반하는 것이다.

7

공자가 초나라에 갔는데, 초광접여楚狂接輿가 그 숙소 문 앞을 거닐며 말했다. "봉황이여! 봉황이여! 어찌 덕이 그리 쇠했소? 미래의 아름다운 세상은 기대할 수 없고, 과거의 아름다운 세상은 쫓아가 되돌릴 수 없다네. 세상에 바른 도가 행해지면 성인은 이상을 이루어가고, 세상에 바른 도가 행해지지 않으면 성인은 생명을 보전한다네. 한데 지금 이 시대는 누구나 단지 형벌을 면하고자 할 뿐이어라! 무릇 복福은 깃털보다 가볍지만, 사람들은 그것을 어떻게 받는지를 알지 못하고, 화禍는 땅보다 무겁지만, 사람들은 그것을 어떻게 피하는지를 알지 못한다네. 그만두게, 그만두어, 사람들에게 미덕을 널리 알리는 것을! 위태롭다네, 위태로워, 땅에 선을 그어놓고 사람들에게 그것을 따라 달려가게 하는 것은! 가시나무야, 가시나무야, 내 가는 길을 방해하지 마라! 이리 구불 저리 구불 험한 길[路]아, 나의 두 발을 다치게 하지 마라!"

孔子適¹楚, 楚狂接輿²遊其門曰: "鳳³兮鳳兮, 何如德之衰也? 來世
공자적초　초광접여유기문왈　봉혜봉혜　하여덕지쇠야　내세

不可待, 往世不可追也. 天下有道, 聖人成焉; 天下無道, 聖人生焉.
불가대　왕세불가추야　천하유도　성인성언　천하무도　성인생언

方今之時, 僅免刑焉! 福輕乎羽, 莫之知載⁴; 禍重乎地, 莫之知避.
방금지시　근면형언　복경호우　막지지재　화중호지　막지지피

已乎已乎, 臨人以德⁵! 殆乎殆乎, 畫地而趨⁶! 迷陽⁷迷陽, 無傷吾
이호이호　임인이덕　태호태호　화지이추　미양미양　무상오

行! 郤曲郤曲,⁸ 無傷吾足!"
행 극곡극곡 무상오족

주석

1 適(적): 감[往, 到].

2 楚狂接輿(초광접여): 초나라 은사 육통陸通. '접여'는 그의 자字. '초광'은 사람들
  이 붙여준 그의 별호.

3 鳳(봉): 봉황. 여기서는 공자를 비유해 조소함.

4 莫之知載(막지지재): '막지재지莫知載之'의 도치. '지'는 복을 가리킴. '재'는 얻음,
  받음.

5 臨人以德(임인이덕): 사람들에게 그 덕을 강조하고 전파함을 이름. 여기서 공자
  의 '임인이덕'을 그만두라고 한 것은, 장자는 당시 정치사회의 변혁에 대한 기
  대나 희망을 가지고 있지 않다는 것을 말해줌.

6 畫地而趨(화지이추): 땅에 선을 긋고 사람들에게 그것을 따라 달려가게 함. 곧
  사람의 행위규범을 제정하고 그것을 받들어 따를 것을 요구함을 비유함. 일설
  에는 스스로 동그라미를 그려놓고 그 안에서 오가는 것, 곧 자기 자신을 스스
  로 속박함을 비유함.

7 迷陽(미양): 풀이름. 가시나무. 곧 당시의 정치사회적 상황의 험악함을 비유함.

8 郤曲郤曲(극곡극곡): 구불구불한 모양. 곧 당시 세로世路, 즉 세상을 살아가는
  길의 험난함을 비유함. 이 구절이 통행본에는 '오행극곡吾行郤曲'으로 되어 있
  으나, 장모어성과 왕수민 등의 고증을 따라 장군방본에 근거해 바로잡음. 이는
  시적인 표현으로 앞의 '미양미양迷陽迷陽'과 짝을 이루기 때문에 장군방본이 옳
  음. '오행'은 전사傳寫 과정의 오류.

해설

장자는 초광접여의 입을 빌려 당시가 얼마나 험악한 사회인지, 그리
고 그 같은 사회에서의 처세가 얼마나 어렵고 힘든 일인지를 부각시

키면서, 사람들에게 항시 경계심을 가지고 삼가고 조심할 것이며, 최대한 세속적 욕망을 버리고 초연히 살아갈 것을 권고했다. 이 장에서는 특히 당시의 정치사회 현실에 대한 장자의 극도의 실망감과 혐오감이 짙게 묻어난다. 또한 장자의 처세 태도는 공자 같은 유가 성인의 그것과 뚜렷이 구별됨을 알 수 있다. 공자는 사람들을 덕으로 감화하고, 교육으로 변화시키고자 하지만, 장자는 미덕을 사람들에게 전파하고, 언어로 사람들을 교화하는 것을 극력 경계했다.

8

산 위의 나무는 재목이 되니 베임[伐]을 자초하고, 기름 등불은 어둠을 밝히니 불탐[燃]을 자초한다. 계수나무는 식용할 수 있으며, 그렇기 때문에 사람들이 베어가고, 옻나무는 옻칠하는 데 쓸 수 있으며, 그렇기 때문에 사람들이 잘라간다. 이렇듯 사람들은 모두 유용함의 쓸모는 알지만, 무용함의 쓸모는 알지 못한다.

山木自寇¹也, 膏火自煎也. 桂可食, 故伐之; 漆可用, 故割之. 人皆
산 목 자 구 야   고 화 자 전 야   계 가 식   고 벌 지   칠 가 용   고 할 지   인 개
知有用之用, 而莫知無用之用也.
지 유 용 지 용   이 막 지 무 용 지 용 야

주석 ────────────────────────────

1 自寇(자구): 베임을 자초함. '구'는 해침, 침범함. 여기서는 벌도伐倒, 즉 나무를 베어 넘김을 이름.

이는 「인간세」 전편의 두 번째 측면을 총괄하는 맺음말로, 세상 사람들이 단지 유용함의 좋은 점만 알고, 그 나쁜 점은 모르며, 또 무용함의 나쁜 점만 알고, 그 좋은 점은 모르는 세태를 개탄한다. 장자의 이같은 의식 관념의 저변에는 두말할 나위 없이, 도처에 위험이 도사린 당시의 정치사회적 현실에 대한 깊은 우려가 작용하고 있다. 요컨대 유용함과 유위함은 필시 해롭고 화가 되는 반면, 무용함과 무위함이야말로 진정 이롭고 복이 된다. 그러므로 사람이 일신을 온전히 보전하기 위해서는 '부재지목', 즉 재목이 못 되는 나무들이나 꼽추 같은 불구자가 웅변으로 보여주는 무용위대용의 이치를 절실히 깨닫고 실천할 것이며, 절대로 경솔히 세상에 크게 쓰이며 부귀공명을 추구하려 들어서는 안 된다는 것이 장자의 생각이다.

제5편

덕충부

德
充
符

：

「덕충부편德充符篇」은 인간의 정신세계가 갖는 중대한 의의와, 우리가 어떻게 우주 만물의 본원과 하나 되는 정신세계를 가질 것인가에 대해 논술했다. 여기서 이른바 '덕德'은 인간 내면의 미덕으로, 곧 장자가 주창한, 대도를 체득하고 만물을 초월하는 정신세계를 지칭한다. '충'은 충실함, 충만함, 완미完美함을 뜻하고, '부'는 증험證驗함, 실증함을 뜻한다. 결국 '덕충부'란 안으로 덕이 충만·완미하여 밖으로 은근한 빛을 발하며 그 진가를 증험함을 말한다.

이 편은 모두 6장으로 나뉜다. 장자는 덕의 완미와 증험을 설명하기 위해 앞 다섯 장에서 왕태王駘, 신도가申徒嘉, 숙산무지叔山無趾, 애태타哀駘它, 인기지리무순闉跂支離無脤, 옹앙대영甕㼜大癭 등 몸이 불구이거나 용모가 추한 사람을 허구했다. 한데 그들은 모두 육체의 미추를 뛰어넘어 내덕內德을 닦는 데 진력한 결과 그야말로 '덕충'하여 한없이 숭고한 정신세계를 가지게 된 사람들이다. 그들은 스스로 자신들의 아름답지 못한 외모를 초월하는 데 그치지 않고, 또한 능히 자신들을 대하는 다른 사람들로 하여금 그 신체의 불구와 용모의 추함을 망각하게 할 뿐만 아니라, 자석이 쇠를 끌어당기듯 엄청난 흡입력으로 다른 사람들이 그들을 경애하고 흠모하게까지 한다. 이는 곧 '덕충부'의 실황을 여실히 보여주는 것이다.

이 일련의 인물 형상을 통해 장자가 주장하고자 하는 것은 곧 사람들이 보편적으로 갖는 외모의 미추에 대한 관념을 타파하고, 정신과 영혼의 완미한 경지를 더욱 중시해야 한다는 것이다. 이러한 논지의 이론적 근거는 「제물론편」에서 극력 설파한 우주 만물은 다 한가지라는 논리이다. 장자의 견해에 따르면, 우주 만물은 모두 도에서 근원하고 있으며, 따라서 그 외관의 천차만별에도 불구하고 본질적으로는 결코 어떠한 차이도 없으며, 궁극에는 하나로 귀결된다. 장자는 이같은 논리에서 출발해 이른바 '망형忘形'과 '망정忘情'의 관념을 체현體現·구현할 것을 권면했다. '망형'이란 형체(육체)의 미추를 망각(초월)함이니, 물아(외물과 자아)도 하나요, 생사도 하나다. '망정'은 인간 특유의 보편적이고 세속적인 감정을 망각함이니, 영욕도 없고, 귀천도 없으며, 시비도 없고, 호오도 없다. 이렇게 볼 때, 장자가 말하는 '덕'이란 또한 곧 '망형'과 '망정'의 정신적 경지나 다름이 없다.

장자는 마지막 장에서는, 혜자가 '익생益生', 즉 자신의 본연 생명에 인위로 어떤 것을 더함으로써 내덕을 충만케 하지도 못할 뿐만 아니라 심신을 속속들이 상하게 하는 것을 예로 들어, 수덕修德의 관건은 '망형'과 '망정'에 있음을 반증했다. 요컨대 꿔모뤄郭沫若가 이른 대로, 장자는 인간의 '절대적인 정신'의 작용과 의의가 '상대적인 형체'의 그것을 훨씬 능가 내지 초월한다는 이치를 설파하고 있는 것이다.

1

　노나라에는 다리를 잘리는 형벌을 받고 외다리가 된 왕태라는 이가
있었는데, 그를 따라 배우는 제자가 공자를 따라 배우는 제자만큼 많
았다. 상계常季가 공자께 여쭈었다. "왕태는 다리를 잘리는 형벌을 받
은 사람인데, 그를 따라 배우는 제자와 선생님의 제자가 각각 똑같이
노나라 전체 학생의 절반을 차지하고 있습니다. 그는 서서도 가르침
을 주지 않고, 앉아서도 진리를 논하지 않는데, 제자들은 머리가 텅 빈
채로 그에게 갔다가 학식이 꽉 차서 돌아옵니다. 설마 말하지 않는 가
르침만이 있어서, 구체적인 형태의 가르침을 행하지 않고도 제자들이
마음으로 느끼고 저절로 감화되게 하는 것입니까? 저이는 도대체 어
떤 사람입니까?" 공자께서 말씀하셨다. "그 선생님은 성인이시다. 나
도 학문과 식견이 그분에게 뒤지지만, 아직 찾아가서 가르침을 청하
지 못했을 뿐이로다! 그래서 나도 장차 그분을 스승으로 모시려고 하
는데, 하물며 나보다 못한 사람들이야 어찌 그러지 않을 수 있겠느냐?
또한 그 어찌 노나라 사람에 그치겠느냐? 나는 장차 온 천하 사람들

을 다 이끌고 가서 함께 그분을 따라 배울 것이다."

상계가 말했다. "저 다리를 잘리는 형벌을 받은 이가 선생님을 능가한다면, 보통 사람들과는 그 수준 차이가 엄청나겠군요. 저런 사람은 그 사상 관념이 도대체 어떠합니까?" 공자께서 말씀하셨다. "죽음과 삶이 물론 큰일이지만, 그 또한 그로 하여금 어떤 심리적 변화를 가져오게 할 수 없고, 설령 천지가 뒤집힌다고 하더라도, 그 또한 그로 하여금 어떤 정신적 상실감을 갖게 할 수 없다. 그는 한없이 진실한 대도를 깨달아 온갖 사물의 변천에 휘둘리지 않고, 능히 만물의 변화에 순응하며 대도의 근본정신을 굳게 지킨다." 상계가 말했다. "그게 무슨 말씀입니까?" 공자께서 말씀하셨다. "사물의 상이한 점에서 보면 서로 인접한 간과 쓸개도 초나라와 월나라처럼 머나멀고, 사물의 상동한 점에서 보면 만사 만물이 다 한가지이다. 무릇 그와 같이 만물은 다 한가지라는 이치를 깨달은 사람은 귀와 눈이 마땅히 하는 일조차 알지 못하고, 미덕이 지극히 조화로운 경지에 자신의 마음을 노닐게 하며, 만물을 모두 다 한가지라고 여기는 까닭에, 자신이 잃어버린 것을 보지 못하므로, 자신의 다리를 잃어버린 것을 마치 흙덩이를 잃어버린 것처럼 여기는 것이다."

상계가 말했다. "저이는 단지 자기 자신을 수양할 따름으로, 지혜를 써서 만물을 분별하는 마음을 기르고, 다시 만물을 분별하는 마음에 의거해 만물을 분별하지 않는 영원불변의 마음을 길렀는데, 사람들이 어째서 그에게로 모여드는 겁니까?" 공자께서 말씀하셨다. "사람은 흐르는 물에는 자신을 비추지 않고, 고요히 멈춰 괴어 있는 물에 자신을 비춰 보는 법이다. 그처럼 오직 고요히 멈춰 있는 것만이 비로소 다른 것을 고요히 멈추게 할 수가 있다. 무릇 땅에서 생명을 받은 수많은 초목 가운데, 오직 소나무와 잣나무만이 자연의 정기正氣를 간직하여 겨울이나 여름이나 푸르고 푸르다. 하늘에서 생명을 받은 수많은 사람 가운데, 오직 요임금과 순임금만이 허정 무위한 정기를 획득하여 만물의 우두머리가 되었다. 또한 요·순임금은 다행히 스스로 그 심성을 바르게 길러 뭇사람들의 품성을 바로잡았다. 애초의 정기와 천성을 보전한 사람의 특징은 두려움을 모르는 용맹한 기개가 넘친다는 것인데, 예를 들면 용사 한 사람이 천군만마를 향해 돌진하는 것과 같은 것이다. 공명을 추구하며 자기 자신에게 엄격히 요구하는 사람도 오히려 이와 같거늘, 하물며 천지를 주재하고 만물을 포용하며, 단지 육체는 정신의 우소寓所(임시로 거주하는 곳)요, 귀와 눈을 비롯한 감관은 헛된 물상物象에 지나지 않는 것으로 여기는가 하면, 사람의 지혜로 알 수 있는 사물은 모두 다 같은 것이라 생각하며 인간 본연의 참된 마음을 잃지 않는 사람이야 더 말할 나위가 있겠느냐? 왕태 저분은 장차 머지않아 고원高遠한 경지에 올라 세속을 초탈할 것이므로, 사람들이 저분을 따르는 것이다. 하지만 저분이 어찌 또 기꺼이, 제자를 모아 가르치는 것을 자신이 해야 할 일로 생각하겠느냐?"

魯有兀者[1]王駘,[2] 從之遊[3]者, 與仲尼[4]相若.[5] 常季[6]問於仲尼曰: "王
노유올자 왕태 종지유 자 여중니 상약 상계 문어중니왈 왕

駘, 兀者也, 從之遊者與夫子中分[7]魯. 立不教, 坐不議,[8] 虛而往, 實
태 올자야 종지유자여부자중분 로 입불교 좌불의 허이왕 실

而歸. 固有不言之教, 無形而心成[9]者邪? 是何人也?" 仲尼曰: "夫
이귀 고유불언지교 무형이심성 자야 시하인야 중니왈 부

子, 聖人也. 丘也, 直[10]後而未往耳! 丘將以爲師, 而況不若丘者乎?
자 성인야 구야 직 후이미왕이 구장이위사 이황불약구자호

奚假[11]魯國? 丘將引天下而與從之."
해가 노국 구장인천하이여종지

常季曰: "彼兀者也, 而王[12]先生, 其與庸[13]亦遠矣. 若然者, 其用心[14]
상계왈 피올자야 이왕 선생 기여용 역원의 약연자 기용심

也獨[15]若之何?" 仲尼曰: "死生亦大矣, 而不得與之變[16]; 雖天地覆
야독 약지하 중니왈 사생역대의 이부득여지변 수천지복

墜, 亦將不與之遺.[17] 審乎無假[18]而不與物遷, 命[19]物之化而守其宗[20]
추 역장불여지유 심호무가 이불여물천 명 물지화이수기종

也." 常季曰: "何謂也?" 仲尼曰: "自其異者視之, 肝膽楚越也; 自其
야 상계왈 하위야 중니왈 자기이자시지 간담초월야 자기

同者視之, 萬物皆一也. 夫若然者, 且不知耳目之所宜,[21] 而遊心乎
동자시지 만물개일야 부약연자 차부지이목지소의 이유심호

德之和; 物視其所一而不見其所喪, 視喪其足猶遺土也."
덕지화 물시기소일이불견기소상 시상기족유유토야

常季曰: "彼爲己,[22] 以其知[23]得其心,[24] 以其心得其常心,[25] 物[26]何爲
상계왈 피위기 이기지 득기심 이기심득기상심 물 하위

最[27]之哉?" 仲尼曰: "人莫鑑於流水, 而鑑於止水,[28] 唯止能止衆止.
최 지재 중니왈 인막감어유수 이감어지수 유지능지중지

受命於地, 唯松柏獨也正, 在冬夏青青; 受命於天, 唯堯舜獨也正,
수명어지 유송백독야정 재동하청청 수명어천 유요순독야정

在萬物之首.[29] 幸能正生,[30] 以正衆生. 夫保始[31]之徵,[32] 不懼之實[33]
재만물지수 행능정생 이정중생 부보시 지징 불구지실

勇士一人, 雄入[34]於九軍.[35] 將求名而能自要[36]者, 而猶若是, 而況官[37]
용사일인 웅입 어구군 장구명이능자요 자 이유약시 이황관

天地, 府[38]萬物, 直寓六骸,[39] 象耳目,[40] 一知之所知,[41] 而心未嘗
천지 부 만물 직우육해 상이목 일지지소지 이심미상

死[42]者乎? 彼且[43]擇日[44]而登假,[45] 人則從是[46]也. 彼且何肯以物爲事
사 자호 피차 택일 이등하 인즉종시 야 피차하긍이물위사

乎?"
호

주석

1 兀者(올자): 다리를 잘리는 형벌을 받은 사람. '올'은 월형刖刑, 즉 다리(일설에는

발뒤꿈치)를 베는 형벌. 「양생주편」에 나오는 우사가 외다리(介)인 것도 월형을 받았기 때문인 것으로 보임.

2 王駘(왕태): 장자가 허구한 이상적 인물. '왕'은 사람들에게 존경과 숭배를 받는다는 뜻을 암시함. '태'는 노둔한 말(馬)로, '대지약우大智若愚', 즉 지극히 지혜로운 사람은 자신의 재덕을 과시하지 않으므로 겉으로 보기에는 오히려 어리석어 보인다는 뜻을 내포 암시함.

3 遊(유): 유학遊學함, 즉 스승을 따르며 배움.

4 仲尼(중니): 공자의 자字.

5 相若(상약): 상등相等. 서로 비슷하거나 같음.

6 常季(상계): 노나라 현인. 일설에는 공자의 제자라고도 함.

7 中分(중분): 반으로 똑같이 나눔. 곧 각각 절반을 차지함.

8 立不教, 坐不議(입불교, 좌불의): 서서도 가르침을 주지 않고, 앉아서도 의론을 내지 않음. 여기서 '입'·'좌', 즉 '서서' 또 '앉아서'라고 함은 사실상 '언제 어디서나', '어떤 경우에도'라는 말.

9 無形而心成(무형이심성): 구체적인 가르침 없이 제자들을 감화시킴. '형'은 눈으로 볼 수 있는 구체적인 교육 활동을 이름. '심성'은 마음으로 느끼고 저절로 화성化成되고 감화됨을 이름.

10 直(직): 단지, 다만.

11 奚假(해가): 하지何止, 즉 "어찌 ~에 그치겠느냐?" 『이아爾雅』에서 '가假'는 이르의 뜻이고, 이르는 지止의 뜻이라고 함.

12 王(왕): 능가함, 나음.

13 庸(용): 용인庸人, 범인凡人. 보통 사람.

14 用心(용심): 사상思想. 일설에는 심지心智를 운용함.

15 獨(독): 도대체.

16 變(변): 변화. 여기서는 특히 심리적 변화를 가리킴.

17 遺(유): 상실. 여기서는 특히 정신적 상실감을 가리킴.

18 審乎無假(심호무가): 지극히 진실한 대도를 앎. '심'은 앎, 이해함. '무가'는 진실함. 곧 대도를 가리킴. 여기서 '가'를 진가眞假의 '가'라는 뜻으로 새기는 것은 『장자』 「천도편天道篇」의 "(지인至人은) 한없이 진실한 대도를 깨달아 세속의 명리에 휘둘리지 않고, 능히 만물의 참 본성을 궁구하며 그 근본인 대도의 정신

을 굳게 지킬 수가 있다[審乎無假而不與利遷, 極物之眞, 能守其本]"에서 '진眞'과 '가假'
를 서로 대비시키고 있는 데에 근거함. 일설에는 '심'은 처處함, '무가'는 무
대無待, 즉 의지하는 바가 없다는 뜻이라고도 함.

19 命(명): 맡김, 순응함. 일설에는 주재主宰함이라고 하나 무리가 있어 보임.

20 宗(종): 근본. 곧 대도의 근본정신.

21 耳目之所宜(이목지소의): 이목, 즉 귀와 눈의 마땅한 작용. 이목의 기본 작용은
소리와 색깔을 분별하는 것. 한데 '제물', 즉 만물이 다 한가지라면 이목은 별
쓸모가 없어짐. 이는 곧 장자가 제물론을 견지함으로써 도달하게 된 필연적 결
론임.

22 彼爲己(피위기): 왕태는 단지 자기 자신을 수양할 따름임. '피'는 왕태를 가리킴.
'위기'는 수기修己, 자수自修.

23 知(지): 지智와 같음.

24 心(심): 사물을 분별할 수 있는 마음.

25 常心(상심): 영원불변의 마음. 곧 도의 참뜻을 깨달아 사물을 분별하지 않을 수
있는 마음. 여기서는 죽고 사는 문제로도 변화하지 않고, 천지가 뒤집혀도 상
실감을 갖지 않는 마음을 가리킴.

26 物(물): 인물, 사람. 곧 왕태의 제자들을 가리킴.

27 最(최): 모임[聚]. 귀의함.

28 鑑於止水(감어지수): (사람들이) 흐르지 않고 고요히 괴어 있는 물에 자신을 비춰
봄. 이는 허정 무위한 왕태는 마치 고요히 멈춰 있는 물과 같아서 사람들이 그
에게 가까이 다가가려고 하는 것이지, 결코 그 자신이 사람들이 모여들기를 바
라는 것이 아님을 비유함. '지수'는 정지靜止해 있는 물.

29 "受命於地(수명어지)…" 6구: 통행본에는 "수명어지受命於地, 유송백독야재唯松
柏獨也在, 동하청청冬夏青青; 수명어천受命於天, 유순독야정唯舜獨也正"이라고 되
어 있으나, 천꾸잉을 따라 초횡焦竑의 고증과 장군방본에 근거해 일곱 자를 보
충해 바로잡음.

30 正生(정생): 정성正性. 심성을 바르게 함.

31 保始(보시): 애초의 정기 내지 천성을 보전함.

32 徵(징): 징효徵效, 효험. 또는 특징.

33 實(실): 실질. 여기서는 정신, 기개를 이르는 것으로 이해됨.

34 雄入(웅입): 용감히 달려들어 감, 곧 돌진함.

35 九軍(구군): 천군만마. '구'는 (군사가) 많음을 나타냄.

36 自要(자요): 스스로 자기 자신에게 요구함.

37 官(관): 주재함.

38 府(부): 포용함. 곧 가슴에 품음.

39 直寓六骸(직우육해): 단지 자기 자신(정신)을 육체에 맡길 뿐임. 성인은 육체보다는 정신을 귀히 여겨서, 육체란 단지 정신의 우소에 지나지 않는다고 봄. '직'은 단지, 다만. '육해'는 두 팔, 두 다리, 머리 그리고 몸뚱이를 이르는 말. 곧 신체, 육체.

40 象耳目(상이목): 귀와 눈을 비롯한 감관을 단지 물상으로 여김. 성인은 각종 감관을 적극 활용하지 않으므로 시각, 청각 등의 기능들은 망각한 채, 감관을 단지 헛된 물상 내지는 장식품에 지나지 않는다고 봄.

41 一知之所知(일지지소지): 사람의 지혜로 알 수 있는 사물을 다 한가지로, 다 같은 것으로 여김. '일'은 동사로, 동일함. 앞의 '지'는 지智와 같음.

42 心未嘗死(심미상사): 인간 본연의 참된 마음을 잃지 않음. 이를 선영은 상심常心, 즉 영원불변의 숭고한 마음을 길러서 죽고 사는 문제로도 변화하지 않는 것이라고 함. 석감산의 풀이에 따르면, '심'은 본진本眞의 마음, 즉 인간 본유本有의 참된 마음. '사'는 상실함, 잃음.

43 且(차): 장차.

44 擇日(택일): 지일指日, 즉 미구未久에, 머지않아.

45 登假(등하): 고원한 경지에 오름. 선영이 이른 대로, 유세독립遺世獨立, 즉 속세를 벗어나 유유히 홀로 우뚝 섬을 가리킴. '하'는 하遐와 같음. 嗚,「대종사편」"등격어도登假於道"의 '격'은 이르다(至)라는 뜻으로, 이와는 다름.

46 是(시): 지之와 같음. 왕태를 가리킴.

해설

왕태는 죄를 짓고 월형을 받아 외다리가 된 신체 불구자다. 하지만 장자가 볼 때, 그는 도가 사상의 수양과 덕성이 지극히 높은 경지에 이른 이상적 인물의 전형으로, 영원불변의 "진실한 대도를 깨달아 온 갖 사물의 변천에 휘둘리지 않으며, 능히 만물의 변화에 순응하며 대도의 근본정신을 굳게 지"키며 '제물', 즉 만물은 다 한가지라는 관점에 입각해 세상의 만사 만물을 대한다. 그는 비록 제자를 받아들여 전도傳道할 뜻이 없지만, 그에게 배우고픈 이들은 스스로 달려오고, 심지어 공자조차도 장차 그를 스승으로 모시고자 한다. 그 까닭은 다른 게 아니다. 대도의 본질과 정신에 통달한 그가 자신의 신체적 결함은 까마득히 잊은 채, 오로지 내덕, 즉 내면의 미덕을 한껏 충실히 하여, 생활 속에서 몸으로 대도를 증명하며 현묘한 진리의 향기를 풍기기 때문이다. 그리하여 그는 "서서도 가르침을 주지 않고, 앉아서도 진리를 논하지 않지만" 사람들은 너나없이 마음으로 느끼고 저절로 감화된다는 게 장자의 주장이다.

2

신도가는 다리를 잘리는 형벌을 받은 사람인데, 정나라 자산子産과 같이 백혼무인伯昏無人을 스승으로 모시고 있었다. 자산이 신도가에게 말했다. "내가 먼저 나가면 자네는 남아 있고, 자네가 먼저 나가면 내가 남아 있기로 하세." 그다음 날, 두 사람은 또 같은 방 같은 자리에 앉게 되었다. 자산이 신도가에게 말했다. "내가 먼저 나가면 자네는 남아 있고, 자네가 먼저 나가면 내가 남아 있겠네. 지금 내가 나가려고 하는데, 자네 여기에 남아 있을 수 있는가, 아니면 남아 있을 수 없는 가? 한데 자네는 집정대신執政大臣인 나를 보고도 피하지를 않는데, 자네는 자신이 집정대신과 대등하다고 생각하는가?" 신도가가 말했다. "우리 선생님의 문하에 어찌 이런 집정대신이 있단 말인가? 자네는 자신이 집정대신이라고 득의양양하여 다른 사람을 깔보는 것인가? 내가 듣기로 '거울이 맑은 것은 먼지가 쌓이지 않았기 때문이요, 일단 먼지가 쌓이면 거울은 맑을 수가 없다. 또 오랫동안 현인과 함께 지내면 과오가 없게 된다'고 했네. 한데 지금 자네가 배우고 추구하는 것 가운데 가장 중요한 것은 분명 우리 선생님의 도덕과 학문일 텐데, 엉뚱하게 그런 말을 하다니, 너무 지나치지 않은가?"

자산이 말했다. "자네는 이미 이처럼 불구가 되었는데도, 오히려 요임금 같은 성현과 미덕을 겨루려고 하는구면. 자네 평소의 행실이 어떠했는지 돌아봐야지, 그런데도 스스로 반성하지 못하겠는가?" 신도가가 말했다. "(죄를 짓고 다리를 잘리는 형벌을 받은 후) 자신의 과오를 변명하며, 다리를 잘리는 형벌을 받은 것이 부당하다고 생각하는 사람은 많아도, 자신의 과오를 변명하지도 않으며, 형벌을 받지 않고 다리를 온전히 지키는 것은 옳지 않다고 생각하는 사람은 적다네. 사람이 어찌할 도리가 없음을 알고 편안히 운명으로 받아들이는 것은, 오직 유덕자만이 그렇게 할 수가 있지. 사람은 늘 명궁수 예羿의 사정거리 안에서 노닐게 되는데, 그 한가운데는 특히 화살을 맞기 쉬운 곳이라네. 한데도 화살을 맞지 않는 것은 그야말로 운명일 뿐이지. 예전에 사람들이 자기들은 두 다리가 멀쩡하다고 내가 다리가 불구인 것을 비웃는 경우가 많아서, 그때는 내가 발끈하고 화를 많이 냈었네. 한데 그러다 우리 선생님 처소에 오고 나서는 화난 마음이 싹 가시면서 평정을 되찾았지. 그것은 바로 선생님께서 선도善道로써 나를 훈도하셨기 때문이란 걸 자네는 모르겠나? 내가 선생님을 따라다니며 공부한 지가 십구 년이 되지만, 여태 내가 형벌로 다리를 잘린 사람이란 걸 모르고 있었네. 지금 자네와 나는 미덕의 정신세계에서 노닐며 배우고 있는데, 자네가 외모를 두고 나에게 이러쿵저러쿵하는 것은 아무래도 잘못이 아닌가?" 자산은 부끄러워 어찌할 바를 모르며 용모와 태도를 고치고 말했다. "자네 더는 말하지 말게. 그만, 잘 알겠네."

申徒嘉,[1] 兀者也, 而與鄭子産[2]同師於伯昏無人.[3] 子産謂申徒嘉曰:
신도가 올자야 이여정자산 동사어백혼무인 자산위신도가왈

"我先出則子止, 子先出則我止."[4] 其明日, 又與合堂[5]同席而坐. 子
아선출즉자지 자선출즉아지 기명일 우여합당 동석이좌 자

産謂申徒嘉曰: "我先出則子止, 子先出則我止. 今我將出, 子可
산위신도가왈 아선출즉자지 자선출즉아지 금아장출 자가

以止乎, 其[6]未邪? 且子見執政[7]而不違,[8] 子齊[9]執政乎?" 申徒嘉曰:
이지호 기미야 차자견집정 이불위 자제집정호 신도가왈

"先生之門, 固[10]有執政焉如此哉? 子而說[11]子之執政而後[12]人者也?
선생지문 고 유집정언여차재 자이열 자지집정이후 인자야

聞之曰: '鑑明則塵垢不止, 止則不明也.[13] 久與賢人處則無過.' 今
문지왈 감명즉진구부지 지즉불명야 구여현인처즉무과 금

子之所取大者, 先生也, 而猶出言若是, 不亦過乎?"
자지소취대자 선생야 이유출언약시 불역과호

子産曰: "子旣若是[14]矣, 猶與堯爭善.[15] 計子之德,[16] 不足以自反
자산왈 자기약시 의 유여요쟁선 계자지덕 부족이자반

邪?" 申徒嘉曰: "自狀[17]其過, 以[18]不當亡[19]者衆; 不狀其過, 以不當
야 신도가왈 자상기과 이부당망 자중 불상기과 이부당

存[20]者寡. 知不可奈何而安之若命, 唯有德者能之. 遊於羿之彀中,[21]
존 자과 지불가내하이안지약명 유유덕자능지 유어예지구중

中央者, 中地也;[22] 然而不中者, 命也. 人以其全足笑吾不全足者衆
중앙자 중지야 연이부중자 명야 인이기전족소오부전족자중

矣, 我怫然[23]而怒; 而適[24]先生之所,[25] 則廢然[26]而反.[27] 不知先生之洗
의 아비연 이노 이적 선생지소 즉폐연 이반 부지선생지세

我以善²⁸邪? 吾與夫子遊十九年矣, 而未嘗知吾兀者也. 今子與我
아 이 선   야   오 여 부 자 유 십 구 년 의   이 미 상 지 오 올 자 야   금 자 여 아

遊於形骸之内,²⁹ 而子索³⁰我於形骸之外,³¹ 不亦過乎?"子産蹴然³²
유 어 형 해 지 내   이 자 색   아 어 형 해 지 외   불 역 과 호   자 산 축 연

改容更貌曰: "子無乃稱³³!"
개 용 경 모 왈   자 무 내 칭

주석

1 **申徒嘉**(신도가): 성姓은 '신도', 이름은 '가'. 정나라 현인.

2 **子産**(자산): 성은 공손公孫, 이름은 교僑. '자산'은 그의 자字. 춘추시대 정나라 현상賢相.

3 **伯昏無人**(백혼무인): 장자가 허구한 인물.

4 **"我先**(아선)…"2구: 이는 자산이, 죄를 지어 형벌을 받고 외다리가 된 신도가와 함께 다니기를 꺼린다는 것을 나타냄.

5 **合堂**(합당): 동실同室.

6 **其**(기): 혹은, 그렇지 않으면.

7 **執政**(집정): 집정대신. 자산의 자칭.

8 **違**(위): 피함.

9 **齊**(제): 동등함, 대등함.

10 **固**(고): 어찌, 어떻게.

11 **說**(열): 열悅과 같음. 기뻐함, 득의함.

12 **後**(후): (사람을) 깔봄, 업신여김.

13 **"鑑明**(감명)…"2구: 거울이 맑은 것은 먼지가 쌓이지 않았기 때문이요, 일단 먼지가 쌓이면 거울은 곧 맑지 않게 됨. 이는 성현의 마음은 순수하고 청정하여 추호도 그릇된 생각이 없지만, 일단 그릇된 생각이 스며들면 마음은 곧 순수하지도 청정하지도 않게 됨을 비유함. 이는 결국 자산이 그처럼 잘못된 생각을 해서는 안 된다는 것을 지적 비판한 말.

14 **若是**(약시): 이와 같음〔如此〕. 곧 신도가가 형벌을 받아 불구의 몸이 된 것을 두고 하는 말.

15 爭善(쟁선): 미덕을 겨룸.

16 德(덕): 여기서는 선영이 이른 대로, 소행素行(평소의 행실)을 말함. 곧 신도가가 죄를 지은 전력을 두고 이르는 말.

17 狀(상): 진술함, 해명함, 변명함.

18 以(이): 이위以爲. ~라고 여김, 생각함.

19 亡(망): 형벌로 다리를 잘림을 가리킴.

20 以不當存(이부당존): 다리를 온전히 보존하는 것을 부당하게 생각함. 곧 스스로 죄를 지었으니 처벌을 받아 마땅하다고 여긴다는 말.

21 遊於羿之彀中(유어예지구중): 예의 사정거리 안에서 노닒. 곧 사람은 세상을 살아가면서 시시각각으로 위험에 처하게 됨을 비유함. '예'는 고대 신화 전설 속의 명궁수. '구중'은 화살이 미치는 범위 안. 곧 형망刑網·법망을 비유함.

22 中央者, 中地也(중앙자, 중지야): 그(예의 사정거리) 한가운데는 특히 화살을 맞기 쉬운 곳. 곧 자산이 처한 집정의 지위는 모순과 갈등이 끊이지 않아 위험하기 그지없는 자리임을 비유함. '중'은 적중함.

23 怫然(비연): 발끈 화를 내는 모양.

24 適(적): 감(往), 이름(至).

25 所(소): 처소, 우소.

26 廢然(폐연): 노기가 사라지는 모양.

27 反(반): 반返과 같음. (마음의) 평정을 되찾음.

28 洗我以善(세아이선): '이선세아以善洗我'와 같음. '세'는 세탁함. 곧 교육함, 훈도함. '선'은 선도善道, 미덕.

29 形骸之內(형해지내): 정신. 곧 덕을 가리킴. '형해'는 몸, 육체.

30 索(색): 찾음, 요구함. 곧 이러쿵저러쿵함.

31 形骸之外(형해지외): 외형, 외관, 외모.

32 蹴然(축연): 부끄러워하며 불안해하는 모양. 일설에는 공경하며 불안해하는 모양.

33 乃稱(내칭): 다시 더 말함. '내'는 잉仍과 같음. 거듭, 연거푸. '칭'은 말함(說).

신도가는 왕태와 마찬가지로, 월형을 받은 불구자이지만 내면의 덕성
은 뛰어난 인물이다. 자산은 중국 역사상 실제로는 훌륭한 정치가이
자 외교관이었다. 하지만 장자의 붓끝에서 그는 도가 사상의 정수를
깊이 깨닫지 못한, 부정적인 인물로 그려지고 있다. 신도가와 자산은
백혼무인 문하에서 동문수학하는 도반이지만, 두 사람의 정신세계는
사뭇 다르다. 자산은 신도가와 함께 다니는 것을 수치스럽게 여기는
가 하면, 집정대신인 자신을 어려워하지 않는 신도가의 태도를 심히
못마땅해한다. 명예와 지위를 중시하면서 사람을 차별하는 그의 허위
적인 형상이 아닐 수 없다. 반면 신도가는 자신이 전과자에 외다리인
것을 부끄러워하기보다는, 오히려 "어찌할 도리가 없음을 알고 편안
히 운명으로 받아들이며" 내재적 생명, 즉 정신과 영혼의 충실과 안녕
을 추구할 따름이다.

　장자의 대변자인 신도가가 볼 때, 이 세상은 하나의 커다란 법과 형
벌의 그물로, 세상 사람들은 누구나 마치 명궁수 예의 사정거리 안에
들어 있는 것과 같다. 그렇다면 사람이 어떠한 처세 태도를 가져야 한
단 말인가? 일단은 현실사회의 법망에 걸리든 걸리지 아니하든 그저
천명에 맡길 수 있는 의식이 요구된다. 아울러 육체는 단지 영혼의 우
소에 지나지 않으며, 부귀와 공명 또한 뜬구름과 같은 것일 뿐임을 알
아야 한다. 그리고 나아가 인간 생명의 본원은 육체의 완미가 아니라
정신의 미덕에 있음을 잊지 말고, 오로지 내덕의 충실을 기하기 위해
수양 정진해야 한다. 백혼무인은 바로 그 사표師表요, 신도가는 또 그
의 훌륭한 제자이다.

3

노나라에 형벌로 발가락을 잘린 숙산무지라는 사람이 있었는데, 발 뒤꿈치로 걸어서 공자를 찾아뵙자, 공자께서 말씀하셨다. "그대는 전부터 언행을 삼가지 않더니, 벌써 법을 어기고 화를 당해 이렇게 되었구면. 비록 오늘 나를 찾아왔지만 어찌 돌이킬 수가 있겠소?" 무지가 말했다. "저는 그저 오늘날의 시대적 조류와 형세를 알지 못하고 경솔히 처신했을 뿐인데, 바로 그 때문에 발가락을 잃게 되었습니다. 오늘 제가 선생님을 찾아온 것은 사실 발보다 존귀한 것이 존재하고 있기 때문인데요, 저는 그것을 힘써 보전하려고 합니다. 무릇 하늘은 덮어주지 않는 것이 없고, 땅은 실어주지 않는 것이 없습니다. 저는 본디 선생님을 하늘과 땅으로 여겼는데, 선생님께서 뜻밖에도 이처럼 육체에 얽매여 계신 줄을 어떻게 알았겠습니까?" 공자께서 말씀하셨다. "내가 좀 천박하고 고루하오. 선생은 어찌 들어오지 않으시오? 선생이 평소 들어서 아는 바를 좀 말해주시오." 무지가 그냥 가버리자 공자께서 말씀하셨다. "제자들아, 더욱 노력하여라. 저 무지는 형벌로 발가락을 잘린 사람인데도 오히려 저렇듯 열심히 배워서 지난날에 행한 잘못을 다시 보완하려 하거늘, 하물며 신체가 온전한 사람이야 더 말할 나위가 있겠느냐?"

무지가 노자에게 말했다. "공자는 지인至人의 경지에는 아직 이르지 못했지요? 한데 그이는 어째서 끊임없이 학자로 자처하는 겁니까? 그이는 또 기이하고 허망한 명성이 널리 알려지기를 바라는데, 설마 지인은 그 같은 명성을 단지 자신을 속박하는 멍에로 여긴다는 걸 모른단 말입니까?" 노자께서 말씀하셨다. "그대는 어찌 직접 그로 하여금 죽음과 삶을 한가지로 여기고, 가함과 불가함을 같은 것으로 여기게 하여 그 멍에를 풀어주지 않는가, 그러면 되지 않겠나?" 무지가 말했다. "그건 하늘이 그에게 형벌을 내린 것인데, 어떻게 그 멍에를 벗어날 수 있겠습니까?"

魯有兀者叔山無趾[1], 踵[2]見仲尼. 仲尼曰: "子不謹前,[3] 旣犯患[4]若是
노유올자숙산무지   종현중니   중니왈   자불근전   기범환 약시

矣. 雖今來, 何及矣[5]?" 無趾曰: "吾唯不知務[6]而輕用吾身,[7] 吾是以
의 수금래 하급의   무지왈   오유부지무 이경용오신   오시이

亡足. 今吾來也, 猶[8]有尊足者[9]存, 吾是以務全之也. 夫天無不覆,
망족 금오래야   유 유존족자 존 오시이무전지야   부천무불복

地無不載, 吾以夫子爲天地, 安知夫子之猶若是[10]也?" 孔子曰: "丘
지무부재 오이부자위천지 안지부자지유약시 야   공자왈   구

則陋[11]矣! 夫子胡不入乎? 請講以所聞." 無趾出.[12] 孔子曰: "弟子勉
즉루 의   부자호불입호 청강이소문 무지출 공자왈   제자면

之! 夫無趾, 兀者也, 猶務學以復補前行之惡, 而況全德[13]之人乎!"
지 부무지 올자야 유무학이복보전행지악 이황전덕 지인호

無趾語老聃[14]曰: "孔丘[15]之於至人, 其未邪? 彼[16]何賓賓[17]以學子[18]
무지어노담왈   공구 지어지인 기미야   피 하빈빈 이학자

爲? 彼且蘄[19]以諔詭幻怪[20]之名聞, 不知至人之以是[21]爲己桎梏[22]
위 피차기 이숙궤환괴 지명문 부지지인지이시   위기질곡

邪?" 老聃曰: "胡不直使彼以死生爲一條,[23] 以可不可[24]爲一貫者,
야   노담왈   호부직사피이사생위일조   이가불가 위일관자

解其桎梏, 其可乎?" 無趾曰: "天刑之,[25] 安可解!"
해기질곡 기가호   무지왈   천형지   안가해

주석 ─────────────────────────────

1 叔山無趾(숙산무지): 허구의 인물. '숙산'은 자字, 일설에는 복성複姓. '무지'는 월
  형을 받아 발가락이 잘린 데서 붙여진 이름.

2 踵(종): 발(뒤)꿈치. 여기서는 동사로, 발꿈치로 걸음.

3 前(전): 이는 육덕명의 견해에 따라 위 '자불근子不謹'에 붙여 읽음. 일설에는 아래 구절에 붙여 읽음.

4 犯患(범환): 범법, 즉 법을 어기고, 화환禍患을 당함. 곧 월형을 받은 일을 두고 이름.

5 何及矣(하급의): "어떻게 미칠(따라잡을) 수 있는가?" 곧 이미 돌이킬 수 없다는 말. '의'는 호乎와 같음. 의문조사.

6 務(무): 세무世務, 시무時務. 곧 당면한 사회적 중대사, 당면한 시대적 조류와 형세.

7 輕用吾身(경용오신): 곧 처신·처세를 경솔히 함을 이름.

8 猶(유): 오히려, 즉 일반적인 생각과는 다르게, 뜻밖에도. 여기서는 '사실'(부사)이란 뜻을 내포하므로 그같이 옮김.

9 尊足者(존족자): 즉 존어족자尊於足者. 발보다 존귀한 것. 곧 정신 또는 덕성·도덕을 가리킴.

10 若是(약시): 이와 같음. 곧 형해形骸, 즉 육체에 얽매여 있음을 이름.

11 陋(루): (식견이) 천루淺陋함, 즉 천박하고 고루함.

12 出(출): 여기서는 (안으로 들지 않고) 바로 가버림. 일설에는 (안으로 들어와 이야기를 마치고) 나감을 이른다고 하나, 공자에 대한 실망이 큰 무지의 심경에 비춰볼 때 설득력이 떨어짐.

13 全德(전덕): 석감산, 장모어성에 따르면 '전체'와 같음. 곧 형체 내지 육체가 완전함. 일설에는 도덕이 완미함을 이른다고 하나, 전후 문맥에 비춰볼 때 적절치 않음.

14 老聃(노담): 즉 노자. 성姓은 이李 씨이고, 이름은 이耳, 자字는 담聃으로 알려짐.

15 孔丘(공구): 여기서 무지가 공자를 그 이름(丘)으로 지칭한 것을 보면, 존경심이 사라졌음을 알 수 있음.

16 彼(피): 공자를 가리킴.

17 賓賓(빈빈): 빈빈頻頻과 같음. 빈번히. 여기서는 끊임없이, 줄곧, 언제나. 일설에는 왕래하는 모양. 곧 이곳저곳을 돌아다니며.

18 學子(학자): 『장자』「도척편盜跖篇」의 '학사學士'와 같음. 학자學者. 일설에는 '학어자學於子'와 같아서 선생님(노자를 가리킴)에게 배운다는 뜻이라고 함.

19 蘄(기): 기祈와 같음. 희구함, 추구함.

20 諔詭幻怪(숙궤환괴): 기괴하고 궤탄詭誕함, 기이하고 허망함. 공자의 인의예악仁義禮樂 주장은 노장의 청정무위 사상과 대립되므로, 공자가 추구하는 바를 두고 '숙궤환괴'라고 한 것.

21 是(시): 차此, 기其. 곧 '이숙궤환괴지명문以諔詭幻怪之名聞'을 가리킴.

22 桎梏(질곡): 고대의 형구로, '질'은 죄인의 발목에 채우는 족쇄·차꼬이고, '곡'은 손목에 채우는 수갑. 여기서는 이로써 속박, 멍에를 비유함.

23 一條(일조): 같음, 한가지. 아래의 '일관一貫'도 이와 같은 뜻임.

24 可不可(가불가): 곧 시비를 이르는 것으로 이해됨.

25 天刑之(천형지): 하늘이 그를 형벌(징벌)함. 곧 공자의 주장이나 행위는 인간의 천성에 위배되는 것이며, 따라서 공자는 결코 정신의 자유를 얻을 수 없다는 말.

해설

숙손무지 역시 형벌로 발가락이 잘린 사람이다. 이에 공자는 무지가 평소 언행을 함부로 하다 그 지경이 된 것이라며 핀잔을 준다. 장자의 대변자인 무지가 보기에, 공자는 이처럼 천박하고 고루하게도 육체를 중히 여긴다. 그뿐이 아니다. 인의를 강조하면서 기이하고 허망한 명성의 추구에 집착한다. 반면 무지 자신은 육체보다는 정신과 덕을 중시하는가 하면, 생사를 달관하고, 시비를 초월하면서 명리를 도외시한다. 그렇기 때문에 세속적인 속박과 멍에에서 벗어나지 못하는 공자가 못내 안타깝다. 요컨대 사람은 숭고한 정신세계를 추구해야 한다는 얘기다.

4

　노나라 애공哀公이 공자에게 물었다. "위衛나라에 아주 못생긴 사람이 있는데, 그 이름은 애태타哀駘它라고 하오. 한데 남자들이 그와 함께 지내면 그에게 매료되어 떠나지를 못하고, 여자들이 그를 보면 부모에게 청해 말하기를 '다른 사람의 정처가 되느니 차라리 애태타 선생님의 첩실이 되는 게 낫겠습니다'라고 하는 이가 수십 명도 넘는다오. 일찍이 그 누구도 그가 뭔가를 앞장서서 주장하는 것을 들은 이가 없으며, 그는 그저 늘 다른 사람의 의견에 맞장구를 칠 뿐입니다. 그는 사람들을 죽음에서 구제할 수 있는 통치자의 지위도 없고, 사람들의 배를 채워줄 수 있는 양식이나 재물을 모아놓은 것도 없소. 게다가 그는 못생기고 흉한 용모 때문에 세상 사람들을 놀라게 할 뿐만 아니라, 그저 다른 사람에게 맞장구는 치지만 뭔가 앞장서서 주장하지는 않으며, 견문과 지식은 겨우 위나라에 관한 것을 벗어나지 못하오. 그런데도 여자 남자 할 것 없이 모두가 그의 주변으로 모여드는데, 이런 사람은 분명히 보통 사람과는 다른 뭔가가 있을 겁니다. 하여 과인이 그를 불러서 보았더니, 과연 그 추한 모습이 세상 사람들을 놀라게 할 정도였소. 한데 그가 과인과 함께 지내기를 한 달도 되지 않았는데 과인은 그의 사람됨에 호감을 갖게 되었고, 일 년도 되지 않았는데 과인은 그를 신뢰하게 되었습니다. 마침 우리나라에 재상도 없고 하여, 과인이 그에게 국정을 맡기려고 했소. 그러자 그는 한참 멍하니 있다가 응답을 하는데, 덤덤한 모습이 마치 거절하려는 것 같았습니다. 과인은 스스로 부끄러운 마음이 들었소만, 결국은 그에게 나랏일을 맡겼습니다. 그런데 얼마 되지 않아 그는 과인을 떠나 멀리 가버렸소. 그러자 과인은 근심스럽고 울적한 마음이 들며 뭔가 귀한 것을 잃어버린 것 같았는데, 그야말로 이 나라에 더 이상 과인과 함께 즐거움을 나눌 사람이 없는 것 같았습니다. 그는 도대체 어떤 사람입니까?"

공자가 말했다. "제가 일찍이 초나라에 사신으로 갔다가 공교롭게도 새끼 돼지들이 죽은 어미의 젖을 빨고 있는 것을 보았습니다. 그런데 조금 있으려니까 새끼 돼지들이 놀라 눈이 휘둥그레져서 보더니 모두 어미를 버리고 달아났습니다. 새끼 돼지들은 어미가 자기들을 돌보지 않았기 때문에 그렇게 한 것이며, 어미가 뭔가 전과 같지 않았기 때문에 그렇게 한 것입니다. 결국 새끼 돼지들이 그 어미를 사랑한 것은 어미의 몸, 육신을 사랑한 것이 아니라, 어미의 육신을 주재하는 마음, 영혼을 사랑한 것이지요. 전쟁터에서 죽으면, 그 사람을 장사할 때는 관棺을 마련할 수 있는 상황이 아니니 관 장식품을 써서 장송할 필요는 더더욱 없고, 발이 잘리는 형벌을 받은 사람은 발이 없으니 그 신발을 애써 아끼고 말고 할 필요가 없는데, 그것은 모두 그 근본이 없기 때문입니다. 천자의 시녀가 되면 손톱도 자르지 않고, 귓불도 뚫지 않습니다. 그리고 아내를 얻은 남男 시종은 궁 밖에 머물러야 하고, 더 이상 본래의 일을 하지 못합니다. 육체가 건전한 이도 오히려 이처럼 천자의 애호를 받거늘, 더욱이 덕성이 완미한 사람이야 두말할 나위가 있겠습니까? 지금 애태타는 별말을 하지 않으면서도 다른 사람이 자신을 신뢰하게 하고, 아무런 공로가 없으면서도 다른 사람이 자신을 친애하게 하며, 급기야 다른 사람이 자기의 나랏일을 맡기면서도 오히려 그가 받아들이지 않을까 봐 두려워하게 하는데, 그는 필시 내덕이 완미하면서도 그 내면의 미덕을 결코 밖으로 드러내지 않는 사람일 것입니다."

애공이 말했다. "내덕이 완미하다는 게 무슨 말이오?" 공자가 말했
다. "생사와 존망, 궁달窮達과 빈부, 현능賢能함과 우둔함, 비방과 칭송,
배고픔과 목마름, 추위와 더위, 이런 것들은 모두 사물의 변화요, 천
명의 운행입니다. 한데 이런 것들은 밤낮으로 우리 눈앞에서 끊임없
이 서로 교체 반복되고 있지만, 우리의 지력智力으로는 그 각각이 어
떻게 일어나는지 알 수가 없습니다. 그러므로 이런 것들은 사람의 평
정한 본성을 어지럽히지도 못하고, 순수한 영혼과 정신 속으로 침범
해 들어오지도 못합니다. 요컨대 사람이 영혼과 정신으로 하여금 화
순和順·안락·통쾌하면서 그 본연의 희열의 정서를 잃지 않게 하는가
하면, 또한 밤낮으로 간단없이 만물과 하나되어 봄날의 생기를 간직
하게 하며, 그렇게 하여 외물과 환경에 순응하면서 내심으로 각각의
변화에 적응할 방법을 알게 되는 것입니다. 이러한 것을 내덕이 완미
하다고 합니다."

애공이 말했다. "그렇다면 내면의 미덕을 밖으로 드러내지 않는다
는 것은 무슨 말이오?" 공자가 말했다. "소위 평정이란 이를테면 물
(水)의 정지靜止 상태가 지극함에 이른 것입니다. 우리는 그것을 하나
의 표준으로 삼을 수 있는데, 물은 안으로 고도의 평정을 유지함으로
써 밖으로 조금의 동요도 일어나지 않지요. 소위 덕이란 곧 평화·평정
한 심리 상태·정신세계를 형성하는 수양입니다. 내면의 아름다운 덕
을 밖으로 드러내지 않는 사람은, 다른 사람들이 결코 그를 떠나지 못
합니다."

애공이 다른 날 민자閔子에게 일러 말했다. "처음에 나는 제위에 올

라 천하를 다스리며 백성의 기강을 바로 세우는가 하면, 그들이 죽거나 다치는 것을 걱정하면서, 스스로 치국의 이치에 아주 밝다고 생각했다. 한데 지금 성인의 말씀을 듣고 보니, 내가 참되고 진실한 덕도 없이 스스로 경솔히 행동하여 나라를 쇠망의 위기에 빠지게 한 게 아닌지 두렵다. 나와 공자는 임금과 신하의 관계가 아니라, 서로 덕으로 사귀는 벗일 따름이로다!”

魯哀公¹問於仲尼曰: “衛有惡人²焉, 曰哀駘它.³ 丈夫⁴與之處者,⁵
노 애 공 문 어 중 니 왈   위 유 악 인 언   왈 애 태 타   장 부 여 지 처 자

思⁶而不能去也. 婦人見之, 請於父母曰: ‘與爲人妻, 寧爲夫子妾’
사 이 불 능 거 야   부 인 견 지   청 어 부 모 왈   여 위 인 처   영 위 부 자 첩

者, 十數而未止⁷也. 未嘗有聞其唱⁸者也, 常和⁹人而已矣. 無君人¹⁰
자   십 수 이 미 지 야   미 상 유 문 기 창 자 야   상 화 인 이 이 의   무 군 인

之位以濟乎人之死, 無聚祿¹¹以望¹²人之腹. 又以惡駭天下, 和而不
지 위 이 제 호 인 지 사   무 취 록 이 망 인 지 복   우 이 악 해 천 하   화 이 불

唱, 知不出乎四域,¹³ 且而雌雄¹⁴合乎前, 是必有異乎人者也. 寡人¹⁵
창   지 불 출 호 사 역   차 이 자 웅 합 호 전   시 필 유 이 호 인 자 야   과 인

召而觀之, 果以惡駭天下. 與寡人處, 不至以月數,¹⁶ 而寡人有意¹⁷
소 이 관 지   과 이 악 해 천 하   여 과 인 처   부 지 이 월 수   이 과 인 유 의

乎其爲人也; 不至乎期年,¹⁸ 而寡人信之. 國無宰,¹⁹ 寡人傳國焉.²⁰
호 기 위 인 야   부 지 호 기 년   이 과 인 신 지   국 무 재   과 인 전 국 언

悶然²¹而後應, 氾然²²而若辭.²³ 寡人醜²⁴乎, 卒授之國. 無幾何也, 去
민 연 이 후 응   범 연 이 약 사   과 인 추 호   졸 수 지 국   무 기 하 야   거

寡人而行. 寡人卹焉²⁵若有亡也, 若無與樂是國²⁶也. 是何人者也?”
과 인 이 행   과 인 휼 언 약 유 망 야   약 무 여 락 시 국 야   시 하 인 자 야

仲尼曰: “丘也嘗使²⁷於楚矣, 適見㹠子²⁸食²⁹於其死母者. 少焉³⁰眴
중 니 왈   구 야 상 사 어 초 의   적 견 돈 자 식 어 기 사 모 자   소 언 순

若,³¹ 皆棄之而走. 不見己焉爾,³² 不得類³³焉爾. 所愛其母者, 非愛
약   개 기 지 이 주   불 견 기 언 이   부 득 류 언 이   소 애 기 모 자   비 애

其形也, 愛使其形者³⁴也. 戰而死者, 其人之葬也不以翣資³⁵; 刖³⁶
기 형 야   애 사 기 형 자 야   전 이 사 자   기 인 지 장 야 불 이 삽 자   월

者之屨,[37] 無爲愛之, 皆無其本[38]矣. 爲天子之諸御,[39] 不翦爪,[40] 不穿
자 지 구　무 위 애 지　개 무 기 본　의　위 천 자 지 제 어　부 전 조　불 천

耳; 取[41]妻者止於外, 不得復使.[42] 形全猶足以爲爾, 而況全德[43]之人
이　취 처 자 지 어 외　부 득 부 사　　형 전 유 족 이 위 이　이 황 전 덕　지 인

乎? 今哀駘它未言而信, 無功而親, 使人授己國, 唯恐其不受也, 是
호　금 애 태 타 미 언 이 신　무 공 이 친　사 인 수 기 국　유 공 기 불 수 야　시

必才全[44]而德不形[45]者也."
필 재 전　이 덕 불 형　자 야

哀公曰: "何謂才全?" 仲尼曰: "死生存亡,[46] 窮達[47]貧富, 賢與不肖,
애 공 왈　하 위 재 전　중 니 왈　사 생 존 망　　궁 달　빈 부　현 여 불 초

毀譽[48]·飢渴·寒暑, 是事之變, 命之行也; 日夜相代[49]乎前, 而知[50]不
훼 예　　기 갈　한 서　시 사 지 변　명 지 행 야　일 야 상 대　호 전　이 지　불

能規[51]乎其始者也. 故不足以滑和,[52] 不可入於靈府.[53] 使之和豫通[54]
능 규　호 기 시 자 야　고 부 족 이 골 화　　불 가 입 어 영 부　　사 지 화 예 통

而不失於兌,[55] 使日夜無郤[56]而與物爲春, 是接[57]而生時於心[58]者也.
이 불 실 어 태　　사 일 야 무 극　이 여 물 위 춘　시 접　이 생 시 어 심　자 야

是之謂才全."
시 지 위 재 전

"何謂德不形?" 曰: "平者, 水停[59]之盛[60]也. 其可以爲法[61]也, 内保之
하 위 덕 불 형　왈　평 자　수 정　지 성　야　기 가 이 위 법　야　내 보 지

而外不蕩也.[62] 德者, 成和之修也. 德不形者, 物不能離也.[63]"
이 외 불 탕 야　　덕 자　성 화 지 수 야　덕 불 형 자　물 불 능 리 야

哀公異日[64]以告閔子[65]曰: "始也, 吾以南面[66]而君[67]天下, 執[68]民之紀
애 공 이 일　이 고 민 자　왈　시 야　오 이 남 면　이 군　천 하　집　민 지 기

而憂其死, 吾自以爲至通矣. 今吾聞至人[69]之言, 恐吾無其實,[70] 輕
이 우 기 사　오 자 이 위 지 통 의　금 오 문 지 인　지 언　공 오 무 기 실　　경

用吾身而亡其國. 吾與孔丘, 非君臣也, 德友而已矣!"
용 오 신 이 망 기 국　오 여 공 구　비 군 신 야　덕 우 이 이 의

주석

1　魯哀公(노애공): 노나라 마지막 임금 희장姬蔣.

2 惡人(악인): 못생긴 사람. 여기서 '악'은 추하다, 추루醜陋하다는 뜻.

3 哀駘它(애태타): 장자가 허구한 인물의 이름.

4 丈夫(장부): 남자를 이름.

5 者(자): 여기서는 어기조사로, 휴지休止를 나타내며, 아울러 가정假定의 어기를 띰. 사람을 가리키는 것이 아님.

6 思(사): (그에 대한) 생각에 빠짐. 곧 (그에게) 매료됨, 또는 (그를) 흠모함. 일설에는 '사司'와 통용해 (그와) 벗함, (그를) 모심의 뜻이라고 함. 다만 이를 흔히 사모함, 그리워함으로 풀이하나, 문맥상 어울리지 않음.

7 十數而未止(십수이미지): 수십을 훨씬 뛰어넘음, 곧 대단히 많다는 말. '십수'는 십 단위로 수를 헤아림. '미지'는 부지不止, 즉 ~에 그치지 않음, ~을 뛰어넘음.

8 唱(창): 창도唱導/倡導함, 즉 어떤 주장을 앞장서서 외침. 또는 제창提唱함, 즉 어떤 일을 처음 내놓아 주장함.

9 和(화): 부화附和함, 즉 주견 없이 남의 의견에 따름. 또는 화응和應함, 즉 남에게 화답하여 응함. 곧 맞장구침.

10 君人(군인): 치인治人, 즉 사람을 다스림. '군'은 동사로 통치함.

11 聚祿(취록): 재물을 모음. 또 그 재물. '록'은 녹봉. 여기서는 재물 또는 양식을 이름.

12 望(망): 달[月]이 (이지러진 데가 없이) 참. 여기서는 배불리 먹음, 먹임을 이름.

13 四域(사역): 사방四方. 곧 그 (위)나라 경내를 이름. 일설에는 천하, 인간 세상을 이른다고 함. 하지만 여기서는 애태타의 견식見識이 겨우 자기 나라에 관한 것을 벗어나지 못할 정도로 빈약함을 강조하는 것이므로, 적절치 않음.

14 雌雄(자웅): 암컷과 수컷. 곧 '부인婦人'과 '장부丈夫'를 가리킴.

15 寡人(과인): 임금이 스스로를 낮추어 이르던 일인칭대명사.

16 以月數(이월수): 월 단위로 셈.

17 有意(유의): 호감을 가짐을 이름. '의'는 의취意趣, 즉 의미와 취향.

18 期年(기년): 만 일 년.

19 宰(재): 재상.

20 傳國焉(전국언): 나라를 그에게 맡겨 다스리게 함. 곧 그에게 국사·국정을 맡김. '언'은 어지於之라는 뜻.

21 悶然(민연): 지각이 없는 모양. 곧 멍한 모양.

22 氾然(범연): 범연泛然. 무관심한 모양, 덤덤한 모양. 통행본에는 '범' 자字 아래에 원래는 '연' 자가 빠져 있으나, 천꾸잉을 따라 우이엔쉬武延緖의 견해에 근거해 보충함.

23 辭(사): 사양함, 거절함.

24 醜(추): 부끄러움, 수치스러움. 곧 노나라 애공이 자괴불여自愧不如(스스로 남보다 못한 것 같아 부끄러움)함을 느꼈다는 말.

25 卹焉(휼언): 휼언恤焉. 근심하며 울적한 모양.

26 是國(시국): 차국此國, 즉 이 나라. 노나라를 가리킴.

27 使(사): 출사함. 일설에는 공자가 초나라로 출사한 적이 없기 때문에 여기서 '사'는 유遊, 즉 출유出遊의 뜻으로 보아야 한다고 함.

28 独子(돈자): 새끼 돼지. '돈'은 돈豚과 같음.

29 食(식): 여기서는 (어미)젖을 먹음.

30 少焉(소언): 잠시 후, 얼마 안 있어.

31 眴若(순약): 놀라서 보는 모양. 또 놀라서 눈이 휘둥그레진 모양.

32 焉爾(언이): '언'은 내乃와 같음. 이에, 곧, 비로소. '이'는 그러함, 그와 같음. 일설 에는 '언이'를 어조사라고 함.

33 不得類(부득류): 이전, 즉 생전과 같지 않음. '류'는 같음. 일설에는 '류'는 착함 (善)으로, 여기서는 전의轉義되어 사랑스레 어루만짐이며, '부득류'는 곧 어미의 어루만짐을 받지 못함을 이른다고 함.

34 使其形者(사기형자): 육체를 주재하는 것, 곧 정신, 영혼을 가리킴. '사'는 주재 함, 지배함. '형'은 형체. 곧 형해形骸, 육체, 육신.

35 不以翣資(불이삽자): 관 장식을 해 장송하지 않음. '삽'은 관 위에 하는 장식품. '자'는 송送의 뜻으로, 곧 장송함을 이름. 전쟁터에서 죽은 사람은 관을 써서 안 장할 수 없는데, 관이 없으니 관 위에 장식을 할 필요도 없다는 말. 그래서 아래 에서 '개무기본의皆無其本矣'라고 한 것임.

36 刖(월): 다리(또는 발)를 베는 형벌.

37 屨(구): 신(발).

38 其本(기본): 그 근본. 관 장식품의 근본은 관이고, 신의 근본은 발.

39 諸御(제어): 모든 시녀, 궁녀.

40 不翦爪(부전조): 통행본에는 본디 '부조전不爪翦'으로 되어 있으나, 아래의 '불천

이 不穿耳'와 짝을 이루지 못한다는 결함이 있어 천구잉을 따라 우이엔쉬의 견해에 근거해 고침. '전'은 전剪과 같음. 자름.

41 取(취): 취娶와 같음. 아내를 맞음, 장가듦.

42 使(사): 부림, 일을 시킴. 여기서는 복무함, 즉 직무에 힘씀.

43 全德(전덕): 내덕이 건전함, 정신이 완미함. 장자 사상에서 이는 곧 청정무위하며 만물을 한가지로 여길 수 있는 정신세계를 말함.

44 才全(재전): 덕전德全. 곧 '전덕지인全德之人'의 '전덕'과 같음. '재'는 곧 '덕'을 가리킴.

45 形(형): 겉으로 드러냄, 과시함.

46 存亡(존망): 존속과 멸망.

47 窮達(궁달): '궁'은 실의하고 곤궁함, '달'은 득의하고 형통함.

48 毀譽(훼예): 훼방과 칭찬, 비방과 칭송.

49 相代(상대): 서로 대체됨, 교체됨.

50 知(지): 지智와 같음.

51 規(규): 규窺와 같음. 엿봄, 헤아림, 앎.

52 滑和(골화): 평정한 본성을 어지럽힘. '골'은 어지럽게 함, 교란함. '화'는 평화함, 평정함. 여기서는 사람의 본성을 두고 이름.

53 靈府(영부): 심령의 곳집(창고). 곧 정신, 마음을 가리킴.

54 和豫通(화예통): '화'는 화순함, 즉 온화하고 유순함. '예'는 안락함. '통'은 통창通暢함, 즉 막힘없이 잘 통함. 곧 후련함, 통쾌함.

55 兌(태): 열悅과 같음. 기쁨, 희열.

56 郄(극): 극隙과 같음. 틈, 간격. 여기서는 전의되어 간단間斷함.

57 接(접): 외물과 접촉함, 곧 거리를 두지 않음. 이는 결국 환경에 순응함, 녹아듦을 이름.

58 生時於心(생시어심): 마음속에서 (외물이나 환경을 상대로 충돌하거나 멀리 달아나지 않고) 원만히 적응할 방법을 알게 됨을 이름. '시時'는 사시四時 및 그 변화. 여기서는 변화에 순응함을 이름.

59 停(정): 정지停止함, 정지靜止함. 곧 조금도 움직이지 아니하고 고요히 멎어 있음.

60 盛(성): 지극함.

61 法(법): 법칙, 표준.

62 内保之而外不蕩也(내보지이외불탕야): 이는 표면적으로는 물의 '평정'을 설명한 말이나, 실제로는 사람의 평정한 마음 상태, 정신세계를 비유해 이른 말. '탕'은 움직임, 동요함.

63 物不能離也(물불능리야): 이는 (내덕을 밖으로 드러내지 않는 사람은) 다른 사람들이 그에게 감화되고, 또 그를 흠모하여 저절로 그의 주변에 모여들어 떠나지 못하게 된다는 말. '물'은 만물, 특히 사람을 가리킴.

64 異日(이일): 다른 날.

65 閔子(민자): 공자의 제자. 성은 민閔, 이름은 손損, 자는 자건子騫.

66 南面(남면): 옛날 북쪽을 등지고 남쪽을 향해 자리한 제위를 이르는 말. 또 제위에 오름을 이름.

67 君(군): (천하에) 군림함, (천하를) 다스림.

68 執(집): 잡음, 장악함. 곧 확립함.

69 至人(지인): 성인. 곧 공자를 가리킴.

70 實(실): 실덕實德, 즉 참되고 진실한 덕.

해설

숭고한 정신세계 내지 정신적 경지는 육체적 아름다움이나 물질적 이익에 비해 사람의 마음을 움직이거나 빨아들이는 훨씬 더 강력한 감동력과 흡입력을 가지고 있다. 이것이 장자가 애태타를 예로 들어 우리에게 주는 메시지다. 이는 곧 예나 지금이나 세상 뭇사람들이 외모를 중시하고 내덕을 경시하는 풍조에 빠져 있는 데 대한 반발이다.

애태타는 비록 용모는 추하지만, 내덕이 충만하여 사람들로 하여금 오로지 그의 위인爲人에 매료되어 애호와 흠모의 정을 가질 뿐, 그의 외모는 완전히 망각하게 한다. 장자가 볼 때, 애태타와 같은 유덕자의 훌륭함은 바로 '재전이덕불형才全而德不形', 즉 내덕이 완미하면서도 그

내면의 미덕을 결코 밖으로 드러내지 않는 데에 있다. '재전才全'의 의의는 내면에 미덕이 충만하여 천지 만물의 '자연'(저절로 그러함) 변화에 순응함으로써 진정한 생명의 안녕을 얻는 것이다. '덕불형德不形'의 의의는 "높은 덕을 체득한 사람은 애써 덕을 베풀려고 하지 않나니, 그러므로 진실로 덕이 있는 것이다〔上德不德, 是以有德〕."(『노자』 38장) 따라서 노나라 애공이 "천하를 다스리며 백성의 기강을 바로 세우는가 하면, 그들이 죽거나 다치는 것을 걱정하는" 것은 유덕자의 행위라 하기에는 미흡함이 있다.

5

절뚝발이에다 곱사등이요 언청이인 탓에 인기지리무순이란 이름으로 불리는 이가 위衛나라 영공을 유세하자 영공이 그를 아주 좋아한 나머지, 몸이 온전한 사람을 보면 그 목이 너무 가늘고 길다고 여겼다. 목에 항아리 같은 큰 혹이 난 탓에 옹앙대영이란 이름으로 불리는 이가 제나라 환공桓公을 유세하자 환공이 그를 아주 좋아한 나머지, 온전한 사람을 보면 그 목이 너무 가늘고 길다고 여겼다. 그러므로 사람이 그 덕성이 뛰어나면 육체적인 결함은 충분히 잊히게 되는 것이다. 사람이 잊어야 할 것, 즉 육체적인 완미는 잊어버리지 않고, 잊지 않아야 할 것, 즉 정신적인 수양은 잊어버린다면, 그것이야말로 이른바 진정한 잊음(망각)이라 할 것이다.

또한 그러므로 성인은 소요자적하는 까닭에 지혜와 지략을 화근으로 여기고, 갖가지 사회적 행위규범을 아교나 옻칠처럼 단단히 달라

붙어 사람을 꼼짝달싹 못 하게 하는 속박으로 여기는가 하면, 인의의
덕행을 사람들과 교유하는 수단이라 여기고, 온갖 재치와 교묘함은
장사꾼의 전략이라 여긴다. 성인은 권모술수를 부리지 않는데 어찌
지혜를 쓰겠으며, 파괴시키지 않는데 어찌 단단히 속박해 뭉치게 하
는 수를 쓰겠으며, 사람에 대한 상실이 없는데 어찌 인의의 도덕을 쓰
겠으며, 재화의 이익을 추구하지 않는데 어찌 장사꾼의 전략을 쓰겠
는가? 이 네 가지 품성은 곧 천부天賦의 것이요, 천부의 것이란 하늘의
양육을 받은 것을 말한다. 이미 하늘에게 양육을 받았거늘 어찌 또 인
위적인 것을 쓰겠는가? 성인은 사람의 형체를 가지고는 있지만, 사람
이 갖는 주관적이고 편협한 감정은 없도다. 성인은 사람의 형체를 가
지고 있으니, 능히 뭇사람들과 함께 어울려 지내는 반면, 사람의 주관
적이고 편협한 감정이 없으니, 세상의 온갖 시비선악이 그들 자신에
게 자리를 잡지 못한다. 성인은 진정 미미하도다, 그 몸이 사람의 형상
을 하고 있나니! 성인은 진정 위대하도다, 홀로 천도와 일체를 이루었
나니!

閩跂支離無脤[1]說[2]衛靈公, 靈公說[3]之; 而視全人, 其脰[4]肩肩.[5] 甕瓷
인기지리무순세위영공 영공열지 이시전인 기두혼혼 옹앙

大癭[6]說齊桓公, 桓公說之; 而視全人, 其脰肩肩. 故德有所長,
대영 세제환공 환공열지 이시전인 기두혼혼 고덕유소장

而形有所忘. 人不忘其所忘, 而忘其所不忘, 此所謂誠忘.[7]
이형유소망 인불망기소망 이망기소불망 차소위성망

故聖人有所遊,[8] 而知[9]爲孽,[10] 約[11]爲膠,[12] 德[13]爲接,[14] 工爲商[15] 聖人
고성인유소유 이지위얼 약위교 덕위접 공위상 성인

不謀, 惡[16]用知? 不斷,[17] 惡用膠? 無喪, 惡用德? 不貨,[18] 惡用商? 四
불모 오용지 불착 오용교 무상 오용덕 불화 오용상 사

226

者, 天鬻¹⁹也. 天鬻者, 天食²⁰也. 既受食於天, 又惡用人²¹? 有人之
자　천육　야　천육자　천사　야　기수식어천　우오용인　　유인지

形, 無人之情.²² 有人之形, 故群於人; 無人之情, 故是非不得於身.
형　무인지정　유인지형　고군어인　무인지정　고시비부득어신

眇²³乎小哉, 所以屬於人也! 謷²⁴乎大哉, 獨成其天!
묘　호소재　소이속어인야　　오　호대재　독성기천

주석

1　闉跂支離無脤(인기지리무순): 허구의 인물 이름. 이 이름은 장자가 그의 외모를
　　형용해 붙인 것. '인'은 굽음, 구부러짐. '기'는 발돋움함. 따라서 '인기'는 다리가
　　구부러진 탓에 발뒤꿈치가 들려 올라가 발끝으로 땅을 딛고 걷는 신체장애를
　　말함. 곧 절뚝발이. '지리'는 상체가 구부러진 장애. 곧 곱사등이. '순'은 순脣과
　　같으며 입술을 이름. 따라서 '무순'은 입술이 없는 장애. 곧 언청이.

2　說(세): 유세함. 곧 다른 사람을 찾아가 자신의 주장을 받아들이도록 설득함.

3　說(열): 열悅과 같음. 기뻐함, 좋아함.

4　脰(두): 목.

5　肩肩(흔흔): 가늘고 긴 모양.

6　甕㼜大癭(옹앙대영): 역시 허구의 인물 이름. '옹앙'은 모두 토기로, '옹'은 항아
　　리이고, '앙'은 앙盎과 같으며, (물이나 술을 담는) 동이를 이름. '영'은 (목에 나는)
　　혹.

7　誠忘(성망): 진망眞忘, 즉 진정한 망각.

8　遊(유): 이는 앞에서 말한 "미덕이 지극히 조화로운 경지에 자신의 마음을 노닐
　　게 함(遊心乎德之和)"(1장)을 이름. 곧 소요유, 소요자적함.

9　知(지): 지智와 같음.

10　孽(얼): 재앙, 화근.

11　約(약): 제약, 속박. 곧 갖가지 사회적 행위의 예의·규범을 가리킴.

12　膠(교): 교칠膠漆, 즉 아교와 옻칠처럼 단단히 달라붙어 떨어지지 않음. 곧 그와
　　같이 사람을 꼼짝달싹 못 하게 옥죄는 속박을 비유함.

13　德(덕): 인의의 도덕. 또 그러한 덕행. 일설에는 작은 은덕을 베풂.

14 接(접): 접대함, 즉 맞아들여 대면함. 곧 다른 사람과 교유함. 여기서는 그러한 수단을 이름.

15 工爲商(공위상): 공교함은 장사꾼의 행위라고 여김. '공'은 공교함, 곧 재치가 있고 교묘함. 장자는 사람들이 갖가지 공교한 말을 하고, 수단과 방법을 쓰는 것은 곧 이익을 얻기 위해서라고 생각함.

16 惡(오): 하何와 같음. 어찌.

17 斲(착): (도끼 따위로) 찍어 쪼갬, 짜갬. 곧 분열, 파괴를 이름.

18 貨(화): 재화·재물. 또 그 이익을 추구함.

19 天鬻(천육): 하늘(자연)이 길러준 것, 천부의 품성이란 뜻으로, 곧 천성, 천품天稟을 이름. '육'은 육育과 같음.

20 天食(천사): 하늘의 양육. 또 그것을 받음. '사'는 사飼와 같음. 사양飼養, 사육. 곧 양육함, 기름.

21 人(인): 인위. 장자는 청정무위를 주창하며 인의 도덕과 같은 '인위'를 반대함.

22 情(정): 사람의 주관적인 호오好惡의 감정으로, 예를 들면 시비관是非觀, 인의관仁義觀 따위를 말함.

23 眇(묘): 묘소渺小함, 미소微小함, 미미함.

24 鰲(오): 고대高大함, 위대함.

해설

여기서 장자는 먼저 육체보다는 정신이 더욱 중요함을 다시 한 번 강조하고 있는데, 이른바 "사람이 그 덕성이 뛰어나면 육체적인 결함은 충분히 잊게 된다(德有所長, 而形有所忘)"는 것은 바로 이 편의 결론이자 주지主旨나 다름이 없다. 그리고 장자 자신의 사상을 진정으로 체득 구현하는 이상적 인물인 성인의 숭고한 정신세계를 설명하고 있는데, 무엇보다 성인은 사람이 흔히 갖는 주관적이고 세속적인 감정을 가지고 있지 않다는 '성인무정聖人無情'의 관념이 주목된다. 결국 성인은 천부적 품성, 즉 숭고한 자연 천성을 잘 간직하고 있기 때문에 인간의 주관적인 세정世情에 대한 생각을 완전히 끊어버릴 수가 있다. 또한 그렇기 때문에 육체적 미추나 세속적 명리와 시비를 뛰어넘어 일념으로 도덕과 정신의 수양에 힘쓰며 소요자적할 수 있는 것이다.

6

혜자가 장자에게 말했다. "사람은 원래 감정이 없는 것인가?" 장자가 말했다. "그렇다네." 혜자가 말했다. "사람이 만약 감정이 없다면, 어떻게 사람이라고 할 수 있는가?" 장자가 말했다. "대도가 사람의 용모를 주고, 하늘이 사람의 형질을 주었거늘, 어찌 사람이라고 하지 않을 수 있는가?" 혜자가 말했다. "기왕에 사람이라고 한다면, 어떻게 사람의 감정이 없을 수 있는가?" 장자가 말했다. "그것은 내가 말하는 감정이 아닐세. 내가 말하는 감정이 없다는 것은, 사람이 주관적인 호오의 감정으로 자신의 심신을 속속들이 상하게 하지 아니하고, 항상 자연에 순응하며 자신의 본연 생명에 인위로 어떤 것을 더하지 않는 것이라네." 혜자가 말했다. "자신의 생명에 어떤 것을 더하지 않고, 어떻게 그 몸을 온전히 지킬 수 있단 말인가?" 장자가 말했다. "대도가 사람의 용모를 주고, 하늘이 사람의 형질을 주었으니, 사람은 주관적인 호오의 감정으로 자신의 심신을 속속들이 상하게 하지 말아야 하네. 한데 지금 자네는 자네의 정신을 보양하지도 않고, 자네의 육체까지 피곤하게 하면서 나무에 기대어 강론을 하는가 하면, 피로에 지쳐 마른 오동나무 안석에 기대어 눈을 감고 쉬기도 한단 말일세. 하늘이

자네에게 이 형질을 주었거늘, 자네는 그저 견백론堅白論으로 쟁변만
일삼는구먼!"

惠子¹謂莊子曰: "人故²無情乎?"莊子曰: "然."惠子曰: "人而³無情,
혜자 위장자왈 인고 무정호   장자왈 연 혜자왈   인이 무정

何以謂之人?"莊子曰: "道⁴與之貌, 天與之形, 惡得不謂之人?"惠
하 이 위 지 인 장자왈   도여지모 천여지형 오득불위지인   혜

子曰: "旣謂之人, 惡得無情?"莊子曰: "是非吾所謂情也. 吾所謂
자왈 기위지인 오득무정   장자왈   시비오소위정야 오소위

無情者, 言人之不以好惡內傷其身, 常因⁵自然⁶而不益生也."惠子
무정자 언인지불이호오내상기신 상인 자연 이불익생야 혜자

曰: "不益生, 何以有其身?"莊子曰: "道與之貌, 天與之形, 無以好
왈 불익생 하이유기신   장자왈   도여지모 천여지형 무이호

惡內傷其身. 今子外⁷乎子之神, 勞乎子之精,⁸ 倚樹而吟,⁹ 據槁梧而
오내상기신 금자외 호자지신 노호자지정 의수이음 거고오이

瞑.¹⁰ 天選¹¹子之形, 子以堅白¹²鳴¹³!"
명 천선 자지형 자이견백 명

주석

1 惠子(혜자): 혜시惠施.「소요유편」3-1장 참조.

2 故(고): 고固와 같음. 본디, 본래.

3 而(이): 만약.

4 道(도): 대도. 장자 역시 노자와 마찬가지로 '도'를 우주 만물의 근원이자 주재
   자라고 생각함.

5 因(인): 따름, 좇음. 곧 순응함.

6 自然(자연): 곧 대도와 하늘이 사람에게 부여한 형모形貌와 덕성을 가리킴.

7 外(외): 도외시함, 중시하지 않음. 여기서는 곧 (정신을) 보양하지 않음을 이름.

8 精(정): 육체. '정'은 정기. 여기서는 사람의 육체를 이름. 옛날 사람들은 사람의
   형체는 정기가 모여 이루어진 것이라고 생각함.

9 吟(음): 읊조림. 여기서는 (자신의 사상을) 강론함, 강연함.

10 據槁梧而瞑(거고오이명): '고'는 마름[枯]. '오'는 오동나무 또는 오동나무 안석. '명'은 눈을 감고 쉼. 이 구는 혜시가 자신의 사상과 학설을 널리 알리기 위해 갖은 애를 다 쓰면서 피로에 지친 모양을 묘사한 것으로 이해됨.

11 選(선): 줌[授].

12 堅白(견백): 견백론, 즉 이견백론離堅白論. 이는 당시의 유명한 철학 명제였음. 「제물론편」 4-2장 주석 13 참조.

13 鳴(명): 욺. 곧 쟁변함, 쟁론함.

해설

장자는 앞에서 '성인무정'을 강조했다. 하지만 혜자가 의아해하자, 장자는 '정情', 즉 감정의 문제를 놓고 그와 담론을 벌였다. 세상 사람들은 대개 형체(육체)의 미추를 망각(초월)하지도[忘形] 못하고, 인간으로서 갖게 되는 주관적인 감정을 망각하지도[忘情] 못한다. 장자가 볼 때, 친구인 혜자 역시 그러한 사람이다. 한데 그런 사람은 부질없이 온전한 형체만 갖추고 있을 뿐, 내덕을 충실히 할 줄을 모르는 까닭에 정신을 보양하지도 않고, 또 육체까지 피로에 지치게 하면서 그야말로 가련한 모습을 연출하고 있다. 심신을 상하게 하는 이러한 인생 태도는 물론 대도의 무위자연 정신과 인간의 천부적 본연 생명에 어긋나는 것이다.

제6편

대
종
사

大宗師

'대종사大宗師'에서 '대'는 찬사, 즉 찬양하는 말로, 위대하다는 뜻이고, '종'은 종앙宗仰·숭앙崇仰·존숭尊崇한다는 뜻이다. 요컨대 '대종사'란 한없이 위대하며 가장 숭앙할 만한 스승이란 뜻으로, 도, 즉 대도를 지칭한다.

장자의 견해에 따르면, 대도는 "진정 실질이 있는가 하면, 또 그것을 실증할 기운을 가지고 있지만, 의도적으로 뭔가를 행함이 없고, 또 어떠한 형체도 없다(有情有信, 無爲無形)."(3장) 그렇지만 대도는 엄연한 우주 창성創成의 절대 근원이며, 천지지간 최고의 법칙이자 주재자이다. 따라서 우리는 반드시 대도를 스승으로 삼아 본받고 따르며 대도와 하나되고, 대도에 동화되는 삶을 살아야 한다. 하여 장자는 이 편에서 득도·체도體道의 진인眞人을 허구해 묘사하는가 하면, 여우女偶·자여子輿·맹자반孟子反 등의 인물 형상을 그려내었는데, 전자는 대도를 전반적으로 본받고 따르는, 대도의 이상적 화신이라면, 후자는 대도를 부분적으로 체득 구현하는 하나의 전범典範이다. 그렇다면 이 일단一團의 진인과 성인들 또한 '대종사'의 형상으로서 손색이 없다 할 것이다.

 이렇게 볼 때, 이른바 '대종사'는 대도를 지칭하는가 하면, 또 득도의 진인과 성인을 일컫기도 하는 것으로 이해된다. 필시 그 때문이겠지만, 이 「대종사편大宗師篇」은 바로 그 두 가지 내용으로 구성되어 있는데, 하나는 대도의 지고한 위상과 구체적인 특성이요, 다른 하나는 대도를 체득 구현한 사람들의 사상 관념과 행위이다. 이 편은 모두 10장으로 나뉘는데, 앞 3장은 전편의 총론이고, 나머지 7장은 각론이다.

1

하늘이 하는, 천연이 어떤 것인지를 알고, 사람이 하는, 인위가 어떤 것인지를 아는 것은 지극히 식견이 높고 사물에 밝은 것이로다! 하늘이 하는, 천연이 어떤 것인지를 알면 능히 자연 섭리에 순응해 살고, 사람이 하는, 인위가 어떤 것인지를 알면 능히 그 지혜로 아는 양생의 이치에 따라 그 지혜로 알지 못하는 천연의 수명을 보양해, 천수를 다하고 중도에 요절하지 않나니, 이는 진정 앎의 극치로다. 한데 비록 그렇기는 하지만, 거기에는 분명 문제가 있다. 무릇 앎이란 필연적으로 의지하는 대상이 있거나 조건이 갖춰진 다음에야 타당성을 갖게 되는데, 그 의지하는 대상이나 조건이란 것은 오히려 결코 한결같거나 안정적이지 못하고 변화무상하다는 것이다. 그러니 내가 방금 말한 '천연'이 혹시 '인위'가 아닌지, 내가 방금 말한 '인위'가 혹시 '천연'이 아닌지 어떻게 알겠는가?

결국 진인眞人이 있은 연후에야 비로소 진지眞知, 즉 참된 앎이 있게 되는 것이다. 그렇다면 어떤 사람을 진인이라 하는가? 옛날의 진인은 소수자·약자라고 능멸하지도 않았고, 자신의 성취를 등에 업고 사람들 위에 군림하지도 않았으며, 야망에 차 어떤 일을 도모하지도 않았다. 이러한 사람은 때를 놓쳐도 후회하지 않고, 때를 만나도 우쭐거리지 않는다. 이러한 사람은 또 높은 곳에 올라가도 두려워하지 않고, 물속에 들어가도 젖어들지 않으며, 불속에 들어가도 뜨거워하지 않는다. 이는 곧 그 앎과 식견이 능히 높고도 높이 대도의 경지에까지 다다른 사람은 진정 이와 같다는 것을 말해준다.

옛날의 진인은 잠잘 때는 꿈을 꾸지 않고, 깨어 있을 때는 시름이 없으며, 음식을 먹을 때는 애써 진미를 찾지 않고, 숨을 쉬는 것은 깊고 나직해 편안하기 그지없었다. 진인은 호흡을 용천湧泉으로 하지만, 보통 사람들은 호흡을 단지 목구멍으로 할 따름이다. 논쟁하며 상대방의 논박에 말문이 막힌 사람은 목구멍이 막힌 것처럼 말을 떠듬떠듬하고, 향락적 탐욕이 깊고 큰 사람은 천생天生의 지혜가 얕고 무디다.

옛날의 진인은 사는 것을 기뻐할 줄도 몰랐고, 죽는 것을 싫어할 줄도 몰랐으며, 태어난 것을 기뻐하지도 않았고, 죽는 것에 항거하지도 않았나니, 그저 아무런 얽매임 없이 절로 가고, 아무런 얽매임 없이 절로 올 따름이었다. 그들은 자연에서 왔음을 잊지 않았고, 죽어서도 자연으로 돌아갈 뿐, 다른 귀의처를 구하지 않았다. 또한 어떤 일이든 유유히 받아들여 기꺼워하고, 사람의 속정俗情을 잊고 자연의 순리를 따랐다. 이를 일러 인간의 욕심으로 대도의 정신을 훼손하지 않고, 인위의 불찰로 자연의 섭리를 거스르지 않는 것이라 할 것이다. 이런 사람을 일컬어 진인이라고 한다. 이러한 사람은 그 마음을 오직 대도에 쏟을 뿐이고, 용모는 한껏 평온하며, 이마는 넓으면서도 순박함이 넘친다. 또한 냉엄하기는 스산한 가을날 같고, 온화하기는 따스한 봄날 같으며, 기뻐하고 노여워함은 마치 사철의 변화처럼 자연스럽고, 만물과 한껏 어울려 조화를 이루니 그 사상의 끝을 알 수가 없을 정도다.

[그러므로 성인은 군사를 부려 적국을 멸망시켜도 그 나라 민심을 잃지 않고, 이익과 혜택을 널리 만세萬世에 베풀지만 결코 애써 사람을 편애하는 것은 아니다. 그러므로 애써 만물과 상통하며 한가지임을 즐긴다면 그런 이는 성인이 아니며, 애써 친애하는 바가 있다면 그런 이는 인인仁人이 아니며, 애써 천시天時에 맞추려고 한다면 그런 이는 현인이 아니며, 이익과 손해를 통효通曉하지 않는다면 그런 이는 군자가 아니며, 명성을 추구하면서 자신의 본성을 잃는다면 그런 이는 선비가 아니며, 어떤 일로 인해 목숨을 잃는 데다 그 천성에도 맞지 않는다면 그런 이는 뭇사람을 부릴 수 있는 사람이 아니다. 예를 들면 호불해狐不偕, 무광務光, 백이伯夷, 숙제叔齊, 기자箕子, 서여胥餘, 기타紀他, 신도적申徒狄 등은 모두 다른 사람의 부림을 받으며 다른 사람의 안락은 이루어주었지만, 스스로 자신의 안락을 이루지는 못한 사람들이다.]

옛날의 진인은 그 정신적 형상이 높고도 크게 우뚝하지만 결코 무너지지 않으며, 또 뭔가 부족한 듯하지만 결코 달리 더 보탤 것이 없다. 홀로 우뚝 뛰어남에 한가롭고도 편안히 처하지만 결코 고집스럽지 않고, 속정俗情 없이 맑고 깨끗한 마음을 사뭇 크게 펼치지만 결코 내실 없이 겉만 화려하지 않다. 마치 기쁜 듯한 가운데서 매양 명랑 유쾌하고, 진정 부득이한 연후에야 비로소 행동한다. 맑은 적수積水처럼 청아한 용모는 우리를 밝은 용색容色을 갖도록 이끌고, 너그럽고 두터운 덕은 우리를 미덕에 머물게 한다. 광대한 영혼은 온 세상을 포용할 듯하고, 고원한 기상은 어떠한 구속도 거부한다. 심원한 내덕을 헤아리기 어려우매 즐겨 그 자아를 닫는 듯하고, 진정 만물에 무심하매 하고픈 말조차 잊는다. [나라를 다스림에 있어 형법을 근본 으로 하고, 예법을 보조로 하며, 지혜를 써서 시세를 살피고, 도덕을 언행의 표준으로 삼는다. 형법을 근본으로 하는 것은 죄인을 처형함 에 최대한 관대함을 더하고자 함이요, 예법을 보조로 하는 것은 예의 범절을 세상에 널리 확산시키고자 함이요, 지혜를 써서 시세를 살피 는 것은 만사에 부득이한 연후에야 진퇴하고자 함이요, 도덕을 언행 의 표준으로 삼는 것은 이를테면 처세함에 마치 다릿심이 강한 이의 도움을 받아 산언덕을 올라가지만, 사람들은 오히려 진정 각자가 스 스로 부지런히 걸음을 재촉한 결과라고 여기도록 하고자 함이다.] 무 릇 하늘과 사람은 하나이나니, 사람이 좋아해도 하나요, 좋아하지 않 아도 하나이다. 또한 사람이 하늘과 사람이 하나라고 여겨도 하나요, 하나라고 여기지 않아도 하나이다. 사람이 하늘과 사람이 하나라고 여기는 것은 하늘을 본받는 것이요, 하나라고 여기지 않는 것은 사람 을 따르는 것이다. 요컨대 하늘과 사람은 결코 서로 모순 대립되지 않 나니, 이를 체득 실행하는 사람을 일컬어 진인이라고 한다.

知天¹之所爲,² 知人之所爲者, 至矣! 知天之所爲者, 天而生³也; 知
지천 지소위 지인지소위자 지의 지천지소위자 천이생야 지
人之所爲者, 以其知⁴之所知,⁵ 以養其知之所不知,⁶ 終其天年而不
인지소위자 이기지 지소지 이양기지지소부지 종기천년이부
中道夭者, 是知之盛也. 雖然, 有患.⁷ 夫知有所待⁸而後當, 其所待
중도요자 시지지성야 수연 유환 부지유소대 이후당 기소대
者特⁹未定也. 庸詎¹⁰知吾所謂天之非人乎? 所謂人之非天乎?
자특 미정야 용거 지오소위천지비인호 소위인지비천호

240

且有眞人¹¹而後有眞知. 何謂眞人? 古之眞人, 不逆寡,¹² 不雄¹³成,
차 유 진 인   이 후 유 진 지   하 위 진 인   고 지 진 인   불 역 과   불 웅 성

不謀士.¹⁴ 若然者, 過¹⁵而弗悔, 當而不自得¹⁶也. 若然者, 登高不慄,
불 모 사   약 연 자   과   이 불 회   당 이 부 자 득   야   약 연 자   등 고 불 률

入水不濡, 入火不熱.¹⁷ 是知之能登假¹⁸於道者也若此.
입 수 불 유   입 화 불 열   시 지 지 능 등 격   어 도 자 야 약 차

古之眞人, 其寢不夢, 其覺無憂, 其食不甘,¹⁹ 其息深深.²⁰ 眞人之息
고 지 진 인   기 침 불 몽   기 각 무 우   기 식 불 감   기 식 심 심   진 인 지 식

以踵,²¹ 衆人之息以喉. 屈服者,²² 其嗌言若哇.²³ 其耆欲²⁴深者, 其天
이 종   중 인 지 식 이 후   굴 복 자   기 애 언 약 화   기 기 욕 심 자 기 천

機²⁵淺.
기 천

古之眞人, 不知說²⁶生, 不知惡死; 其出²⁷不訢,²⁸ 其入²⁹不距³⁰; 翛
고 지 진 인   부 지 열 생   부 지 오 사   기 출 불 흔   기 입 불 거   소

然³¹而往, 翛然而來³²而已矣. 不忘其所始,³³ 不求其所終³⁴; 受而喜
연   이 왕   소 연 이 래   이 이 의   불 망 기 소 시   불 구 기 소 종   수 이 희

之, 忘而復之,³⁵ 是之謂不以心損³⁶道, 不以人助³⁷天. 是之謂眞人.
지   망 이 복 지   시 지 위 불 이 심 손   도   불 이 인 조 천   시 지 위 진 인

若然者, 其心志,³⁸ 其容寂,³⁹ 其顙⁴⁰頯⁴¹; 凄然⁴²似秋, 煖然⁴³似春, 喜
약 연 자   기 심 지   기 용 적   기 상 괴   처 연 사 추   난 연 사 춘   희

怒通四時, 與物有宜⁴⁴而莫知其極.⁴⁵
노 통 사 시   여 물 유 의   이 막 지 기 극

[故聖人之用兵也, 亡國⁴⁶而不失人心; 利澤施乎萬世, 不爲愛⁴⁷人.
고 성 인 지 용 병 야   망 국   이 불 실 인 심   이 택 시 호 만 세   불 위 애 인

故樂通物,⁴⁸ 非聖人也; 有親, 非仁也; 天時, 非賢也; 利害不通,⁴⁹ 非
고 낙 통 물   비 성 인 야   유 친   비 인 야   천 시   비 현 야   이 해 불 통 비

君子也; 行⁵⁰名失己,⁵¹ 非士也; 亡身不眞,⁵² 非役人⁵³也. 若狐不偕⁵⁴·
군 자 야   행 명 실 기   비 사 야   망 신 부 진   비 역 인 야   약 호 불 해

務光⁵⁵·伯夷·叔齊⁵⁶·箕子⁵⁷·胥餘⁵⁸·紀他⁵⁹·申徒狄,⁶⁰ 是役人之役,⁶¹
무 광   백 이 숙 제   기 자   서 여   기 타   신 도 적   시 역 인 지 역

適人之適,⁶² 而不自適其適者也.]⁶³
적 인 지 적   이 불 자 적 기 적 자 야

古之眞人, 其狀[64]義而不朋,[65] 若不足[66]而不承[67]; 與[68]乎其觚[69]而不
고지진인 기상 의이불붕 약부족 이불승 여 호기고 이불

堅[70]也, 張[71]乎其虛[72]而不華[73]也; 邴[74]乎其似喜[75]也,[76] 崔[77]乎其不得
견 야 장 호기허 이불화 야 병 호기사희 야 최 호기부득

已也; 滀[78]乎進我色[79]也, 與[80]乎止我德[81]也, 厲[82]乎其似世也, 謷[83]乎
이야 축 호진아색 야 여 호지아덕 야 여 호기사세야 오 호

其未可制也; 連[84]乎其似好閉[85]也, 悗[86]乎其忘言[87]也. [以刑爲體,[88]
기미가제야 연 호기사호폐 야 문 호기망언 야 이형위체

以禮爲翼,[89] 以知[90]爲[91]時, 以德爲循.[92] 以刑爲體者, 綽[93]乎其殺也;
이례위익 이지 위 시 이덕위순 이형위체자 작 호기살야

以禮爲翼者, 所以行於世也; 以知爲時者, 不得已於事也[94]; 以德爲
이례위익자 소이행어세야 이지위시자 부득이어사야 이덕위

循者, 言其與有足者至於丘也, 而人眞以爲勤行者也.][95] 故其好之
순자 언기여유족자지어구야 이인진이위근행자야 고기호지

也一, 其弗好之也一. 其一也一, 其不一也一. 其一與天爲徒,[96] 其
야일 기불호지야일 기일야일 기불일야일 기일여천위도 기

不一與人爲徒,[97] 天與人不相勝[98]也, 是之謂眞人.
불일여인위도 천여인불상승 야 시지위진인

주석

1 天(천): 여기서는 천도, 대도를 두고 이름.

2 所爲(소위): (행)하는 바. 곧 그 작용을 두고 이르는 것으로 이해됨.

3 天而生(천이생): 자연 섭리에 순응해 삶. 여기서 '천'은 자연을 이름.

4 知(지): 지智와 같음. 지혜, 지력智力.

5 所知(소지): 아는 바. 곧 양생의 이치를 두고 이름.

6 所不知(소부지): 알지 못하는 바. 곧 자연 수명을 두고 이름.

7 有患(유환): 우환이 있음. 곧 문제가 있음. 이상에서 말한 것은 세속적인 식견이요 밝음이며 앎일 뿐, 결코 '진지眞知'는 아니기 때문에 여기서 '유환'이라고 한 것임.

8 所待(소대): 의지하는 바, 곧 그러한 대상 또는 일정한 조건을 가리킴. 모든 세속적인 앎과 지식은 사람이 인지하고 인식하는 객관적 대상과 조건을 통해서

그 타당성을 판단하게 되므로 이같이 말한 것. '대'는 기다림. 곧 의지함.

 9 特(특): 단지, 다만. 또는 도리어, 오히려.

10 庸詎(용거): 어찌, 어떻게.

11 眞人(진인): 도가에서 말하는 득도한 도사道士. '지인至人'이라고도 함. 「소요유편」1-3장 주석 23 참조.

12 逆寡(역과): '역'은 거스름, 침범함, 능멸함. '과'는 (수효가) 적음, (세력이) 작음. 곧 소수자, 약자를 가리킴.

13 雄(웅): '웅'은 두목 노릇함. 곧 칭제稱帝함, 군림함. 일설에는 과시함.

14 謨士(모사): '모'는 모謨와 같고, '사'는 사事와 같음.

15 過(과): (때, 기회를) 지나침, 놓침. 일설에는 과실·과오를 범함, 잘못을 저지름.

16 自得(자득): 자득함, 즉 스스로 만족하게 여겨 뽐내며 우쭐거림.

17 "登高(등고)…" 3구: 이는 정신적인 경지를 두고 이르는 것으로, 진인은 정신적으로 능히 생사의 위험과 고통을 초월할 수 있어서, 천 길 벼랑 끝이나 물과 불의 위난危難도 그의 청정한 정신세계를 어지럽힐 수 없다는 말. '율慄'은 (떨어질까 봐) 두려워함. '유濡'는 (물에) 젖음.

18 登假(등격): 올라감. '격'은 격格과 같음. 이름[至]. 「덕충부편」1장 주석 45 참조.

19 甘(감): 감미甘味, 즉 단맛. 또 진미, 즉 음식의 아주 좋은 맛. 여기서는 동사로 쓰여 그런 맛을 추구한다는 뜻. 진인은 만물에 대해 망정, 즉 인간으로서 갖게 되는 주관적인 감정을 망각 초월하므로 '불몽不夢'·'무우無憂'·'불감不甘'할 수가 있는 것임.

20 深深(심심): (호흡이) 깊고 나직하면서 편안한 모양.

21 息以踵(식이종): 기공氣功에서 하는 심호흡으로, 단전丹田과 용천湧泉을 포함한 전신으로 호흡함을 말함. '종'은 발꿈치. 여기서는 용천을 가리킴.

22 屈服者(굴복자): 쟁변하고 논쟁하면서 상대방의 주장에 반박할 논리가 궁해 말문이 막힌 사람.

23 嗌言若哇(애언약화): 목구멍이 막힌 듯이 말을 떠듬거림을 이름. '애'는 목이 멤. 일설에는 '익'으로 읽으며, 목구멍. '애언'은 (목구멍에서 엉기어 나오는 듯 마는 듯) 말을 떠듬떠듬함. '화'는 (목구멍이) 막힘. 일설에는 '왜'로 읽으며, (음식물을) 게움, 토함.

24 耆欲(기욕): 기욕嗜欲, 기욕嗜慾. 귀·눈·입·코 등 육체적인 향락을 탐함. 또 그러

한 욕심.

25 天機(천기): 천연·천생의 지혜, 기지.

26 說(열): 열悅과 같음. 기뻐함, 즐거워함, 좋아함.

27 出(출): 태어남.

28 訢(흔): 흔欣과 같음. 좋아함.

29 入(입): 죽음.

30 距(거): 거拒와 같음. 항거함, 거부함.

31 脩然(소연/유연): 아무런 구속 없이 자유롭고 또 자연스러운 모양.

32 往(왕)·來(래): 사死·생生.

33 所始(소시): 생명의 시원, 곧 우주 자연을 가리킴.

34 不求其所終(불구기소종): 사람은 자연에서 왔으니, 죽어서도 마땅히 자연으로
　돌아가야 한다는 생각에서, 죽은 후에 개인적으로 달리 돌아갈 곳을 강구講求
　하지 않는다는 말. '소종'은 생명의 종결, 곧 죽음을 말함.

35 忘而復之(망이복지): 만사 만물에 망정(주석 19 참조)하여, 즉 사람의 속정을 망각
　초월하여 자연의 순리를 회복함.

36 損(손): 통행본에는 '연捐'으로 되어 있으나, '손'의 잘못이 분명하므로 중설을
　좇아 고침.

37 助(조): (억지로) 도움, 보탬. 여기서는 바꿈, 변화시킴을 이름.

38 志(지): 도에 뜻을 둠, 곧 전일專一함, 전념함. 적지 않은 논자들이 이 '지'가
　'망忘'의 잘못이라고 함. 그 뜻은 일체를 망각함.

39 寂(적): 적정寂靜함, 평온함.

40 顙(상): 이마.

41 頯(괴): 넓은 모양. 일설에는 실박實樸·순박한 모양.

42 凄然(처연): 엄랭嚴冷·냉엄한 모양.

43 煖然(난연): 온화한 모양.

44 宜(의): 적의適宜함, 즉 알맞고 마땅함. 곧 조화로움.

45 極(극): 지극한 경지, 끝. 여기서는 곧 그(진인) 사상의 깊이를 두고 이름.

46 亡國(망국): 타국 내지 적국을 멸망시킴.

47 愛(애): 여기서는 편애함, 편사偏私함.

48 樂通物(낙통물): 애써(의도적으로) 만물과 상통하며 한가지임을 즐김. 장자는 기

본적으로 '제물', 즉 만물은 한가지라는 인식과 관점을 견지하고 있으나, 그것은 어디까지나 자연스러움에서 나와야 함. 한데 만약 그렇지 않고 의도적으로 '제물'을 추구함을 즐긴다면, 아직 '망정'의 경지에 이렀다고 보기 어려움. 그 때문에 아래에서 그런 사람은 "성인이 아니다"라고 한 것임.

49 利害不通(이해불통): 이익과 손해를 통효通曉함, 즉 통달하여 환하게 앎. 일설에는 '통'을 동同과 같다고 함. 곧 이익과 손해를 다 같은 것으로 여긴다는 말.

50 行(행): 추구함.

51 己(기): 여기서는 자기 자신의 천성, 본성을 가리킴.

52 亡身不眞(망신부진): 목숨을 잃는 데다 자신의 진성眞性에도 부합하지 않음. '진'은 진성, 즉 천성, 본성.

53 役人(역인): (다른) 사람을 부림. 또 그런 사람. 여기서는 곧 통치자를 가리킴.

54 狐不偕(호불해): 요임금 때의 현인. 요임금이 왕위를 물려주려 하자, 너무나 싫은 나머지 스스로 강물에 몸을 던져 죽음.

55 務光(무광): 하말夏末·상초商初의 은사. 상나라 탕왕이 천하를 물려주려 하자, 받기는커녕 돌을 짊어지고 강물에 몸을 던져 죽음.

56 伯夷(백이)·叔齊(숙제): 상나라, 즉 은나라 말엽 고죽국孤竹國의 왕자들. 백이가 형이고, 숙제가 아우. 부왕이 죽자, 모두 왕위 계승을 마다하고 서백西伯 희창姬昌, 즉 훗날의 주나라 문왕文王의 통치 지역으로 달아남. 나중에 주나라 무왕武王이 은나라를 멸하려 하자 극구 만류했으나, 무왕은 듣지 않고 은나라를 멸해 천하를 통일함. 이후 두 사람은 무왕이 다스리는 주나라의 곡식은 먹지 않겠다며 수양산首陽山으로 들어가 굶어 죽음.

57 箕子(기자): 은나라 마지막 임금 주왕의 숙부. 포학무도한 주왕에게 여러 차례 간하다가 구금되어 노예로 전락했는데, 머리를 풀어헤치고 미친 척하며 삶.

58 胥餘(서여): 어떤 사람인지 잘 알려지지 않음. 일설에는 기자箕子라고도 하고, 또 비간比干이라고도 함.

59 紀他(기타): 상나라 탕왕 때의 은자. 탕왕이 자기에게 왕위를 물려주지나 않을까 두려워한 나머지 관수窾水 강가로 달아나 은거함.

60 申徒狄(신도적): 상(은)나라 때 사람으로, '신도'가 복성複姓이고, 이름은 '적'. 관수로 달아나 은거한 기타의 높은 이름을 흠모함이 지나쳐 그 스스로 강물에 뛰어들어 죽음.

61 役人之役(역인지역): 다른 사람의 부림을 받음. 장자는 "외물을 마음대로 부리
면서 결코 외물에 휘둘리지 않아야 함〔物物而不物於物〕"(『장자』「산목山木」), "외물
을 마음대로 부리면서 외물에 휘둘리지 않아야만 비로소 천하 만물을 다스릴
수 있음〔物而不物, 故能物物〕"(『장자』「재유在宥」)을 주장함.

62 適人之適(적인지적): 다른 사람의 안락을 이루어줌. '적'은 안락함, 안일함.

63 故聖人之用兵也, ……而不自適其適者也(고성인지용병야, ……이불자적기적자야):
이 단락은 천꾸잉이 원이뒤의 견해에 근거해 착간錯簡, 즉 죽간의 순서가 뒤죽
박죽이 되면서 이곳에 잘못 끼어들어 온 것이라고 했는데, 전후 문맥상 분명
생뚱맞은 감이 있어 응당 그 점을 감안해 이해해야 할 듯함. 장모어성이 이를
응당 삭제해야 전후 문의가 한결 잘 통한다고 한 것도 바로 그 때문임.

64 狀(상): 이는 천치티엔이 이른 대로, 진인의 정신적 형상形狀/刑象, 곧 정신세계
를 말하며, 육체적 형상을 말하는 게 아님.

65 義而不朋(의이불붕): 높고 크게 우뚝하면서도 결코 무너지지 않음. '의'는 아峨
와 통하며 고대高大한 모양. '붕'은 붕崩과 같음. 붕괴함. 곧 부실함을 이름.

66 若不足(약부족): 뭔가 부족한 것 같음. 곧 『노자』··"높은 덕은 오히려 낮은 골짜
기인 듯하고, 지극히 깨끗한 것은 오히려 때가 묻은 듯하며, 넓은 덕은 오히려
부족한 듯하다〔上德若谷, 大白若辱, 廣德若不足〕"(41장)의 의미와 같은 맥락임.

67 承(승): 받음. 여기서는 보탬, 더함.

68 與(여): 용여容與함, 즉 한가롭고 편안하여 흥에 겨움.

69 觚(고): 홀로 우뚝 뛰어나 뭇사람들과 달리 뭔가 특출함을 이름.

70 堅(견): 고집스러움.

71 張(장): 펼침, 확대함.

72 虛(허): 청허함, 곧 사사로운 욕심이나 잡념이 없어 마음이 맑고 깨끗함.

73 華(화): 부화浮華함, 즉 실속 없이 겉만 화려함. 곧 진실·순박하지 않음을 이름.

74 邴(병): 명랑하고 유쾌함. 통행본에는 '병병邴邴'으로 되어 있으나, 앞뒤 구절에
비춰볼 때 일률적이지 못해 필시 전사傳寫 과정에 잘못 더해진 것으로 보이며,
따라서 천꾸잉을 따라 옌링평嚴靈峯의 견해에 근거해 고침.

75 其似喜(기사희): 그 기쁜 것 같음. 진인은 기쁨과 노여움을 망각 초월하므로 사
실상 기뻐함이 없다고 할 수 있으며, 그 때문에 이같이 말한 것임.

76 也(야): 통행본에는 '호乎'로 되어 있으나, 역시 전후 문맥상 일률적이지 못해 장

모어성 등을 따라 진벽허陳碧虛 『장자궐오莊子闕誤』에 근거해 고침. 아래 '최호기부득이야崔乎其不得已也'와 '여호기사세야厲乎其似世也'의 '야'도 이와 같이 고친 것임.

77 崔(최): 최催와 통함. 여기서는 움직임을 이름.

78 淸(축): 가득 고인 물이 맑고 깨끗한 모양. 곧 진인의 용모가 한껏 청아하여 광채가 남을 형용 비유함.

79 進我色(진아색): 이는 장모어성이 이른 대로, '진아이색進我以色'의 뜻으로 이해됨. '색'은 용색容色, 즉 용모와 안색. 또 기색.

80 與(여): 용여容與 자득함. 곧 진인의 관대하고 순후한 덕을 두고 이름.

81 止我德(지아덕): 이 역시 장모어성이 이른 대로, '지아이덕止我以德'의 뜻으로 이해됨.

82 厲(여): 광廣 자의 잘못임. 글꼴의 근사함에서 비롯된 오류로 추정됨. 이는 곧 진인의 광대한 정신세계를 두고 이름.

83 鰲(오): 오傲와 같음. 고오高傲함. 또 고매함, 고원함.

84 連(연): 연면連綿, 즉 끊임없이 아득히 이어짐. 또 그 모양. 이는 성현영이 이른 대로, 성덕이 심원하여 헤아리기 어려움을 두고 하는 말.

85 好閉(호폐): 즐겨 자아를 폐쇄함, 곧 외부에서 자기 자신에게로 통하는 교류와 소통의 문을 막음을 이름. 이는 진인의 심원한 덕성이 사람들에게 쉽게 이해되지 못한다는 것으로 이해됨.

86 悗(문): (만물에) 무심한 모양.

87 其忘言(기망언): 통행본에는 '망기언忘其言'으로 되어 있으나, 까오헝高亨의 견해를 좇아 고침.

88 體(체): 근본.

89 翼(익): 부차副次, 보조.

90 知(지): 지智와 같음.

91 爲(위): 이해함.

92 循(순): (근거나 기준으로 삼을) 표준.

93 綽(작): 관대함.

94 不得已於事也(부득이어사야): 이는 육장경陸長庚이 이른 대로, 마땅히 행해야 할 때 행하고, 멈추지 않으면 안 될 때 멈춤을 말함.

95 以刑爲體 ……而人眞以爲勤行者也(이형위체 ……이인진이위근행자야): 이 13구에 대해 장모어성은 그 일부 구절이 장자의 사상과는 전혀 어울리지 않는데, 이 점에 대해 당시 다른 사람들도 이미 의혹을 가지고 있었으며, 혹시 다른 책의 내용이 잘못 끼어들어 온 착간이 아닐까 하는 생각을 하면서, 이를 삭제해야 전후 문의가 잘 통한다고 함. 이에 천꾸잉도 적극 동조하면서, 이 구절들은 「대종사편」의 주지主旨에도 어긋난다는 이유를 덧붙이며 마땅히 삭제해야 한다고 함. 이들의 주장에 충분한 설득력이 있어 따를 만함.

96 與天爲徒(여천위도): 하늘에게 제자가 됨, 하늘을 스승으로 삼음. 곧 하늘·천도·자연을 본받음, 또 포일수진抱一守眞, 즉 대도를 굳게 지키며 본성을 잃지 않음을 이름.

97 與人爲徒(여인위도): 곧 사람을 본받음·따름, 또 수속이행隨俗而行, 즉 세속을 좇아 행동함을 이름.

98 勝(승): 여기서는 (서로) 모순·대립·저촉됨을 이름.

해설

장자는 득도와 체도體道의 표상인 '진인'의 인물 형상과 사상 특징에 대한 묘사를 통해 '도'의 본질과 작용을 간접적으로 설명했다. 또한 그러한 가운데 사람들이 대도 내지 천도와 하나되는, 즉 대도와 천도의 정신을 본받고 따르는 삶을 살 것을 은근히 강조했다.

진인은 곧 도가 인격화, 의인화된 형상으로, 장자가 말하는 '대종사'의 한 전형이다. 무릇 진인은 그 앎과 식견이 높고도 높이 대도의 경지에 다다라 고원하고 심원한 정신세계를 형성했고, 나아가 만사 만물에 망정 무욕하며, 오로지 자연의 순리를 따르면서 '천인합일', 즉 하늘과 사람이 하나임을 실천으로 보여준다.

노자가 말하길, "도란 어떤 것이라고 말할 수 있으면, 그것은 영원

불변의 지극한 도가 아니다[道可道, 非常道]"(『노자』 1장)라고 했다. 장자
가 간접적인 방법으로 대도를 설명하는 것은 바로 그 같은 대도의 '불
가도성不可道性' 때문이다. 아무튼 대도에 대한 간접 서술은 장자의 상
투적인 기법으로, 거의 『장자』 전편에 걸쳐 활용되고 있는데, 그야말
로 사람들에게 통발을 주어 물고기를 잡도록 하고, 올무를 주어 토끼
를 잡도록 하는 것이나 다름이 없다. 한데 장자가 대도를 인격화하는
까닭은 그뿐만이 아니다. 장자는 사람들이 진실로 진인을 본받아 삶
속에서 '천인합일'의 정신과 의의를 구현할 수 있기를 더더욱 바란 것
이다.

2

  삶과 죽음은 천명이요, 운명이나니, 그것은 마치 밤과 낮이 끊임없
이 교체 운행하는 것과 같아서 분명 천지자연의 법칙일 따름이다. 이
처럼 세상에서 사람이 간여할 수 없는 것들은 모두 자연스러운 만물
변화의 실정實情이다. 사람들은 단지 하늘을 아버지로 여기며 온몸과
마음을 다 바쳐 우러러 받들거늘, 하물며 그 위상이 하늘을 뛰어넘는
대도야 어찌 더 말할 나위가 있겠는가? 사람들은 단지 나라를 다스
리는 군주가 자신들보다 우월하다고 여기어 군주에게 온몸과 마음을
다 바쳐 충성하거늘, 하물며 우주 만물을 주재하는 대도야 어찌 더 말
할 나위가 있겠는가?
  샘물이 마르고 난 뒤에 물고기들이 함께 땅 위에서 곤경에 처해 있
으면서 서로 습기를 불어주고, 서로 침을 적셔주기보다는, 차라리 강

과 호수에서 서로를 망각한 채 자재함이 낫다. 또 요임금의 성명聖明함을 찬미하고 걸왕의 포악함을 비난하기보다는, 차라리 양자의 시시비비를 다 잊고 대도와 하나 되는 것이 낫다.

[무릇 대자연은 우리에게 형체를 부여해 의탁케 하는가 하면, 생명을 부여해 열심히 일하게 하고, 늙음을 부여해 안일을 누리게 하는가 하면, 죽음을 부여해 안식케 했다. 그러므로 나의 삶을 적절히 안배한 대자연은 또한 곧 나의 죽음을 적절히 안배하는 존재인 것이다.]

무릇 배를 산골짝에 감춰두고, 통발을 못 속에 감춰두면 안전하다고 생각할 것이다. 하지만 한밤중에 장사壯士가 그것들을 짊어지고 가버릴 수도 있거늘, 한잠을 자는 사람은 전혀 알아차리지 못할 것이다. 작은 것을 큰 것 안에 감추는 것은 분명 적절하겠지만, 그래도 여전히 잃어버릴 수가 있는 것이다. 만약 천하 만물을 천하에 감추어 맡겨둔다면 결코 잃어버리지 않을 것인데, 그것은 바로 만물이 영원할 수 있는 지극히 당연한 이치이다. [사람들은 단지 사람의 형체를 얻은 것만으로 무척이나 기뻐한다. 하지만 세상에는 사람의 형체와 같은 수많은 사물들이 천변만화千變萬化하며 일찍이 그 끝이 없었거니, 앞으로 그렇게 즐거움을 얻을 일을 어찌 이루 다 헤아릴 수 있겠는가?] 그러므로 성인은 장차 만물을 잃어버리지 않을 영역과 경지에서 노닐며 천지와 공존하게 된다. 이처럼 젊음과 늙음, 그리고 삶과 죽음에 두루 편안히 순응하는 이를 사람들이 오히려 너나없이 본받거늘, 하물며 만물이 귀속하고, 일체의 변화가 의지하는 대도야 어찌 더 말할 나위가 있겠는가?

死生, 命¹也, 其²有³夜旦之常,⁴ 天⁵也. 人之有所不得與,⁶ 皆物之情
사 생 명 야 기 유 야 단 지 상 천 야 인 지 유 소 부 득 여 개 물 지 정
也. 彼⁷特⁸以天爲父, 而身猶愛⁹之, 而況其卓¹⁰乎? 人特以有君爲愈
야 피 특 이 천 위 부 이 신 유 애 지 이 황 기 탁 호 인 특 이 유 군 위 유
乎己, 而身猶死之, 而況其眞¹¹乎?
호 기 이 신 유 사 지 이 황 기 진 호

泉涸,¹² 魚相與處於陸, 相呴¹³以濕, 相濡¹⁴以沫,¹⁵ 不如相忘於江湖.
천 학 어 상 여 처 어 륙 상 구 이 습 상 유 이 말 불 여 상 망 어 강 호
與其譽堯而非桀¹⁶也, 不如¹⁷兩忘而化其道.¹⁸
여 기 예 요 이 비 걸 야 불 여 양 망 이 화 기 도

[夫大塊¹⁹載²⁰我以形, 勞我以生, 佚²¹我以老, 息我以死. 故善吾生
부 대 괴 재 아 이 형 노 아 이 생 일 아 이 로 식 아 이 사 고 선 오 생
者, 乃所以善吾死也.]²²
자 내 소 이 선 오 사 야

夫藏舟於壑,²³ 藏山²⁴於澤, 謂²⁵之固²⁶矣; 然而夜半²⁷有力者負之而
부 장 주 어 학 장 산 어 택 위 지 고 의 연 이 야 반 유 력 자 부 지 이
走, 昧者²⁸不知也. 藏小大²⁹有宜,³⁰ 猶有所遯.³¹ 若夫藏天下於天
주 매 자 부 지 야 장 소 대 유 의 유 유 소 둔 약 부 장 천 하 어 천
下³²而不得所遯, 是恆物之大情³³也. [特犯³⁴人之形而猶喜之. 若
하 이 부 득 소 둔 시 항 물 지 대 정 야 특 범 인 지 형 이 유 희 지 약
人之形者, 萬化而未始有極也,³⁵ 其爲樂可勝³⁶計邪³⁷?]³⁸ 故聖人
인 지 형 자 만 화 이 미 시 유 극 야 기 위 락 가 승 계 야 고 성 인
將遊於物之所不得遯而皆存.³⁹ 善夭⁴⁰善老, 善始善終,⁴¹ 人猶效⁴²
장 유 어 물 지 소 부 득 둔 이 개 존 선 요 선 로 선 시 선 종 인 유 효
之, 又況萬物之所係⁴³而一化⁴⁴之所待⁴⁵乎?
지 우 황 만 물 지 소 계 이 일 화 지 소 대 호

주석

1 命(명): 천지자연의 이치, 법칙. 석감산은 저절로 그러하며 피할 수 없는 것이라
고 함. 아래의 '천天'도 이와 같음.

2 其(기): 사생死生을 가리킴.

3 有(유): 유猶와 같음.

4 常(상): 항상. 곧 끊임없이, 쉼 없이 교체 운행함을 이름.

5 天(천): 이는 앞의 '명'과 마찬가지로 자연의 변화와 법칙을 이름. 다만 사람의
생사를 두고 말할 때는 '명'이라고 한 반면, 밤낮과 같은 자연의 변화와 운행을
두고 말할 때는 '천'이라고 한 것일 뿐임.

6 與(여): 간여함.

7 彼(피): 저들, 곧 사람들을 가리킴.

8 特(특): 다만, 단지.

9 愛(애): 애대愛戴함, 즉 웃어른으로 인정하고 소중하게 떠받듦.

10 卓(탁): 탁월함, 탁절卓絶함. 곧 하늘을 뛰어넘는, 하늘보다 존귀한 도를 가리킴.
다음 장에서 대도는 능히 '생천생지生天生地'한다고 했으니, 그 위상은 하늘을
훨씬 능가하는 것임.

11 眞(진): 진군眞君, 곧 우주 만물의 주재자인 도를 가리킴.

12 涸(학): 물이 마름.

13 呴(구): 숨을 '후' 내쉼.

14 濡(유): 적심, 즉 젖게 함.

15 沫(말): (입 안의) 침.

16 桀(걸): 하나라 마지막 임금. 폭군으로 이름이 남.

17 與其(여기)~不如(불여)~: "~하기보다는 차라리 ~하는 것이 낫다"는 뜻의 관
용구.

18 化其道(화기도): 대도와 하나됨, 대도로 귀의함.

19 大塊(대괴): 대지. 여기서는 천지자연 또는 조물주를 가리킴.

20 載(재): 의탁함.

21 佚(일): 일逸과 같음. 안일, 즉 편안하고 한가로움.

22 夫大塊載我以形, ……乃所以善吾死也(부대괴재아이형, ……내소이선오사야): 이
6구는 전후의 문의와의 연관성이 분명치 않은 데다 아래 5장 자래子來의 말 가
운데에 같은 구절이 있어, 왕무횡王懋竑을 비롯한 다수의 논자들이 착간으로 의
심하고 있고, 천꾸잉은 그에 근거해 응당 삭제해야 한다고 했는데, 분명 참고
할 만함.

252

23 **壑**(학): 산골짜기.

24 **山**(산): 산汕과 통함. 어구漁具의 일종인 오구, 통발. 일설에는 글자 그대로 뫼의 뜻으로 이해함.

25 **謂**(위): ~라고 여김, 생각함.

26 **固**(고): 견고함. 곧 (사고가 날 위험이 없어) 안전함을 이름.

27 **夜半**(야반): 한밤중. 곧 부지불식간, 즉 생각하지도 못하고 알지도 못하는 사이를 비유함.

28 **昧者**(매자): 잠자는 사람. 곧 어리석은 사람을 비유함. '매'는 매寐와 같음. 일설에는 글자 그대로 어리석다는 뜻으로 이해함.

29 **藏小大**(장소대): 곧 '장소어대藏小於大'라는 뜻. 작은 것을 큰 것 안에 감춤. 여기서 '소'는 배와 통발을, '대'는 산골짝과 못을 각각 가리킴.

30 **宜**(의): 적의適宜함, 곧 알맞고 마땅함, 적절함.

31 **遯**(둔): 잃음, 망실亡失함.

32 **藏天下於天下**(장천하어천하): 천하를 천하 안에 감춤, 맡김. 곧 만물을 천하에 맡겨두고, 결코 자신의 사유로 해 사리사욕을 채우려고 하지 않는다는 말.

33 **大情**(대정): 지리至理, 상리常理.

34 **犯**(범): 만남, 얻음. 이는 일설에 '범'이 범范과 같아서 (조물주에 의해) 주조됨을 뜻한다는 풀이와도 연관됨.

35 **"若人**(약인)…**"** 2구: 곧 천지간에는 사람과 유사한 사물이 대단히 많은데, 사람도 죽고 나면 그 육신이 변해서 다른 사물이 될 수 있을 뿐만 아니라 그 같은 변화는 끝없이 이어진다는 말. 결국 도의 시각에서 볼 때, 그러한 사물들과 인체는 한가지이며 결코 다른 것이 아니라는 얘기. '만화'는 천변만화, 즉 무수히 변화함.

36 **勝**(승): 이겨냄, 감당함.

37 **邪**(야): 야耶와 같음. 의문조사.

38 **特犯人之形而猶喜之. ……其爲樂可勝計邪?**(특범인지형이유희지. ……기위락가승계야?): 천꾸잉은 이 4구가 아래 5장의 글이 이곳에 잘못 끼어들어 와 전후의 문의가 연관성을 잃게 되었으며, 이를 삭제해야 문세文勢가 잘 통한다는 판단하에, 왕샤오위王孝魚의 『장자내편신해莊子內篇新解』에 근거해 삭제한 후 5장으로 옮겨 편입시켰는데, 참고할 만함.

39 聖人將遊於物之所不得遯而皆存(성인장유어물지소부득둔이개존): 성인은 자신의 몸을 천지간에 의탁하면서 천지와 공존함을 이름. 다시 말하면 사람은 자신의 몸이 자기의 개인 소유물이 아니라, 천지 만물을 구성하는 한 부분이라는 생각을 해야 함. 사람의 몸은 죽고 나면 다시 또 다른 사물로 변하게 되며, 설사 천변만화를 거친다 해도 시종 변함없이 천지간에 존재하게 됨. 이렇게 볼 때, 사람은 결코 죽지 않으며, 영원히 천지와 공존한다는 것임.

40 夭(요): 젊음. 일부 판본에는 '요妖'로 되어 있는데, 뜻은 같음.

41 始(시)·終(종): 생生·사死.

42 效(효): 본받음.

43 係(계): 귀속함.

44 一化(일화): 일체의 변화.

45 待(대): 의지함.

해설

밤과 낮이 하늘에 달렸다면, 죽음과 삶은 운명에 달렸다. 이는 모두 천지자연의 법칙으로, 사람이 간여할 수 있는 게 아니다. 따라서 사람은 응당 우주 만물에 대한 천도, 아니 대도의 지배와 주재에 순순히 따르며 적응하고, 대자연의 조화와 안배를 편안히 받아들이며, 인생에 있어서의 생사니 성쇠니, 빈부니 귀천이니, 시비니 피차니 하는 등등의 세속적인 관념과 의식의 집착에서 벗어나야 한다. 진인, 즉 성인은 바로 그 같은 자세와 태도로 대도의 정신을 깊이 체득해 젊음과 늙음, 삶과 죽음에 두루 편안히 순응하며 천지와 공존하는 인물의 전형이다. 우리도 응당 그들을 본받아 "천하 만물을 천하에 감추어 맡겨둔다면 결코 잃어버리지 않을 것이며, 그것은 바로 만물이 영원할 수 있는 지극히 당연한 이치"라는 사실을 깨달아야 한다. 이것이 곧 장자가 우리에게 주고픈 가르침이다.

3

　무릇 도는 진정 실질이 있는가 하면, 또 그것을 실증할 기운을 가지고 있지만, 의도적으로 뭔가를 행함이 없고, 또 어떠한 형체도 없다. 하여 마음으로 전할 수는 있어도 말로 전할 수는 없고, 마음으로 깨달을 수는 있어도 눈으로 볼 수는 없다. 또한 도는 그 스스로가 자신의 근본이자 근원으로, 아직 천지가 생성되기 이전 까마득한 옛날부터 이미 존재했다. 그리고 귀신을 낳고 상제上帝를 낳았으며, 하늘을 낳고 땅을 낳았다. 또한 높디높은 하늘 위에 있어도 결코 높은 것 같지 않고, 깊디깊은 천지 사방 아래에 있어도 결코 깊은 것 같지 않으며, 천지보다 먼저 났어도 결코 오래된 것 같지 않고, 상고上古보다 긴 세월이지만 결코 연로한 것 같지 않다. 아주 먼 옛날 시위씨狶韋氏는 도를 터득해 천지 만물을 다스렸고, 복희씨伏羲氏는 도를 터득해 우주의 원기를 조화롭게 했으며, 북두성은 도를 터득해 영구히 한 치도 어긋나지 않고, 해와 달은 도를 터득해 영구히 그 운행을 멈추지 않으며, 감배勘坏는 도를 터득해 곤륜산崑崙山에 들어가 산신이 되었고, 풍이馮夷는 도를 터득해 대하를 순유巡遊하는 하신이 되었으며, 견오는 도를 터득해 대산大山에 안거하는 산신이 되었고, 황제黃帝는 도를 터득해 높디높은 하늘로 올라가 신선이 되었으며, 전욱顓頊은 도를 터득해 제위에 올라 현궁玄宮에 거처했고, 우강禺强은 도를 터득해 북극에 우뚝 서서 수신水神이 되었다. 또 서왕모西王母는 도를 터득해 소광산少廣山

에 터를 잡고 앉았는데, 그 시작을 아는 이도 없고, 그 결말을 아는 이도 없다. 팽조는 도를 터득해 위로는 순임금 시대까지 거슬러 올라가고, 아래로는 오패五霸시대에 이르기까지 장수했다. 부열傳說은 도를 터득해 은나라 고종高宗 무정武丁을 도와 천하를 다스렸고, 죽어서는 동유성東維星에 올라타는가 하면, 기성箕星과 미성尾星 사이에 걸터앉아 뭇별과 나란히 늘어서게 되었다.

夫道, 有情[1]有信[2], 無爲無形; 可傳[3]而不可受,[4] 可得[5]而不可見; 自本
부도 유정 유신 무위무형 가전 이불가수 가득 이불가견 자본
自根,[6] 未有天地, 自古以固存; 神[7]鬼神帝, 生天生地; 在太極[8]之上[9]
자근 미유천지 자고이고존 신 귀신제 생천생지 재태극 지상
而不爲高, 在六極[10]之下而不爲深, 先天地生而不爲久, 長於上古而
이불위고 재육극 지하이불위심 선천지생이불위구 장어상고이
不爲老.[11] 狶韋氏[12]得之,[13] 以挈[14]天地; 伏戲氏[15]得之, 以襲[16]氣母[17];
불위로 시위씨 득지 이설 천지 복희씨 득지 이습 기모
維斗[18]得之, 終古[19]不忒[20]; 日月得之, 終古不息; 勘坏[21]得之, 以襲[22]
유두 득지 종고 불특 일월득지 종고불식 감배 득지 이습
崑崙; 馮夷[23]得之, 以遊大川[24]; 肩吾[25]得之, 以處大山[26]; 黃帝[27]得之,
곤륜 풍이 득지 이유대천 견오 득지 이처대산 황제 득지
以登雲天[28]; 顓頊[29]得之, 以處玄宮[30]; 禺强[31]得之, 立乎北極; 西王
이등운천 전욱 득지 이처현궁 우강 득지 입호북극 서왕
母[32]得之, 坐乎少廣,[33] 莫知其始, 莫知其終; 彭祖[34]得之, 上及有虞[35]
모 득지 좌호소광 막지기시 막지기종 팽조 득지 상급유우
下及五伯[36]; 傳說[37]得之, 以相[38]武丁,[39] 奄有[40]天下, 乘東維[41]·騎箕
하급오패 부열 득지 이상 무정 엄유 천하 승동유 기기
尾[42]而比[43]於列星.[44]
미 이비 어열성

주석 ────────────────────────

1 有情(유정): 도의 허중유실虛中有實한 특징을 이름. '정'은 실實, 실질을 뜻함. 『노

256

자』에서 "(도는) 그처럼 깊디깊어 헤아리기 어렵지만, 그 가운데 만물의 정기가
있다(窈兮冥兮, 其中有精)"(21장)라고 했듯이, 도는 허한 듯하지만 분명 실實하며
실존하는 존재로서 그 가운데에는 우주 만물을 창조하고, 또 그 모든 생명과
물질의 끊임없는 변화와 발전을 주재하는 원리와 본질을 함유하고 있음.

2 有信(유신): 도에는 그 '정情'을 실증할 수 있는 근거가 있음을 이름. 곧 『노자』
에서 "그(도 가운데에 있는) 정기는 또 한껏 진실하여 그 가운데 신실히 증험할 수
있는 근거가 있다(其精甚眞, 其中有信)"(21장)라고 한 것과 같음. '신'은 험驗의 뜻으
로, 곧 실증함, 증험함을 말함.

3 傳(전): 심전心傳, 즉 마음으로 전함, 이심전심함.

4 受(수): 구수口授, 곧 구전함. '수'는 수授와 같음.

5 得(득): 심득心得함, 즉 마음으로 깨달음.

6 自本自根(자본자근): 도는 그 스스로가 바탕이요, 그 스스로가 뿌리임. 곧 만물
의 근원인 도는 그 스스로가 자신의 근본이요 근원이며, 도의 근원인 다른 어
떤 것이 또 있는 게 아님.

7 神(신): 생生과 같음.

8 太極(태극): 흔히 천지와 음양이 분화 형성되기 이전의 청허 혼돈의 상태 내지
원기를 이름. 다만 여기서는 하늘 내지 하늘 가운데 가장 높은 곳인 구천九天을
이르는 것으로 이해됨.

9 上(상): 통행본에는 본디 '선先'으로 되어 있으나, 천꾸잉 등이 그랬듯이, 전후
문맥상 응당 '상'이라고 해야 한다는 유월의 견해를 좇아서 고침.

10 六極(육극): 육합六合, 즉 천지 사방. 이상의 "재태극在太極…" 2구는 곽상이 이
른 대로, 도의 무소부재無所不在를 말함.

11 "先天地(선천지)…" 2구: 천치티엔이 이른 대로, 도는 고금을 관통하고 있어 무
시부재無時不在함을 말함.

12 狶韋氏(시위씨): 전설상의 상고시대 제왕.

13 之(지): 도, 즉 대도를 가리킴.

14 挈(설): 가지런히 함, 수정修整함. 곧 다스림.

15 伏戲氏(복희씨): 즉 복희씨伏羲氏. 전설상의 상고시대 제왕.

16 襲(습): 맞음, 합치함. 여기서는 조화시킴.

17 氣母(기모): 우주의 원기. 옛날 사람들은, 우주의 최초 상태는 혼돈의 원기였는

데, 그 원기에서 음양의 이기二氣가 분화되어 나오고, 또 음양 이기가 조화하여 만물을 낳는 것이라고 생각함.

18 維斗(유두): 북두北斗의 다른 일컬음. 북두(칠)성.

19 終古(종고): 영원히, 영구히.

20 忒(특): 틀림, 어긋남.

21 勘坏(감배): 곤륜산의 신 이름.

22 襲(습): 들어감(入).

23 馮夷(풍이): 황하의 신 이름. 빙이冰夷, 무이無夷 또는 하백河伯이라고도 함.

24 大川(대천): 대하大河. 곧 황하를 가리킴.

25 肩吾(견오): 태산의 신 이름.

26 大山(대산): 큰 산, 곧 태산을 가리킴. 일설에는 태산太山과 같으니, 곧 태산泰山을 이른다고 함.

27 黃帝(황제): 즉 헌원씨軒轅氏. 전설상의 고대 제왕. 중화 민족의 시조로 일컬어짐.

28 登雲天(등운천): 황제가 나중에 하늘로 올라가 신선이 되었다는 전설을 말함.

29 顓頊(전욱): 황제의 손자로, 호는 고양씨高陽氏. 상고시대 북방의 제왕. 현제玄帝라고도 함. '현玄'은 검은색으로, 북방의 색이기 때문에 다음 구에서 '처현궁'이라고 한 것임.

30 玄宮(현궁): 북방의 왕궁.

31 禺强(우강): 북해北海의 신.

32 西王母(서왕모): 신화 전설상의 여신 이름.

33 少廣(소광): 서왕모가 살았다는, 서방 극단極端의 신산神山 이름.

34 彭祖(팽조): 전욱의 현손玄孫으로, 팔백 년간 장수했다는 전설상의 인물.

35 有虞(유우): 유우씨有虞氏, 우순虞舜, 즉 순임금을 가리킴.

36 五伯(오패): 오패五霸, 즉 다섯 패자霸者. 하대夏代의 곤오昆吾, 은대殷代의 대팽大彭과 시위豕韋, 주대周代의 제나라 환공과 진晉나라 문공文公을 가리킴. 일설에는 춘추 오패, 즉 제나라 환공, 진晉나라 문공, 진秦나라 목공穆公, 초나라 장왕莊王, 송나라 양공襄公을 이른다고 함.

37 傅說(부열): 은상殷商 시대의 현재賢才로, 고종 무정의 재상을 지냈으며, 죽어서는 별이 되었다고 함.

38 相(상): 도움, 보좌함. 또 재상을 맡음.

39 **武丁**(무정): 은나라 고종의 이름.

40 **奄有**(엄유): 점유함, 곧 차지해 다스림을 이름.

41 **東維**(동유): 별 이름. 기성과 미성 사이에 있다고 함.

42 **箕**(기)·**尾**(미): 별 이름. 둘 다 이십팔수二十八宿 중의 별.

43 **比**(비): 병렬함.

44 **豨韋氏得之 …而比於列星**(시위씨득지 …이비어열성): 이 일단은 온갖 신화 전설
을 언급하고 있는 탓에, 일부 논자들이 선가仙家의 언론으로 후세 사람이 덧붙
인 것이 아닌가 의심하면서, 결코 장자의 학설이 아니라고 하는가 하면, 또 삭
제해도 무방하다고도 함. 하지만 장모어성은 장자가 이 일단을 덧붙인 취지는
단지 도가 모든 사리 변화의 핵심 원리임을 증명하기 위한 것이라는 논리로 일
부 논자들의 주장을 반박했는데, 나름의 설득력이 있어 따를 만함.

해설

이 장은 『장자』 일서의 도에 대한 논술 가운데 가장 완정完整하고, 가
장 중요한 글이다. 앞의 여러 편에서 장자가 말한 것은 대개 사람이
'득도'한 이후의 경지였다면, 이 장에서는 도의 실질적 특징과 그 작
용에 대해 중점적으로 기술했다. 그에 따르면, 도는 '무위무형無爲無形'
의 특성을 가진, 객관적이고 실질적인 존재이다. 더욱이 도는 '자아 근
본'의 절대적 존재로서 우주 만물의 근원인 만큼, 천지 만물은 어느 것
하나 도에서 생성되지 않은 것이 없다. 또한 도는 시간과 공간상 무한
무궁하여 그야말로 있지 않은 때가 없고, 있지 않은 곳이 없다.

장자는 이어서 천지 만물(사람도 만물의 하나임)이 도의 본질과 정신을
체득해 각기 나름의 방식으로 구현해낸 사례들을 부연했다. 이를 두
고 장자의 학설로 보기 어렵다는 일부의 주장이 있기는 하나, 장자가
그 같은 내용을 덧붙인 것은 단지 도가 모든 사리 변화의 핵심 원리임

을 증명하기 위한 취지라는 장모어성의 견해가 오히려 더 설득력 있게 다가온다. 그 사례들은 곧 노자가 "그 옛날 '일一', 즉 도를 얻은 예는 이러하다. 하늘은 도를 얻어서 청명해졌고, 땅은 도를 얻어서 안정되었으며, 신은 도를 얻어서 영험해졌고, 강은 도를 얻어서 물로 가득차게 되었으며, 만물은 도를 얻어서 생장하게 되었고, 군왕은 도를 얻어서 천하의 본보기가 되었다〔昔之得一者: 天得一以淸, 地得一以寧, 神得一以靈, 谷得一以盈, 萬物得一以生, 侯王得一以爲天下正〕"(『노자』 39장)라고 한 것과 같은 맥락의 표현이란 얘기다. 분명 장자는 노자의 영향을 받아 보다 극단적인 인증引證을 가한 것으로 보인다.

아무튼 장자가 말하는 도는 주관적인 색채가 다분한데, 그것은 장자가 스스로 도에 귀의하고, 스스로를 도에 귀속시키는 의식과 관념을 가지고 있기 때문일 것이다. 도는 사람을 포함한 천지 만물을 낳았으니, 장자 또한 도의 산물임은 두말할 나위가 없다. 일반적으로 사람들은 세상에 태어난 이후에는 곧 도를 벗어나고, 도를 잊어버리는 까닭에 단지 속인의 범주를 맴돌 뿐이다. 하지만 장자는 '제물론'의 관점에 입각해 '망형'과 '망정'의 조예와 경지(「덕충부편」 개요 참조)에 다다름으로써 자신의 모체인 대도로 회귀했다. 장자는 결국 자신의 출발점, 근원으로 되돌아와 그곳에 귀착·귀의함으로써 대도와 일체화된 영원 불멸의 진인, 성인이 된 것이다.

4

남백자규南伯子葵가 여우에게 물었다. "당신은 연세도 많은데, 얼굴빛은 오히려 어린아이와도 같구려. 어떻게 해서 그렇습니까?" 여우가 말했다. "제가 도를 배웠기 때문이지요." 남백자규가 말했다. "도를 배울 수가 있습니까?" 여우가 말했다. "아니요, 배울 수 없습니다. 당신은 도를 배울 수 있는 사람이 아니오. 복량의卜梁倚는 성인의 재지才智는 있으나, 성인의 도가 없고, 저는 성인의 도는 있으나, 성인의 재지가 없습니다. 한데 제가 성인의 도를 가지고 그를 가르치려고 하는데, 아마 그가 아닌 게 아니라 정말로 성인이 되지 않을까요? 설령 그렇지 않을지라도 성인의 도를 성인의 재지가 있는 사람에게 일러주면 어쨌든 쉽게 이해하겠지요. 물론 그렇더라도 저는 오히려 성인의 도를 더욱 받들어 지키며 지성으로 일러줄 것이고, 그러면 3일 후에는 그가 능히 천하를 망각할 것입니다. 그가 천하를 망각한 이후에도 저는 또 성인의 도를 더욱 받들어 지키며 지성으로 일러줄 것이고, 그러면 7일 후에는 그가 능히 만물을 망각할 것입니다. 그가 만물을 망각한 이후에도 저는 또 성인의 도를 더욱 받들어 지키며 지성으로 일러줄 것이고, 그러면 9일 후에는 그가 능히 자아를 망각할 것입니다. 자아를 망각한 이후에는 다시 능히 만사 만물의 이치에 통달해 공허하고 청정한 정신세계를 갖게 될 것이며, 공허하고 청정한 정신세계를 가진 이후에는 다시 능히 절대적인 존재로 탁연卓然히 홀로 우뚝한 도를 깨닫게 될 것이며, 도를 깨달은 이후에는 다시 능히 고금의 관념을 탈피하게 될 것이며, 고금의 관념을 탈피한 이후에는 다시 능히 사생의 관념에서 벗어난 경지에 들게 될 것입니다. 무릇 도는 모든 생명을 멸하지만 그 자신은 정작 불멸不滅하고, 모든 생명을 낳지만 그 자신은 정작 불생不生하지요. 도는 또 천하 만물을 주재함에 있어 떠나보내지 않는 바도 없고, 맞아들이지 않는 바도 없으며, 훼멸시키지 않는 바도 없고, 형성시키지 않는 바도 없습니다. 이러함을 일컬어 '영녕攖寧', 즉 어지럽고 번잡한 가운데서 안녕과 평온을 유지하는 것이라고 하지요. 한데 '영녕'이란 결국 도가 어지럽고 번잡한 운행을 통해 만물을 생성·성장시키는 것입니다."

남백자규가 말했다. "당신은 도대체 어디서 도를 배웠습니까?" 여우가 말했다. "저는 부묵副墨의 아들에게서 도를 배웠습니다. 한데 부묵의 아들은 낙송洛誦의 손자에게서 배웠고, 낙송의 손자는 첨명瞻明에게서 배웠으며, 첨명은 섭허聶許에게서 배웠고, 섭허는 수역需役에게서 배웠으며, 수역은 오구於謳에게서 배웠고, 오구는 현명玄冥에게서 배웠으며, 현명은 참료參寥에게서 배웠고, 참료는 의시疑始에게서 배웠습니다."

南伯子葵[1]問乎女偊[2]曰: "子之年長矣, 而色若孺子,[3] 何也?" 曰: "吾
남백자규 문호여우 왈   자지년장의 이색약유자 하야   왈 오
聞道[4]矣." 南伯子葵曰: "道可得學邪?" 曰: "惡[5]! 惡可! 子非其人
문도 의   남백자규왈   도가득학야   왈 오   오가 자비기인
也. 夫卜梁倚[6]有聖人之才[7]而無聖人之道,[8] 我有聖人之道而無聖人
야 부복량의 유성인지재 이무성인지도 아유성인지도이무성인
之才. 吾欲以敎之, 庶幾[9]其果爲聖人乎? 不然, 以聖人之道告聖人
지재 오욕이교지 서기 기과위성인호 불연 이성인지도고성인
之才, 亦易矣. 吾猶守[10]而告之, 參日而後能外[11]天下; 已外天下矣,
지재 역이의 오유수 이고지 삼일이후능외 천하 이외천하의
吾又守之, 七日而後能外物; 已外物矣, 吾又守之, 九日而後能外
오우수지 칠일이후능외물 이외물의 오우수지 구일이후능외
生[12]; 已外生矣, 而後能朝徹[13]; 朝徹, 而後能見獨[14]; 見獨, 而後能無
생   이외생의 이후능조철   조철 이후능견독   견독 이후능무
古今[15]; 無古今, 而後能入於不死不生.[16] 殺生者不死, 生生者不生.[17]
고금   무고금 이후능입어불사불생   살생자불사 생생자불생

262

其爲物, 無不將[18]也, 無不迎也; 無不毀也, 無不成也. 其名爲攖寧.[19]
기위물 무부장 야 무불영야 무불훼야 무불성야 기명위영녕

攖寧也者, 攖而後成者也."
영녕야자 영이후성자야

南伯子葵曰: "子獨惡乎[20]聞之?" 曰: "聞諸[21]副墨之子,[22] 副墨之子
남백자규왈 자독오호문지 왈 문저 부묵지자 부묵지자

聞諸洛誦之孫,[23] 洛誦之孫聞之瞻明,[24] 瞻明聞之聶許,[25] 聶許聞之
문저낙송지손 낙송지손문지첨명 첨명문지섭허 섭허문지

需役,[26] 需役聞之於謳,[27] 於謳聞之玄冥,[28] 玄冥聞之參寥,[29] 參寥聞
수역 수역문지오구 오구문지현명 현명문지참료 참료문

之疑始.[30] "
지의시

주석

1 南伯子葵(남백자규): 곧 '남곽자기'. 「제물론편」 1장 주석 1 참조.

2 女偊(여우): 옛날의 회도인懷道人, 즉 득도한 사람. '여'는 성, '우'는 이름.

3 孺子(유자): 어린아이.

4 聞道(문도): 학도學道 내지 득도.

5 惡(오): (상대방의 주장을) 반박하거나 부정하는 말로, 불不과 같음.

6 卜梁倚(복량의): 사람 이름. '복량'은 복성複姓, '의'는 이름.

7 聖人之才(성인지재): 성인의 재지才智(재주와 슬기), 재질才質(재주와 기질). 곧 총명
   하고 지혜로운 능력을 두고 이름.

8 聖人之道(성인지도): 곧 대도의 관점에서 만물은 결국 다 한가지라 여기며 세상
   사에 무욕 망정한 품성 내지 정신세계를 두고 이름.

9 庶幾(서기): 혹시, 아마. 곧 희망과 추측의 뜻을 나타냄.

10 守(수): (성인의 도를) 굳게 지킴, 받들어 지킴. 일설에는 신중에 신중을 기함.

11 外(외): 도외시함, 망각함.

12 外生(외생): 망아.

13 朝徹(조철): 아침 해처럼 청신淸新하면서도 명량明亮(환하게 밝음)함. 곧 통철洞徹

(깊이 살피어 환하게 깨달음)한 이후 물아양망의 공허하고 청정한 정신세계를 비유
함. '조'는 조양朝陽, '철'은 통철·명철함.

14 見獨(견독): '견'은 (대도를) 봄, 곧 깨달음. '독'은 장자 철학 사상의 중요한 개념
의 하나로, 어떠한 것에도 영향을 받거나 의지하지 않는 절대적인 형상으로서
탁연卓然히 홀로 우뚝함을 형용함. 곧 도를 두고 하는 말.

15 無古今(무고금): 고금의 관념, 곧 시간의 한계와 제약을 타파·탈피함을 이름.

16 不死不生(불사불생): 무사무생無死無生. 곧 사생死生 관념의 속박에서 탈피함, 또
그러한 경지를 이름.

17 "殺生者(살생자)…" 2구: 모든 생명을 낳고 또 멸하는 대도는 그 자신은 오히려
불생불멸, 즉 생겨나지도 않고 없어지지도 않으며 항상 그대로 변함이 없음을
이름.

18 將(장): 보냄[送].

19 攖寧(영녕): 어지럽고 번잡한 가운데서 안녕과 평온을 유지함. 이는 곧 대도의
상태를 묘사하는 말. 도는 그 끊임없는 운행 속에서 만물의 생멸과 변화를 주
재하니, 우리가 생각하기에는 아무래도 어지럽고 번잡할 것 같음. 한데 도 자
신은 오히려 영원불변하며 극도의 적정寂靜 부동한 상태에서 최상의 안녕과 평
온을 유지함. '영'은 어지러움, 번잡함. '녕'은 영정寧靜, 즉 평안하고 고요함.

20 惡乎(오호): 하소何所. 어디, 어느 곳.

21 諸(저): 어조사로, 지어之於의 합성어.

22 副墨之子(부묵지자): '부묵'은 장자가 허구한 사람의 이름. 다만 이 인명에는 특
별한 의미를 내포하고 있으니, 곧 문자 내지 서적을 뜻함. 옛날에 문자, 즉 글자
는 먹으로 썼는데, 그런 글자는 단지 도리道理(이치)나 사상의 부본副本일 뿐일
따름이므로, 글자(문자)를 일컬어 '부묵'이라고 한 것. 또한 '자'는 대대로 전해
지며 유전한다는 뜻을 내포함.

23 洛誦之孫(낙송지손): '낙송'은 역시 허구의 사람 이름. 여기서 '낙'은 낙絡과 같
아서 연이음, 반복함이니, '낙송'은 곧 반복 전송함, 즉 반복적으로 여러 사람의
입에서 입으로 전해지며 욈을 이름. 이는 결국 언어 또는 언어의 전송을 두고
하는 말. '손'은 앞의 '자'와 마찬가지로 대대로 유전한다는 뜻을 내포함.

24 瞻明(첨명): 허구의 사람 이름. 통철함, 즉 깊이 살피어 환하게 깨달음을 뜻함.
'첨'은 봄[見], 살핌[察].

25 **聶許**(섭허): 허구의 사람 이름. 소곤거리는 말을 귀로 듣고 심득心得함을 뜻함. '섭'은 소곤거림, 속삭임.

26 **需役**(수역): 허구의 사람 이름. '수'는 수須와 같음. 모름지기. '역'은 실행함. '수역'은 부지런히 실행·실천함, 곧 천치티엔이 이른 대로 수행함을 뜻함. 사람이 게을러 수행하지 않으면 결코 도를 깨달을 수 없음.

27 **於謳**(오구): 허구의 사람 이름. 영탄詠歎함, 읊조리고 노래함을 뜻함. '오'는 감탄사.

28 **玄冥**(현명): 허구의 사람 이름. 심원하고 유적幽寂함, 곧 헤아리기 어려울 만큼 깊고 오묘함을 뜻함.

29 **參寥**(참료): 허구의 사람 이름. 공허 광활하고 적정寂靜함을 뜻함.

30 **疑始**(의시): 허구의 사람 이름. 도는 그 시원이 있는 듯하지만, 실상은 시원(근원)이 따로 없음을 뜻함. 앞 장에서 "도는 그 스스로가 자신의 근본이요 근원"이라 한 바 있음.

해설

이는 오도悟道 내지 득도의 과정과 도의 전수 경로에 대한 설명이다. 먼저 점진적인 수도를 거쳐 이룩되는 오도와 득도의 과정은, 크게 '승당升堂'과 '입실入室'의 두 단계로 나눠 이해할 수 있다. 첫째, 정지整地와 입문入門의 '승당' 단계는 '외천하外天下'·'외물外物'·'외생外生'의 과정이다. '외천하'는 우리가 일신을 의탁하고 사는 이 세상을 망각 초월함이요, '외물'은 세속의 온갖 사물에 얽매이거나 휘둘리지 않음이요, '외생'은 목숨 내지 생사에 대한 집착에서 벗어나 망아의 경지에 듦이다.

둘째, 고도高度와 심화深化의 '입실' 단계는 '조철朝徹'·'견독見獨'·'무고금無古今'·'불사불생不死不生'의 과정이다. 사람이 능히 망아의 경지에 이르면 곧 절로 아견我見, 즉 '나'를 고집하는 그릇된 견해 자체를 갖지 않으며, 그러면 또한 어두운 밤이 가고 날이 새며 떠오른 아침 해가 만물을 환히 비추듯, 두루 널리 밝게 보지 않는 바가 없다. '조철'은 바로 이를 이름이다. '조철' 이후에는 다시 광박廣博함에서 정밀精密함으로 나아가, 우주 만물의 근원으로서 탁연히 홀로 우뚝하며 영원 불변의 절대적 존재인 대도를 보게 되는 것이 바로 '견독'이다. 결국 도는 무시무종無始無終하고 또한 무고무금無古無今하니, 능히 그 같은 도의 본연을 꿰뚫어 본다면 고금에 대한 우리의 집착이 힘을 잃고 의미를 상실하게 될 것이다. 그런 까닭에 '견독' 이후에는 능히 '무고금'의 경지에 이른다고 한 것이다. 그리고 고금의 집착에서 벗어난다면 또한 생사를 한가지로 여기며 삶에 대한 집착과 죽음에 대한 두려움을 떨쳐버리고 생사 초탈의 경지에 이를 것인바, 그것이 바로 '불사불생'이다.

이상에서 알 수 있듯이 문도聞道하고 득도함에는 일정한 순서와 단계를 거쳐야 하며, 절대로 엽등躐等, 즉 등급을 뛰어넘어 나아가서는 안 된다. 또한 그 과정에 "사람은 그 마음을 맑고 깨끗이 닦기를 지극히 하고, 평안하고 고요히 지키기를 굳건히 하여야 한다(致虛極, 守靜篤)."(『노자』 16장) 그리하여 "도를 닦고 행하면 지식과 욕망이 날로 적어지고, 그렇게 지식과 욕망이 적어지고 또 적어지면 마침내 무위의 경지에 이르게 되나니, 무위하면 오히려 이루지 못할 일이 없다(爲道日損. 損之又損, 以至於無爲, 無爲而無不爲)."(『노자』 48장) 여기서 장자가 제시한 '영녕'은 바로 이와 유사한 대도의 내공內功이라 할 것이다.

그리고 장 말미에서 언급된 도의 전수 경로를 보면, 까마득한 태고

부터 대대로 끊임없이 유전되어왔음이 강조되고 있다. 여기서 장자가 허구한 그 대대代代의 인물, 즉 부묵의 아들에서 의시에 이르는 아홉 사람의 이름에는 모두 의인화의 기법이 활용되었다. 더욱이 그 이름들은 모두 각기 특유의 의미를 내포하고 있는데, 대개 대도의 무형적 형상을 비롯해 전도나 문도 과정에 중요한 역할과 작용을 하는 지적 노력과 사유 활동 등을 나타내고 있다. 장자의 창의적인 발상이 참으로 기발하다.

5

자사子祀와 자여子興, 자리子犁, 자래子來 네 사람이 서로 함께 이야기를 나누며 말했다. "누구든 능히 '무無'를 머리로 삼고, '삶'을 척추로 삼고, '죽음'을 엉덩이로 삼으며, 누구든 생사·존망이 한 몸이요 한가지란 이치를 안다면, 우리는 그와 벗할 것이다." 네 사람이 서로를 보며 웃더니, 피차간 마음에 거스름이 없으매 마침내 서로 벗이 되었다.

얼마 후 자여가 병이 나자, 자사가 찾아가 문병하는데, 자여가 말했다. "진정 위대하구나, 무릇 조물주 대도大道가 장차 나를 이렇듯 곱사등이로 만들려 했나니!" 자여는 허리가 꼬부라지고 등이 굽어 몸통 위쪽에 오장이 있고, 턱은 배꼽 쪽에 숨어 있으며, 어깨는 정수리보다 높고, 불룩한 목등뼈는 하늘을 가리키고 있었다. 자여는 비록 몸속의 음양 기운이 조화를 잃어 병이 났지만, 마음은 안한安閑함이 넘치며 아무 일도 없는 듯했는데, 비틀거리며 걸어가 우물에 자기 모습을 비추어 보며 말했다. "오호, 무릇 조물주 대도가 또 장차 나를 이렇듯 곱사등이로 만들려 했나니!"

자사가 말했다. "자네는 그게 싫은가?" 자여가 말했다. "아닐세. 내가 왜 싫어하겠나? 조물주 대도가 만약에 내 왼팔을 변화시켜서 닭으로 만들어준다면, 나는 곧 그 닭으로 새벽 시각을 알릴 것이요, 만약에 내 오른팔을 변화시켜서 탄궁彈弓으로 만들어준다면, 나는 곧 그 탄궁으로 올빼미를 잡아 구이를 할 것이요, 만약에 내 엉덩이를 변화시켜서 수레로 만들고, 내 정신을 변화시켜서 말로 만들어준다면, 나는 곧 그 마차를 탈 터인데, 어찌 또 다른 거마가 필요하겠는가? 더욱이 세상에 태어남은 시운을 탐이요, 세상을 떠남은 순리에 따름일 뿐이란 말이야. 우리가 시운을 편안히 타고, 자연 섭리에 순순히 따른다면, 우리의 마음속에 희로애락의 감정이 스며들 수가 없는데, 그것이 바로 옛날 사람들이 말한 현해縣解, 즉 거꾸로 매달린 듯한 고통에서 벗어나는 것이라네. 바꿔 말하면 스스로 고통에서 벗어나지 못하는 사람은 결국 외물이 그를 얽어매고 있기 때문이지. 하물며 사람이 하늘을 이기지 못한다는 것은 이미 오래된 얘기이거늘, 내가 또 무엇을 싫어하겠는가?"

얼마 후 자래가 병이 나서 숨을 헐떡거리며 곧 죽을 것 같으매, 그의 아내와 자식들이 둘러앉아 흐느껴 울었다. 그때 자리가 찾아가 문병하며, 그의 가족들에게 말했다. "허허, 저리 비키시오. 지금 막 변화하고 있는 사람을 놀라게 하지 마시오." 그리고 자리는 문에 기대어 자래에게 말했다. "위대하여라. 조물주 대도여! 또 장차 자네를 무엇으로 변화시키며, 장차 자네를 어디로 보내려는 것인가? 자네를 쥐의 간으로 변화시키려는가? 아니면 자네를 벌레의 팔다리로 변화시키려는

것인가?" 자래가 말했다. "자식이 부모를 대함에는 동서남북 어디로
든 오직 부모의 명이면 따라야 할 것인데, 사람이 대자연을 대함에 있
어서는 결코 자식이 부모를 대하는 것에 그치지 않는단 말일세. 그러
니 대자연이 내가 죽기를 바라는데도 내가 듣지 않는다면, 그것은 내
가 저항하는 것일 뿐, 저 대자연이 무슨 잘못이 있겠는가? 무릇 대자
연은 우리에게 형체를 부여해 의탁케 하는가 하면, 생명을 부여해 열
심히 일하게 하고, 늙음을 부여해 안일을 누리게 하는가 하면, 죽음을
부여해 안식케 했다네. 그러므로 나의 삶을 적절히 안배한 대자연은
또한 곧 나의 죽음을 적절히 안배하는 존재라네. 예를 들어 지금 기술
이 뛰어난 대장장이가 철기를 주조하는데, 쇠붙이가 용광로에서 뛰어
오르며 '저는 반드시 막야鏌鋣 보검이 되어야 합니다' 하고 말한다면,
기술이 뛰어난 대장장이는 분명 상서롭지 못한 쇠붙이라고 여길 것이
네. 또 지금 한 번 우연히 사람의 형체를 부여받고 태어난 사람이 오히
려 '저는 언제까지나 사람이고 싶을 뿐입니다! 저는 영원히 사람이고
싶을 뿐입니다!' 하고 말한다면, 조물주는 분명 상서롭지 못한 사람이
라고 여길 것이네. [사람들은 단지 사람의 형체를 얻은 것만으로 무
척이나 기뻐한단 말이야. 하지만 세상에는 사람의 형체와 같은 수많
은 사물들이 천변만화하며 일찍이 그 끝이 없었거니, 앞으로 그렇게
즐거움을 얻을 일을 어찌 이루 다 헤아릴 수 있겠는가?] 그러니 지금
일단 하늘과 땅을 커다란 용광로로 여기고, 조물주 대도를 기술이 뛰
어난 대장장이로 여긴다면, 우리가 무엇으로 변한들 어찌 안 되겠는
가?" 자래는 말을 마치고 편안히 깊은 잠에 들었다가 스스로 득의만
면하여 잠에서 깨어났다.

子祀·子輿·子犁·子來[1]四人相與語, 曰: "孰能以無爲首, 以生爲脊[2]
자사 자여 자리 자래사인상여어 왈 숙능이무위수 이생위척

以死爲尻[3]; 孰知生死存亡之一體者, 吾與之友矣." 四人相視而笑,
이사위고 숙지생사존망지일체자 오여지우의 사인상시이소

莫逆於心,[4] 遂相與爲友.
막역어심 수상여위우

俄而[5]子輿有病, 子祀往問之. 曰: "偉哉, 夫造物者[6]將以予爲此拘
아이 자여유병 자사왕문지 왈 위재 부조물자장이여위차구

拘[7]也!"曲僂[8]發背,[9] 上有五管,[10] 頤[11]隱於齊,[12] 肩高於頂, 句贅[13]指
구야 곡루발배 상유오관 이은어제 견고어정 구췌지

天. 陰陽之氣有沴,[14] 其心閒而無事,[15] 跰䠥[16]而鑑[17]於井, 曰: "嗟乎,[18]
천 음양지기유려 기심한이무사 변선 이감 어정 왈 차호

夫造物者又將以予爲此拘拘也!"子祀曰: "女[19]惡[20]之乎?"曰: "亡,[21]
부조물자우장이여위차구구야 자사왈 여 오 지호 왈 무

予何惡? 浸假[22]而化[23]予之左臂以爲雞, 予因以求時夜[24]; 浸假而化
여하오 침가 이화 여지좌비이위계 여인이구시야 침가이화

予之右臂以爲彈,[25] 予因以求鴞炙[26]; 浸假而化予之尻以爲輪,[27]
여지우비이위탄 여인이구효자 침가이화여지고이위륜

以神爲馬, 予因以乘之, 豈更駕哉? 且夫得[28]者, 時[29]也; 失[30]
이신위마 여인이승지 기경가재 차부득 자 시 야 실

者, 順[31]也. 安時而處順, 哀樂不能入也, 此古之所謂縣解[32]也,
자 순 야 안시이처순 애락불능입야 차고지소위현해 야

而不能自解者, 物[33]有結之. 且夫物[34]不勝天久矣, 吾又何惡焉?"
이불능자해자 물 유결지 차부물 불승천구의 오우하오언

俄而子來有病, 喘喘然[35]將死, 其妻子環而泣之. 子犁往問之, 曰:
아이자래유병 천천연 장사 기처자환이읍지 자리왕문지 왈

"叱[36]! 避! 無怛化[37]!"倚其戶與之語曰: "偉哉造化[38]! 又將奚以汝
질 피 무달화 의기호여지어왈 위재조화 우장해이여

爲[39]? 將奚以汝適[40]? 以汝爲鼠肝乎? 以汝爲蟲臂乎?"子來曰: "父
위 장해이여적 이여위서간호 이여위충비호 자래왈 부

母於子,[41] 東西南北, 唯命之從. 陰陽於人,[42] 不翅[43]於父母. 彼[44]近吾
모어자 동서남북 유명지종 음양어인 불시 어부모 피 근오

死[45]而我不聽, 我則悍[46]矣, 彼何罪焉? 夫大塊載我以形, 勞我以生,
사 이아불청 아즉한 의 피하죄언 부대괴재아이형 노아이생

佚我以老, 息我以死. 故善吾生者, 乃所以善吾死也.[47] 今大冶[48]鑄
일아이로 식아이사 고선오생자 내소이선오사야 금대야 주

270

金,⁴⁹ 金踴躍⁵⁰曰: '我且必爲鏌鋣⁵¹!' 大冶必以爲不祥之金. 今一⁵²
금　금용약　왈　　아차필위막야　　　대야필이위불상지금　금일

犯人之形⁵³而曰: '人耳! 人耳!' 夫造化者必以爲不祥之人. [特犯
범인지형　이왈　　인이　인이　　부조화자필이위불상지인　　특범

人之形而猶喜之. 若人之形者, 萬化而未始有極也, 其爲樂可勝計
인지형이유희지　약인지형자　만화이미시유극야　기위락가승계

邪?]⁵⁴ 今一以天地爲大爐, 以造化爲大冶, 惡乎往⁵⁵而不可哉?" 成
야　　금일이천지위대로　이조화위대야　오호왕　이불가재　　성

然寐,⁵⁶ 蘧然覺.⁵⁷
연매　　거연교

주석

1 **子祀**(자사)·**子輿**(자여)·**子犁**(자리)·**子來**(자래): 모두 장자가 허구한 사람의 이름.

2 **脊**(척): 척추.

3 **尻**(고): 꽁무니, 엉덩이. 이상에서 '무無'와 '생'과 '사'를 각각 머리(首)와 척추와 엉덩이에 비유해, 세 가지가 결국 일체, 즉 한 몸임을 강조함.

4 **莫逆於心**(막역어심): 마음에 거스름이 없음. 곧 서로 마음이 통함, 의기가 투합함을 이름. 후세에 널리 쓰이는 성어成語 '막역지교莫逆之交'와 '막역지우莫逆之友'는 바로 여기에서 유래된 것임.

5 **俄而**(아이): 얼마 후, 오래지 않아.

6 **造物者**(조물자): 조물주. 곧 도를 가리킴. 아래의 '조화造化'도 이와 같은 뜻. 도는 만물을 창성創成·화육化育하므로 이같이 말한 것임.

7 **拘拘**(구구): 굽은 모양. 곧 곱사등이의 형상을 두고 이름.

8 **曲僂**(곡루): 허리가 휨, 꼬부라짐.

9 **發背**(발배): 등이 굽음. 곧 곱사등이 됨을 이름.

10 **五管**(오관): 오장의 경혈.

11 **頤**(이): 턱.

12 **齊**(제): 제臍와 같음. 배꼽.

13 **句贅**(구췌): 혹처럼 불룩 솟아오른 경추, 즉 목등뼈를 이름. 일설에는 「인간세편」6장의 '괄촬會撮'과 같아서 목 뒤로 잡아 묶은 머리털을 이른다고 함.

14 沴(여/전): 어지러움, 부조화함. 곧 자여가 병이 난 것은 몸속의 음양 기운이 조화를 잃은 탓이라는 말.

15 其心閒而無事(기심한이무사): 곧 병 때문에 힘들어하지 않음을 이름.

16 蹁躚(변선): 비틀거리며 힘겹게 걷는 모양. '선'은 躚과 같음.

17 鑑(감): (거울 같은 것에) 비추어 봄.

18 嗟乎(차호): 감탄하여 내는 소리. "오호."

19 女(여): 여汝와 같음. 너, 자네.

20 惡(오): 혐오함, 싫어함.

21 亡(무): 무無·부否와 통함. 아님.

22 浸假(침가): 만약, 가령. 일설에는 '침'은 점차, 점진적으로, 천천히. '가'는 만약, 가령.

23 化(화): 변화함. 장자는, 사람이 죽은 후에는 그 육체가 다른 사물로 변화한다고 생각했는데, 예를 들면 여기에서처럼 닭이나 탄궁이나 수레바퀴로 변화한다고 하는 따위와 같은 것.

24 時夜(시야): 사야司夜, 즉 닭(수탉)이 울어서 새벽을 알림.

25 彈(탄): 탄궁彈弓, 즉 탄환을 쏘는 활.

26 鴞炙(효자/효적): 올빼미구이. '효'는 올빼미. '자/적'은 고기구이.

27 輪(륜): 수레바퀴. 여기서는 이로써 수레를 이름.

28 得(득): 생명을 얻음, 곧 태어남.

29 時(시): 때에 맞춤, 때·시운을 탐.

30 失(실): 생명을 잃음, 곧 죽음.

31 順(순): 자연법칙·변화에 순응함. 곧 자연 순리에 따름.

32 縣解(현해): 「양생주편」 3-3장 주석 15참조.

33 物(물): 외물. 「제물론편」 2-2장 주석 20 참조.

34 物(물): 만물. 여기서는 특히 사람을 가리킴.

35 喘喘然(천천연): 숨이 차서 헐떡거리는 모양.

36 叱(질): 꾸짖는 소리.

37 無怛化(무달화): 막 변화하고 있는 사람을 놀라게 하지 마라. 장자는, 사람이 죽는 과정은 바로 인체가 다른 사물로 변화하는 과정이라고 생각함. '무'는 물勿과 같음. "~하지 마라." '달'은 놀라게 함, 방해함.

38 造化(조화): 도를 지칭함. 우주의 모든 물화物化는 바로 대도가 주재하는 것이
라는 인식에서 이같이 말한 것.

39 奚以汝爲(해이여위): 곧 '이여위해以汝爲奚'라는 뜻. '해'는 하何와 같음.

40 適(적): 감(往). 여기서는 가게 함, 곧 보냄.

41 父母於子(부모어자): '자어부모子於父母'의 도치.

42 陰陽於人(음양어인): '인어음양人於陰陽'의 도치. '음양'은 우주 자연, 대자연을
가리킴.

43 不翅(불시): ~뿐이 아님, ~에 그치지 않음. 곧 ~을 능가함을 이름. '시'는 시啻와
같음. 다만, 뿐.

44 彼(피): '음양'을 가리킴. 또한 그 주체는 물론 '조화'.

45 近吾死(근오사): 나를 죽음에 근접시킴. 곧 나에게 죽으라고 함.

46 悍(한): 한捍과 같음. 저항함, 항거함.

47 "夫大塊載我以形, ……乃所以善吾死也(부대괴재아이형, ……내소이선오사야)"
6구: 「대종사편」 2장 주석 19~22 참조.

48 大冶(대야): 기술이 뛰어난 야금冶金의 장인, 곧 철공鐵工·대장장이.

49 金(금): 금속기구, 철기.

50 踊躍(용약): 뜀, 뛰어오름.

51 鏌鋣(막야): 옛날 보검 이름.

52 一(일): 한 번, 즉 일단 한 차례. 또 어쩌다, 우연히.

53 犯人之形(범인지형): 사람의 형체를 부여받음, 곧 사람으로 태어남. '범'은 「대종
사편」 2장 주석 34 참조.

54 "特犯人之形而猶喜之. ……其爲樂可勝計邪?(특범인지형이유희지. ……기위락가
승계야?)"4구: 이는 본디 「대종사편」 2장의 글인데, 천꾸잉의 견해를 좇아 이곳
으로 옮겨 옴. 「대종사편」 2장 주석 35~38 참조.

55 惡乎往(오호왕): 어느 곳으로 감. 여기서는 곧 무엇으로 변함을 이름.

56 成然寐(성연매): 편안히 깊은 잠에 듦. 이는 곧 「대종사편」 1장의 '기침불몽其寢
不夢'과 같은 뜻. '성연'은 편안한 모양. 여기서는 편안히 숙면하는 모양.

57 蘧然覺(거연교): 스스로 득의만면해 잠에서 깨어남. 이는 곧 「대종사편」 1장의
'기각무우其覺無憂'와 같은 뜻. '거연'은 안한자득安閑自得한, 즉 편안하고 한가로
우며 스스로 득의만면한 모양.

인간을 비롯한 우주 만물의 "생사·존망이 결국은 다 한가지이다[生死存亡之一體]". 그뿐만 아니라 출생과 생존에서 사망으로 순환 반복되는 일체의 변화는 모두 조물주 대도의 주재에 의한 것이니, 한마디로 자연의 변화이자 순리이다. 그러므로 생로병사의 변화는 우리가 어떻게 할 수도 없고, 또 그렇기 때문에 우리가 시름에 잠길 필요도 없는 것이다. 요컨대 사람은 단지 대자연의 순리와 안배에 순응할 따름이다. 이른바 "시운을 편안히 타고, 자연 순리를 순순히 따라야 한다[安時而處順]"는 것은 바로 그 같은 취지의 일깨움이다. 그렇게 하면, 우리의 마음과 정신세계는 희로애락의 감정이 자리를 잡지 못하면서 마침내 '현해' 내지 해탈의 경지에 이를 수가 있다. 이것이야말로 진정 최상의 양생이 아니고 무엇이겠는가?

6

자상호子桑戶·맹자반·자금장子琴張 세 사람이 서로 함께 이야기를 나누며 말했다. "누가 능히 서로 교유함에 무심한 가운데 저절로 서로 교유하며, 서로 도움에 무심한 가운데 저절로 서로 도울 수 있는가? 누가 능히 하늘에 올라 운무 속에서 노니는가 하면 무궁무진한 우주를 순환 왕복하며, 삶의 기쁨도 잊고, 죽음의 슬픔도 없을 수 있는가?" 세 사람은 서로를 보며 웃더니, 피차간 마음에 거스름이 없으매 마침내 서로 벗이 되었다.

그리고 서로 무심히 지낸 지 얼마 후, 자상호가 죽고 아직 장사를 치르지 않았는데, 공자가 소식을 듣고 자공子貢을 시켜 가서 장사를 거들도록 했다. 자공이 갔더니, 맹자반과 자금장이 한 사람은 노랫말을 짓고, 한 사람은 금을 타면서 서로 목소리를 맞춰 노래를 불렀다. "오호, 상호여! 오호, 상호요! 자네는 이미 대자연으로 되돌아갔건만, 우리는 아직도 세속의 사람으로 살고 있도다!" 그러자 자공이 황급히 그들 앞으로 나아가 말했다. "감히 여쭙건대 주검 앞에서 노래를 부르는 것이 예에 맞는 겁니까?" 두 사람은 서로 쳐다보며 웃으면서 말했다. "저이가 어찌 예의 참뜻을 알겠는가?"

자공이 돌아와서 상가에서 있었던 일을 공자께 아뢰며 말했다. "도대체 저들은 어떤 사람입니까? 허무의 도를 닦고 행하면서 육체는 도외시한 채 벗의 주검을 앞에 두고 노래를 부르는데, 얼굴빛은 여느 때와 다름이 없어 슬픈 기색이라곤 찾아볼 수 없으니, 저들을 뭐라고 형용할 수가 없습니다. 저들은 도대체 어떤 사람입니까?" 공자께서 말씀하셨다. "저들은 세속 밖에서 노니는 이들인 반면, 나는 세속 안에서 노니는 이다. 한데 세속의 밖과 안은 피차 상관이 없거늘 내가 너더러 가서 조문하라고 했으니, 내가 너무 고루했구나! 저들은 바야흐로 조물주 대도大道와 동무하며 천지가 한 덩어리인 우주의 원기 속에서 노닐려 하도다. 저들은 삶을 단지 몸에 달린 혹처럼 기가 엉긴 것으로 여기고, 죽음은 단지 독창毒瘡을 터뜨려 고름을 짜내듯 기가 흩어지는 것으로 여긴다. 저와 같은 사람들이 어찌 또 죽고 삶의 선후 문제에 신경을 쓰겠느냐? 저들의 생각은, 이를테면 사람의 몸은 단지 여러 가지 다른 물질을 빌려서 하나의 형체를 이룬 것이라는 얘기지. 그렇기 때문에 저들은 간과 쓸개도 잊고, 귀와 눈도 망각하며, 삶과 죽음은 마침과 시작의 끝없는 순환 반복이라 여기지만, 무엇이 인간 생명의 시작과 끝인지는 알지 못하나니, 진정 어떠한 속박도 없이 한껏 자유로이 속세의 밖을 한가로이 오가며, 청정무위의 경지 가운데서 소요자적하도다. 그러니 저들이 어찌 또 능히 괴롭고 번잡한 마음으로 세속의 예절을 행해 뭇사람의 이목을 끌겠느냐?"

자공이 말했다. "그렇다면 선생님께서는 세속의 밖과 안 어느 쪽을 좇는 삶을 사시겠습니까?" 공자께서 말씀하셨다. "나는 하늘의 징벌을 받은 사람이다. 한데 비록 그렇기는 하지만, 나는 너와 함께 대도의 정신을 추구하고자 하노라." 자공이 말했다. "감히 여쭙건대 어떤 방법으로 하실 건지요?" 공자께서 말씀하셨다. "무릇 물고기는 물에서 천성을 즐기고, 사람은 도에서 천성을 즐기는 법이다. 물에서 천성을 즐기는 물고기는 땅을 파서 못을 만들어주면 물이 넉넉해지고, 도에서 천성을 즐기는 사람은 청정무위하면 천성이 안정된다. 그러므로 흔히 말하기를, '물고기는 강호 속에서 모든 것을 다 잊고 한가로이 유영하고, 사람은 대도 안에서 모든 것을 다 잊고 유유자적한다'라고 하는 것이다."

자공이 말했다. "삼가 여쭙건대 기인은 어떤 사람입니까?" 공자께서 말씀하셨다. "기인이란 세속 사람들과는 다르지만, 대도의 정신에는 부합하는 사람이다. 그러므로 '대도의 관점에서 볼 때 세속적인 예의 규범에 얽매인 소인은 인간 세상에서는 오히려 어엿한 군자요, 대도의 관점에서 보는 군자는 인간 세상에서는 오히려 한갓 소인에 지나지 않는다'라고 말한다."

子桑戶·孟子反·子琴張[1]三人相與語,[2]曰:"孰能相與於無相與,[3]相
자상호 맹자반 자금장 삼인상여어 왈 숙능상여어무상여 상

爲於無相爲[4]? 孰能登天遊霧,[5] 撓挑[6]無極[7]; 相忘以生, 無所終窮[8]?"
위어무상위 숙능등천유무 효도 무극 상망이생 무소종궁

三人相視而笑, 莫逆於心, 遂相與爲友.
삼인상시이소 막역어심 수상여위우

莫然[9]有間,[10] 而子桑戶死, 未葬. 孔子聞之, 使子貢[11]往侍事[12]焉.
막연 유간 이자상호사 미장 공자문지 사자공 왕시사 언

或[13]編曲,[14] 或鼓琴, 相和而歌曰: "嗟來[15]桑戶乎! 嗟來桑戶乎! 而[16]
혹 편곡 혹고금 상화이가왈 차래 상호호 차래상호호 이

已反[17]其眞,[18] 而我猶爲人猗[19]!"子貢趨而進曰: "敢問臨尸而歌, 禮
이반 기진 이아유위인의 자공추이진왈 감문임시이가 예

乎?"二人相視而笑曰: "是惡[20]知禮意[21]?"
호 이인상시이소왈 시오 지례의

子貢反, 以告孔子, 曰: "彼何人者邪? 修行無有,[22] 而外[23]其形骸[24],
자공반 이고공자 왈 피하인자야 수행무유 이외 기형해

臨尸而歌, 顔色不變, 無以命[25]之. 彼何人者邪?"孔子曰: "彼遊方
임시이가 안색불변 무이명 지 피하인자야 공자왈 피유방

之外[26]者也, 而丘遊方之內者也. 外內不相及, 而丘使女[27]往弔之
지외 자야 이구유방지내자야 외내불상급 이구사여 왕조지

丘則陋矣! 彼方且[28]與造物者爲人,[29] 而遊乎天地之一氣.[30] 彼以生
구즉루의 피방차 여조물자위인 이유호천지지일기 피이생

爲附贅縣疣,[31] 以死爲決疣潰癰.[32] 夫若然者, 又惡知死生先後之所
위부췌현우 이사위결환궤옹 부약연자 우오지사생선후지소

在? 假於異物, 托於同體[33]; 忘其肝膽, 遺其耳目[34]; 反覆[35]終始, 不
재 가어이물 탁어동체 망기간담 유기이목 반복 종시 부

知端倪[36]; 芒然[37]彷徨[38]乎塵垢[39]之外, 逍遙乎無爲之業. 彼又惡能憒
지단예 망연 방황 호진구 지외 소요호무위지업 피우오능궤

憒然[40]爲世俗之禮, 以觀[41]衆人之耳目哉?"
궤연 위세속지례 이관 중인지이목재

子貢曰: "然則夫子何方之依[42]?"孔子曰: "丘, 天之戮民[43]也. 雖然,
자공왈 연즉부자하방지의 공자왈 구 천지륙민 야 수연

吾與汝共之.[44]"子貢曰: "敢問其方?"孔子曰: "魚相造[45]乎水, 人相
오여여공지 자공왈 감문기방 공자왈 어상조 호수 인상

造乎道. 相造乎水者, 穿池而養給^{46}; 相造乎道者, 無事^{47}而生定.^{48}
조호도   상조호수자   천지이양급   상조호도자   무사 이생정

故曰: 魚相忘乎江湖, 人相忘乎道術.^{49} ”
고왈 어상망호강호 인상망호도술

子貢曰: “敢問畸人.^{50} ” 曰: “畸人者, 畸於人而侔於天.^{51} 故曰: 天之
자공왈   감문기인   왈   기인자 기어인이모어천   고왈   천지

小人, 人之君子; 天之君子, 人之小人^{52}也.”
소인 인지군자 천지군자 인지소인   야

주석

1 子桑戶(자상호)·孟子反(맹자반)·子琴張(자금장): 모두 장자가 허구한 사람의 이름.

2 相與語(상여어): 통행본에는 '상여우相與友'로 되어 있음. 하지만 천꾸잉이 일본 카나야 오사무金谷治의 견해에 근거해 이른 대로, 앞 장에서 "사인상여어왈四人相與語曰"이라고 한 것에 비춰 볼 때, 통행본의 '우'는 '어'의 잘못이 틀림없음. 그 것은 뒤에 이어지는 "삼인상시이소, 막역어심, 수상여위우三人相視而笑, 莫逆於心, 遂相與爲友"의 의미를 감안하면 더욱 분명함.

3 相與於無相與(상여어무상여): 서로 의도적으로 교유함이 없는 가운데 서로 교 유함. 곧 서로 의도적으로 상대방과 친교를 맺어서 왕래하는 것이 아니라, 지 극히 자연스럽게 서로 간에 교유와 교제가 이루어짐을 이름.

4 相爲於無相爲(상위어무상위): 서로 의도적으로 도움이 없는 가운데 서로 도움. 곧 서로 의도적으로, 또 표를 내며 상대방을 돕는 것이 아니라 지극히 무심히, 그리고 저절로 서로를 도움을 이름. '위'는 돕는다는 뜻.

5 登天遊霧(등천유무): 하늘에 올라 운무 속에서 노닒. 곧 심령상心靈上 물외物外, 즉 탈속의 세계로 초탈해 유유자적함을 비유함.

6 撓挑(효도): 순환 왕복함. 일설에는 도약함, 뛰어오름.

7 無極(무극): 무궁무진한 우주.

8 相忘以生, 無所終窮(상망이생, 무소종궁): 이는 선영이 이른 대로, 삶을 기뻐하지 도 않고, 죽음을 싫어하지도 않는 것으로 이해됨. '종궁'은 끝. 다함. 곧 죽음을

이름.

9 莫然(막연): 막연漠然과 같음. 이는 종타이鍾泰가 이른 대로, 무심히 서로를 잊는 모양을 말함. 일설에는 적막히 말이 없는 모양, 또는 평안 무사한 모양.

10 有間(유간): 유경有頃. 곧 얼마 후.

11 子貢(자공): 공자의 제자.

12 侍事(시사): 장사葬事를 도움.

13 或(혹): 어떤 사람. 이는 아래의 '혹'과 함께 맹자반과 자금장 두 사람을 두고 이르는 말.

14 編曲(편곡): 종타이가 이른 대로, 곡사曲辭, 즉 가사를 지음을 말함.

15 嗟來(차래): 감탄사. "야", "오호."

16 而(이): 너, 자네.

17 反(반): 반返과 같음. 되돌아감.

18 眞(진): 애초의 순진 질박한 상태. 곧 도 내지 자연을 가리킴.

19 猗(의): 감탄의 어기조사.

20 惡(오): 오烏와 같음. 어찌, 어떻게.

21 禮意(예의): 예의 참뜻, 정신. 장자는 곧 예란 '반기진反其眞'함에 그 진정한 의미가 있다고 봄.

22 修行無有(수행무유): '무유', 즉 허무의 도를 닦고 행함. 일설에는 '무유수행無有修行'의 뜻으로, 덕행을 수양하지 않음, 곧 예의·예법에 무관심함을 이른다고 함.

23 外(외): 도외시함, 망각함.

24 形骸(형해): 몸, 육체.

25 命(명): 명名과 같음. 표현함, 형용함, 서술함.

26 方之外(방지외): 지경地境(일정한 테두리의 땅)의 밖. 곧 세외世外, 즉 세상 밖·속세 밖.

27 女(여): 여汝와 같음. 너.

28 方且(방차): 바야흐로 장차. 곧 지금 막 ~하려고 함.

29 爲人(위인): 짝이 됨, 벗이 됨. 곧 동무함(친하게 어울려 지냄).

30 天地之一氣(천지지일기): 천지의 원기元氣, 곧 천지가 분화되기 이전의 혼돈 상태를 말함. 일설에는 천지자연의 기운인 운무를 가리킨다고 함.

31 附贅縣疣(부쉐현우): 몸에 붙거나 매달린 혹. '부'는 (달라)붙음. '쉐'·'우'는 혹.

'현'은 현懸과 같음. 매달림.

32 決疣潰癰(결환궤옹): 독창을 터뜨려서 고름을 짜냄. '결'·'궤'는 종기를 터뜨림을 뜻함. '환'·'옹'은 악성 종기.

33 假於異物, 托於同體(가어이물, 탁어동체): 여러 가지 다른 물질을 빌려다가 한데 의탁하고 취합해서 한 사람의 형체를 이뤄내었음을 이름. '가'는 가차假借함, 빌림.

34 忘其肝膽, 遺其耳目(망기간담, 유기이목): 곧 여러 물질의 합성으로, 장차 변화를 반복하게 될, 허망한 육체는 철저히 망각한다는 말. '유'는 유망遺忘함, 즉 잊어버림.

35 反覆(반복): 반복反復과 같음.

36 端倪(단예): 시작과 끝. 일설에는 끝, 궁극.

37 芒然(망연): 망연茫然과 같음. 아무 얽매임이 없는 모양, 아무런 근심 걱정이 없는 모양.

38 彷徨(방황): 소요와 같음. 「소요유편」 참조.

39 塵垢(진구): 진세塵世, 즉 티끌세상, 속세.

40 憒憒然(궤궤연): 번란煩亂한, 즉 괴롭고 어지러운 모양.

41 觀(관): (드러내) 보임, 뽐냄.

42 何方之依(하방지의): "어떤 생활방식을 따를 것인가?" '하방'은 방외方外 혹은 방내方內를 가리킴. '의'는 의거함, 귀의함, 따름, 좇음.

43 天之戮民(천지륙민): 하늘의 징벌을 받은 사람. 공자는 예의 규범을 비롯한 온갖 세속적인 속박에 얽매여 있으며, 그것은 곧 천도에 부합하는 것이 아니기 때문에, 스스로를 이같이 일컬은 것임. '륙'은 징벌함, 형벌에 처함.

44 共之(공지): 함께 '방외方外'의 정취와 정신, 즉 대도의 경지를 추구함을 이름.

45 相造(상조): '조'는 (이상적인 경지에) 이름到, 감往의 뜻이니, '상조'는 천성에 맞고 "스스로 그 즐거움을 얻음自得其樂", 다시 말하면 천성을 즐김으로 이해됨. 한편 장모어성은 이를 상기相期, 즉 기대함, 소망함의 뜻으로 풀이했는데, 대개 희구함, 귀심歸心함으로 이해됨.

46 養給(양급): '양'은 물고기를 기르는 물을 가리킴. '급'은 넉넉함, 충분함.

47 無事(무사): 무위.

48 生定(생정): 천성이 안정됨. '생'은 성性과 통함.

49 道術(도술): 대도.

50 畸人(기인): 기인奇人 내지 이인異人과 같은 말로, 기이한 사람을 이름. 곧 보통 사람과 다른 사람으로, 세속에 맞지 않는 사람을 가리킴.

51 侔於天(모어천): 대도에 부합함. '모'는 같음, 따름. 곧 부합함, 맞음. '천'은 천도, 곧 대자연 내지 대도를 가리킴.

52 天之君子, 人之小人(천지군자, 인지소인): 통행본에는 본디 "인지군자, 천지소인人之君子, 天之小人"으로 되어 있음. 하지만 그것은 왕선겸이 이른 대로, 앞 두 구절의 중복으로 특별한 의미를 부여하기 어려우므로, 필시 "천지군자, 인지소인"의 잘못으로 보임. 시통과 왕수민, 천꾸잉 등도 모두 유사한 견해를 피력했으며, 따라서 그에 근거해 고침.

해설

여기서는 도가와 유가 양가兩家의 생사관이 대비되는 가운데, 생사 문제에 대한 장자의 진일보한 주장이 이어지고 있다. 생과 사는 단지 기의 변화일 따름으로, 일종의 자연현상에 지나지 않는다. 그러므로 사람은 응당 "삶의 기쁨도 잊고, 죽음의 슬픔도 없게〔相忘以生, 無所終窮〕" 함으로써 생사의 속박에서 벗어나야 한다. 왜냐하면 그렇게 해야만 궁극적으로 정신의 물외 초탈과 해탈에 이를 수 있기 때문이다. 사람이 진정 삶은 물론, 죽음에 대해 무심한 가운데 자연 변화에 순응한다면, 세속의 피차·시비니 인의·예속禮俗이니 하는 것들은 쉬이 망각하고도 남음이 있을 것이다. 그렇게 하여 마침내 세속에 대한 일체의 미련과 집착을 버리고, 진실로 청정清靜의 정신세계를 가진다면, 능히 "조물주 대도大道와 동무〔與造物者爲人〕"할 수 있을 것이다. 이것이 장자의 생각이다.

7

　안회가 공자께 여쭈었다. "맹손재孟孫才는 그 어머니가 죽었을 때, 큰 소리로 울었지만 눈물도 흘리지 않았고, 마음속 깊이 슬퍼하지도 않았으며, 상중에 있는 내내 애통해하지도 않았습니다. 그처럼 세 방면에 모두 애틋함이 없었는데도 오히려 상례喪禮를 잘 치른 것으로 노나라에 이름이 났습니다. 설마 실질도 없이 이름을 얻는 경우가 있단 말입니까? 저는 그게 정말 이상합니다."

　공자께서 말씀하셨다. "맹손씨孟孫氏는 거상居喪의 도를 다했으며, 흔히 상례를 안다는 사람들보다 낫다. 다만 상례를 완전히 간소화하지는 못했지만, 그는 이미 나름대로 간소화한 것이다. 맹손씨는 사람이 어떤 연유로 태어나는지도 모르고, 어떤 연유로 죽는지도 모르며, 앞서 나갈 줄도 모르고, 뒤에 처질 줄도 모르며, 오직 대자연의 변화에 순응해 하나의 사물이 되어서 장차 알 수 없는 변화를 기다릴 따름이로다! 더욱이 바야흐로 변화하려고 한들 그것이 변화하지 않는 것인 줄 어찌 알겠으며, 또 바야흐로 변화하지 않으려고 한들 그것이 이미 변화한 것인 줄 어찌 알겠느냐? 그러니 나와 너만이 아마도 꿈속을 헤매며 아직 깨어나지 못하고 있는 것이리라! 또한 저 망인은 놀라운 형체의 변화는 있을지언정 영혼의 손상은 없나니, 우리의 육체는 끊임없이 변화하지만 정신은 결코 사멸하지 않는다. 그렇지만 맹손씨는 단지 다른 사람들이 가족이 죽으면 곡을 하니까 자기도 곡을 해야겠다고 느꼈을 뿐이고, 그것이 바로 그가 그렇게 한 까닭이다. 한편 또, 흔히 사람들이 서로 각자의 몸을 가리켜 '이것이 나(我)야!'라고 하지만, 내가 말하는 내가, 진정한 의미의 내가 아닌 줄을 어찌 알겠느냐?

예를 들어 네가 꿈속에서 새가 되어 하늘로 높이 날아오르고, 또 꿈속에서 물고기가 되어 깊은 못에 가라앉았다고 한다면, 지금 그런 말을 하고 있는 것이 꿈에서 깨어난 너인지, 아니면 아직도 꿈을 꾸고 있는 너인지 알 수가 없다는 말이다. 무릇 의도적으로 마음에 맞고 기분을 좋게 하는 것은 저절로 기분이 좋고 마음이 즐거워 자연스레 웃게 되는 것보다 못하고, 장난하며 웃으면서 즐거워하는 것은 대자연의 안배에 따라 절로 웃으며 즐거워하는 것보다 못하다. 그러니 대자연의 안배를 편안히 받아들이고 사람이 죽는 변화의 슬픔을 잊어버린다면, 공허 청정한 대도와 하나 되는 경지에 들 수 있을 것이다."

顏回問仲尼曰: "孟孫才,[1] 其母死, 哭泣無涕,[2] 中心[3]不戚,[4] 居喪[5]不
안회문중니왈   맹손재   기모사 곡읍무체 중심 불척 거상불
哀. 無是三者, 以善處喪[6]蓋[7]魯國. 固[8]有無其實而得其名者乎? 回
애 무시삼자 이선처상 개 노국 고 유무기실이득기명자호 회
壹[9]怪之."
일 괴지

仲尼曰: "夫孟孫氏盡之[10]矣, 進[11]於知[12]矣, 唯簡之而不得, 夫已有
중니왈   부맹손씨진지 의 진 어지 의 유간지이부득 부이유
所簡矣.[13] 孟孫氏不知所以[14]生, 不知所以死; 不知就先,[15] 不知就後;
소간의   맹손씨부지소이 생 부지소이사 부지취선   부지취후
若[16]化爲物, 以待其所不知之化已乎! 且方將化, 惡知不化哉? 方將
약 화위물 이대기소부지지화이호 차방장화 오지불화재 방장
不化, 惡知已化哉? 吾特[17]與汝, 其[18]夢未始覺者邪! 且彼[19]有駭形[20]
불화 오지이화재 오특 여여 기 몽미시교자야 차피 유해형
而無損心,[21] 有旦宅[22]而無耗精.[23] 孟孫氏特覺人哭亦哭,[24] 是自其所
이무손심   유단택 이무모정   맹손씨특각인곡역곡   시자기소
以乃.[25] 且也相與吾之[26]耳矣,[27] 庸詎[28]知吾所謂吾之非吾[29]乎? 且汝
이내   차야상여오지 이의   용거 지오소위오지비오 호 차여
夢爲鳥而厲[30]乎天, 夢爲魚而沒於淵.[31] 不識今之言者, 其覺者乎,
몽위조이려 호천 몽위어이몰어연   불식금지언자 기교자호

其夢者乎? 造適不及笑,³² 獻笑不及排,³³ 安排而去化,³⁴ 乃入於寥
기 몽 자 호   조 적 불 급 소   헌 소 불 급 배   안 배 이 거 화   내 입 어 요
天³⁵一."
천   일

주석

1 **孟孫才**(맹손재): 사람 이름. 성은 '맹손', 이름은 '재'. 노나라 사람.

2 **涕**(제): 눈물.

3 **中心**(중심): 심중心中.

4 **戚**(척): 슬퍼함.

5 **居喪**(거상): 상중에 있음.

6 **處喪**(처상): 상사喪事, 상례, 장례를 처리함, 치름.

7 **蓋**(개): (뒤)덮음. 곧 이름이 남.

8 **固**(고): 본디. 여기서는 설마.

9 **壹**(일): 참으로, 정말로.

10 **之**(지): 처상處喪 내지 거상의 도를 가리킴.

11 **進**(진): 나음, 능가함.

12 **知**(지): 상례를 아는 사람.

13 **"唯簡之**(유간지)…" 2구: 상례는 응당 완전히 간소화해야 할 일이나, 세속의 전
   통 관습인 만큼 그렇게 하지는 못하고, '무체無涕'·'불척不戚'·'불애不哀' 등 맹손
   재 나름대로 이미 간소화한 바가 있다는 말.

14 **所以**(소이): 까닭, 원인, 연유.

15 **就先**(취선): 앞서 나가기를 추구함. '취'는 나아감, 향해 감. 곧 추구함. 일설에는
   여기의 '선'과 뒤의 '후'를 각각 생生과 사死를 이른다고 함.

16 **若**(약): 따름, 순응함.

17 **特**(특): 단지, 다만.

18 **其**(기): 추측의 어조사. 아마도.

19 **彼**(피): 그이(그 사람), 저이(저 사람). 곧 맹손재의 죽은 어머니 또는 죽은 사람을
   가리킴. 흔히 맹손재를 가리킨다고 하나, 이론의 여지가 있음.

20 駭形(해형): (사람이 죽은 후) 놀라운 형체(육체)상의 변화. '해'는 놀람.

21 心(심): 영혼, 정신.

22 旦宅(단택): '단'은 일신日新의 뜻. 여기서는 조석으로, 즉 끊임없이 변화함을 이름. 일설에는 시간의 짧음을 형용한다고 함. '택'은 주택, 집. 여기서는 사람의 정신이 깃들이는 '집'으로서의 육체를 말함.

23 耗精(모정): 통행본에는 '정사情死'로 되어 있음. 하지만 천꾸잉을 따라 유사배劉師培의 견해와 『회남자』「정신훈편精神訓篇」에 근거해 고침. 앞 구절의 '무손심無損心'과 연관 지어 볼 때, 결과적으로 '무모정無耗精'이 '무정사無情死'에 비해 구법 및 의미상 더욱 대우對偶를 잘 이룸. '모'는 소모. 곧 사멸.

24 孟孫氏特覺人哭亦哭(맹손씨특각인곡역곡): 이는 흔히 '특각'에서 단구斷句해, 즉 구절을 끊어 두 구절로 나눔. 반면 장모어성은 이를 한 구절로 읽어야 한다고 했는데, 보다 설득력 있는 견해로, 따를 만함. '특각'은 단지 ~라고 느낌.

25 乃(내): 이爾와 통함. 그러함〔然〕. 곧 맹손재가 '곡읍무체哭泣無涕'한 것을 가리킴.

26 相與吾之(상여오지): 이는 왕선겸이 이른 대로, 사람들이 자기가 잠시 지금의 그 몸을 가지고 있는 것을 보면서 매양 서로 '오지吾之', 즉 '이것이 나[我]야!' 하고 생각하고 말한다는 것.

27 耳矣(이의): 이이의而已矣와 같음. ~일 뿐임, 따름임.

28 庸詎(용거): 어찌, 어떻게.

29 吾之非吾(오지비오): 통행본에는 '비오' 두 글자가 빠져 있음. 하지만 장모어성, 천꾸잉 등이 모두 주계요朱桂曜, 류원덴劉文典, 왕수민의 견해에 근거해 두 글자를 보충했는데, 설득력이 있어 따르기로 함.

30 厲(려): 려戾와 통함. 이름[至], 도달함. 여기서는 곧 새가 높이 날아오름을 말함.

31 淵(연): 심연, 즉 깊은 못.

32 造適不及笑(조적불급소): '조적'은 적의適意함을 조성함. 곧 의도적으로 마음에 들도록 함. '불급'은 불여不如와 같음. '소'는 절로 기분이 좋고 즐거워 자연스레 웃음.

33 獻笑不及排(헌소불급배): '헌소'는 희소戲笑, 즉 장난하며 웃으면서 즐거워함. 이는 '헌'을 희戲의 가차假借로 본 데에 따른 풀이. '배'는 안배, 특히 대자연·대도의 안배를 이름. 이상의 "조적造適…" 2구의 함의에 대한 후세의 풀이는 중설衆說이 분분한데, 대체로 장모어성의 풀이가 장자의 본의에 보다 근접한 것

으로 판단되므로, 그의 대의를 따름.

34 去化(거화): 왕선겸은 선영의 말을 빌려 이를 사람이 죽는 변화의 슬픔을 망각한다는 뜻으로 풀이함. 한편 장모어성은 이를 '임화任化'의 잘못으로 보고, 대화大化, 즉 우주 자연의 운행에 맡긴다는 뜻으로 풀이함.

35 寥天(요천): 요확寥廓(텅 비고 끝없이 넓음) 적료寂廖(적적하고 고요함, 넓디넓음)한 천도, 공허 청정한 천도, 곧 대도를 가리킴.

해설

여전히 생사 문제를 논하고 있다. 사람은 사후에는 다른 사물로 변화할 수가 있으며, 그것은 단지 생존의 형식 내지 형상이 바뀌는 것일 뿐이다. 생사란 본디 그 변화와 소멸이 무상無常한 것이니, 세속의 삶 또한 일장춘몽에 불과하다. 더욱이 사람의 "육체는 끊임없이 변화하지만, 정신은 결코 사멸하지 않는다." 사람이 굳이 산다고 기뻐하고, 죽는다고 슬퍼할 일이 아니라는 얘기다. "그러니 대자연의 안배를 편안히 받아들이고 사람이 죽는 변화의 슬픔을 잊어버린다면, 공허 청정한 대도와 하나되는 경지에 들 수 있다"는 게 장자의 가르침이다.

8

의이자意而子가 허유를 만나자, 허유가 말했다. "요임금께서 그대에게 무얼 일깨워주셨소?" 의이자가 말했다. "요임금께서 저에게 '그대는 반드시 인의를 몸소 실천하고, 시비를 분명히 가려야 할 것이오' 하고 말씀하셨습니다." 허유가 말했다. "한데 그대는 무엇 때문에 나를 찾아온 게요? 요임금께서는 이미 인의로 그대에게 묵형墨刑을 가하고, 시비로 그대에게 의형劓刑을 가했거늘, 그대가 장차 어찌 아무 얽매임 없이 소요자적하고 자유자재하며 자연 변화에 순응하는 경지에서 노닐 수 있겠는가?"

의이자가 말했다. "비록 그렇긴 하지만, 저는 그래도 그 언저리에서 노닐고 싶습니다." 허유가 말했다. "그럴 수 없을 게요. 무릇 장님은 어떻게 해도 눈썹과 눈, 그리고 안색의 아름다움을 감상할 수 없고, 예복에 놓은 청·황색 수의 화미華美함도 감상할 수가 없다오." 의이자가 말했다. "무릇 무장無莊이 그 아름다움을 망각하고, 거량據梁이 그 힘을 망각하며, 황제黃帝가 그 지혜를 망각한 것은 모두 대도의 도야와 단련을 받으면서 그렇게 된 것일 뿐입니다. 그러니 조물주 대도大道가 묵형을 받은 저의 상흔을 감쪽같이 낫게 하고, 의형을 받은 저의 결함을 말끔히 보수하여, 저로 하여금 온전한 육체를 가지고 선생님을 따르게 하지 않을 줄 어떻게 알겠습니까?" 허유가 말했다. "허허, 그거야 알 수 없는 일이지. 내가 그대에게 도가 어떤 것인지 개요만 말해주리다. 무엇보다 도야말로 진정 나의 대종사로다, 나의 대종사로다! 도는 만물을 조화롭게 하지만 결코 도의를 다하는 것이 아니고, 은택이 만세에 미치지만 결코 인애를 베푸는 것이 아니며, 상고上古보다 나이가 많지만 결코 노쇠하지 않고, 하늘로 하여금 만물을 덮어 감싸게 하고, 땅으로 하여금 만물을 실어 받치게 하며, 만물의 온갖 형체를 조각하지만 결코 정교해 보이지 않소. 이것이 바로 우리가 노닐어야 할 경지외다."

意而子[1]見許由,[2] 許由曰: "堯何以資[3]汝?" 意而子曰 "堯謂我: '汝必
의이자 견허유 허유왈 요하이자여   의이자왈 요위아 여필

躬服[4]仁義而明言[5]是非.'" 許由曰: "而[6]奚來爲[7]軹[8]? 夫堯既已黥汝
궁복 인의이명언 시비   허유왈 이 해래위 지 부요기이경여

以仁義, 而劓汝以是非矣,[9] 汝將何以遊夫遙蕩[10]恣睢[11]轉徙[12]之塗[13]
이인의 이의여이시비의 여장하이유부요탕 자휴 전사 지도

乎?"
호

意而子曰: "雖然, 吾願遊於其藩.[14]" 許由曰: "不然. 夫盲者[15]無以
의이자왈   수연 오원유어기번   허유왈 불연 부맹자 무이

與[16]乎眉目顏色之好, 瞽者[17]無以與乎靑黃黼黻[18]之觀.[19]" 意而子曰:
여 호미목안색지호 고자 무이여호청황보불 지관   의이자왈

"夫無莊[20]之失[21]其美, 據梁[22]之失其力, 黃帝之亡其知,[23] 皆在鑪捶
부무장 지실 기미 거량 지실기력 황제지망기지 개재로추

之間耳.[24] 庸詎知夫造物者之不息我黥而補我劓,[25] 使我乘成[26]以隨
지간이 용거지부조물자지불식아경이보아의 사아승성 이수

先生邪?" 許由曰: "噫! 未可知[27]也. 我爲汝言其大略.[28] 吾師[29]乎!
선생야 허유왈 희 미가지 야 아위여언기대략 오사 호

吾師乎! 鰲[30]萬物而不爲義, 澤[31]及萬世而不爲仁, 長於上古而不爲
오사호 제 만물이불위의 택 급만세이불위인 장어상고이불위

老,[32] 覆載天地[33]·刻雕[34]衆形而不爲巧.[35] 此所遊已."
로 복재천지 각조 중형이불위교 차소유이

주석

1 意而子(의이자): 허구의 인물. 일설에는 요임금 때의 현인이라고 함.

2 許由(허유): 「소요유편」 2-1장 주석 2 참조.

3 資(자): 도움. 여기서는 가르침, 일깨움.

4 躬服(궁복): 몸소 실행·실천함.

5 明言(명언): 분명히 밝혀 말함, 분명히 가림.

6 而(이): 爾(이)와 같음. 너, 그대.

7 奚來爲(해래위): '위해래爲奚來'의 도치. '해'는 何(하)와 같음.

8 軹(지): 只(지)와 같음. 문장 끝에 쓰이는 어조사.

288

9 "夫堯旣已(부요기이)…" 2구: 요임금이 이미 인의니 시비니 하며 인위적인 교육을 행함으로써 의이자의 자연 본성을 파괴했음을 나타냄. 장자는, 사람의 본성은 아름답고 순박하여 본시 소위 인의니 시비니 하는 관념 자체가 없었는데, 후천적 교육의 결과 인의·시비의 관념이 자리를 잡게 되었다고 생각함. 다시 말해 인간의 본성을 온전히 지키는 것은 대도에 부합하는 일이요, 인의·시비의 관념을 제창하는 것은 대도에 어긋나는 일이라는 얘기. '경黥'은 묵형, 즉 이마에 죄명을 자자刺字하던 옛 형벌. '의劓'는 죄인의 코를 베던 옛 형벌. '경'과 '의'는 사람의 본모습을 훼손 파괴하는 것으로, 곧 인의·시비의 교육이 인간 본연의 천성을 파괴했음을 비유함.

10 遙蕩(요탕): 소요 방탕. 곧 소요자적함.

11 恣睢(자휴): 방자放恣 불구不拘. 곧 아무것에도 얽매이지 않고 자유자재함.

12 轉徙(전사): 변화함. 곧 자연 변화에 순응함.

13 塗(도): 도途와 같음. 길 또는 경지.

14 藩(번): 지경地境, 경계. 곧 가(장자리), 언저리.

15 盲者(맹자): 맹인, 특히 눈뜬장님.

16 與(여): 여기서는 감상에 참여함, 곧 감상함을 이름.

17 瞽者(고자): 맹인, 특히 눈 감은 장님.

18 黼黻(보불): 옛날 예복에 놓은 수. '보'는 도끼 모양의 무늬이고, '불'은 아亞 자 모양의 무늬.

19 觀(관): 미관. 여기서는 화미함. 또 그러한 모양, 문양.

20 無莊(무장): 허구의 고대 미녀. 치장하지 않는다는 뜻이 담긴 말.

21 失(실): 실념失念함, 망각함.

22 據梁(거량): 허구의 고대 역사力士. 힘이 세다는 뜻이 담긴 말.

23 知(지): 지智와 같음.

24 皆在鑪捶之間耳(개재로추지간이): (세 사람이) 모두 조물주 대도의 도야·단련 내지 훈도에 힘입었다는 말. 예를 들면 '무장'은 득도한 이후에는 치장을 하지 않고, 스스로 그 미모를 망각했다는 얘기. '거량'과 '황제'의 경우도 같은 맥락으로 이해됨. 이는 곧 대도의 위력은 실로 대단하여 능히 한 사람을 근본적으로 변화시킬 수 있음을 강조한 말. '로'는 노鑪와 같음. 쇠붙이를 달구는 화로. '추'는 추錘와 같음. 쇠붙이를 녹이는 도가니. '노추'는 모두 제련의 기구. 여기서는

도야·단련의 뜻으로, 곧 대도의 훈도를 비유함.

25 息我黥而補我劓(식아경이보아의): 곧 그 자연 본성의 회복을 비유함. '식'은 양
식養息, 양생. 곧 조리를 잘해서 병에서 건강을 회복하게 함.

26 乘成(승성): 온전한 형체(육체)를 갖춤. 곧 온전한 자연 본성을 회복해 의지함을
비유함. '승'은 재載와 같음. (물건을) 실음. 곧 (온전한 형체를) 갖춤. '성'은 비備와
같음. 다 갖추어진, 완성된, 곧 온전한 형체(육체)를 이름.

27 未可知(미가지): 의이자가 기대하는 것처럼 대도가 그렇게 해줄지 어떨지 알 수
없다는 말.

28 其大略(기대략): 대도의 대략, 개략, 곧 대체적인 내용, 상황.

29 吾師(오사): 나의 스승. 장자(여기서 허유는 장자의 대변자)는 도를 '대종사'로 여기
니, 이는 곧 대도를 일컬음.

30 螯(제): 조화(롭게)함.

31 澤(택): 은택.

32 長於上古而不爲老(장어상고이불위로): 곧 대도는 영원불변함을 이름. '장'은 연
장함, 나이가 많음.

33 覆載天地(복재천지): 복천재지覆天載地, 즉 하늘로 하여금 만물을 덮어 감싸게
하고, 땅으로 하여금 만물을 실어 받치게 함.

34 刻雕(각조): 조각함.

35 不爲巧(불위교): 정교해 보이지 않음. 이는 대도가 만물의 형체를 조각하는 그
더할 나위 없는 정교함도 언뜻 졸렬해 보일 뿐이라는 말로, 곧 노자가 말한 '대
교약졸大巧若拙'의 의미를 표현한 것으로 이해됨. 이상의 "제만물螯萬物…"4구
는 곧 영원불변하는 가운데 무위자연의 방식으로 우주 만물을 주재하는 대도
의 특성을 염두에 둔 말.

해설

유가의 인의 및 시비 관념에 대한 장자의 비판적 입장은 확고하다. 유
가의 전통적 도덕규범과 이론 가치는 인간에 대한 세속적 속박의 근
원이요, 아름답고 순박한 인간의 천성을 파괴하는 주범이다. 세상 사

람들이 공허 청정한 대도의 본질을 깨닫지도 못하고, 소요자적하는 경지에 이르지도 못하는 것은 바로 그 때문이다. 하여 장자는 인간의 자연 본성을 회복해야 함을 극력 강조한 것이다. 노자가 이르기를 "대도가 행해지지 않자 인의가 창도唱導되었다(大道廢, 有仁義)"(『노자』 18장)라고 했고, 장자가 이르기를 "시비의 관념이 출현하면서 마침내 대도가 훼손되었고, 대도가 훼손되면서 사람들은 결국 특정한 사물에 대한 편애의 관념을 형성하게 되었다(是非之彰也, 道之所以虧也. 道之所以虧, 愛之所以成)"(「제물론」)라고 했다. 요컨대 인의를 배격하고 시비를 벗어나야만 비로소 영원불변하면서 무위자연의 특성을 가진 대도의 경역境域에 들어설 일말의 희망과 기대를 가질 수가 있다.

9

안회가 말했다. "제 공부에 진전이 있었습니다." 공자께서 말씀하셨다. "그게 무슨 말이냐?" 안회가 말했다. "저는 이제 예악禮樂을 잊게 되었습니다." 공자께서 말씀하셨다. "좋구나, 하지만 아직은 부족하다." 다른 날 안회가 다시 공자를 뵙고 말했다. "제 공부에 진전이 있었습니다." 공자께서 말씀하셨다. "그게 무슨 말이냐?" 안회가 말했다. "저는 이제 인의를 잊게 되었습니다." 공자께서 말씀하셨다. "좋구나, 하지만 아직은 부족하다." 다른 날 안회가 다시 공자를 뵙고 말했다. "제 공부에 진전이 있었습니다." 공자께서 말씀하셨다. "그게 무슨 말이냐?" 안회가 말했다. "저는 이제 좌망坐忘을 하게 되었습니다." 공자께서 놀라서 얼굴빛이 변하며 말씀하셨다. "무엇을 좌망이라고 하

느냐?" 안회가 말했다. "팔다리와 몸통을 망각하고, 눈으로 보고 귀로
듣는 것에 무심하며, 육체의 속박에서 벗어나고, 지혜에의 집착을 떨
쳐버림으로써, 마침내 무소불통無所不通의 대도에 동화되는 것, 그것
을 좌망이라고 합니다." 공자께서 말씀하셨다. "사람이 대도에 동화
되면 좋아하고 싫어함이 없어지고, 자연 변화에 순응하면 고집스럽고
완고함이 없어지는 법이다. 이제 너는 진정 한 사람의 현자로다! 내
기꺼이 네 뒤를 따르며 배우겠노라."

顏回曰: "回益¹矣." 仲尼曰: "何謂也?" 曰: "回忘禮樂²矣." 曰: "可
안회왈   회익 의   중니왈   하위야   왈   회망예악 의   왈   가
矣, 猶未也." 他日復見, 曰: "回益矣." 曰: "何謂也?" 曰: "回忘仁
의 유미야 타일부현 왈   회익의   왈   하위야   왈   회망인
義矣." 曰: "可矣, 猶未也." 他日復見, 曰: "回益矣." 曰: "何謂也?"
의 의   왈   가의 유미야 타일부현 왈   회익의   왈   하위야
曰: "回坐忘³矣." 仲尼蹴然⁴曰: "何謂坐忘?" 顏回曰: "墮肢體,⁵ 黜
왈   회좌망 의 중니축연 왈   하위좌망   안회왈   휴지체   출
聰明,⁶ 離形去知,⁷ 同於大通,⁸ 此謂坐忘." 仲尼曰: "同則無好⁹也,
총명   이형거지   동어대통   차위좌망   중니왈   동즉무호 야
化則無常¹⁰也. 而¹¹果其賢乎! 丘也請從而後¹²也."
화 즉 무 상 야   이   과 기 현 호   구 야 청 종 이 후   야

주석

1 益(익): 증익增益, 즉 더하여져 늚. 곧 진보, 발전, 진전을 이름.

2 禮樂(예악): 통행본에는 '인의'로 되어 있고, 아래의 '인의'는 '예악'으로 되어 있
음. 하지만 류원텐은 『회남자』 「도응훈편道應訓篇」에 통행본과 달리 여기는 '예
악'으로, 아래는 '인의'로 되어 있는 것을 따라야 한다고 함. 왜냐하면 무릇 예
악은 유형有形한 것이니 먼저 망각(마음에 두지 않거나 신경 쓰지 않음)하게 되고, 인
의는 무형한 것이니 그다음에 망각하게 되는 것이 장자의 사상적 논리에 부합

하기 때문임. 왕수민, 장모어성, 천꾸잉 등도 모두 이 견해에 동조하며, 설득력이 충분하므로 그에 근거해 바로잡음.

3 坐忘(좌망): 정좌하여, 즉 마음을 가라앉히고 편안하고 조용히 앉아 무념무상無念無想(무아의 경지에 이르러 일체의 상념을 떠남)에 들어 물아, 즉 외물과 자아를 모두 망각하는 경지.

4 蹴然(축연): 놀라서 얼굴빛이 변하는 모양.

5 墮肢體(휴지체): 지체(팔다리와 몸통), 곧 육체를 망각함. '휴'는 휴隳와 같음. 무너뜨림, 파괴함. 여기서는 망각함을 이름.

6 黜聰明(출총명): 시청각 내지 견문을 망각함. '출'은 물리침. 여기서는 망각함, 무심함. '총'은 귀가 밝음. '명'은 눈이 밝음.

7 離形去知(이형거지): 형체(육체)의 속박에서 벗어나고 지혜에의 집착을 떨쳐버림. '지'는 지智와 같음.

8 大通(대통): 무소불통, 즉 통하지 않는 것이 없는 대도, 또 그 경지를 일컬음.

9 好(호): 편호偏好함, 즉 편애함, 편사偏私함. 여기서는 또 호오, 즉 좋아함과 싫어함.

10 常(상): 완고함(융통성이 없이 올곧고 고집이 셈), 고집함(자기의 의견을 바꾸거나 고치지 않고 굳게 버팀).

11 而(이): 이爾와 같음. 너(汝).

12 從而後(종이후): 너의 뒤를 따름. 곧 너에게 배움. '이'는 너.

해설

장자는 안회와 공자의 대화를 통해 그 특유의 '좌망' 관념을 천명했는데, 여기에는 물론 유가에 대한 신랄한 풍자와 비판의 의미가 내포되어 있다. 아무튼 장자가 말하는 '좌망'은 물아를 모두 망각함으로써 세속을 초탈하는 가운데, 대도의 본질과 정신을 체득하고 깨달아 마침내 대도와 하나되는 경지다. 장자의 견해에 따르면, 결국 사람이 예악과 인의를 비롯한 세상만사 만물을 망각함은 물론, 자기 자신의 육

체까지도 망각하여, 삶에 대한 집착과 죽음에 대한 두려움에서 벗어
난다면, 능히 대도를 본받아 세상의 그 어떤 것에도 얽매이지 않고 소
요자적하는 탈속脫俗(부나 명예와 같은 현실적인 이익을 추구하는 마음에서 벗
어남)과 초세超世(세속에 얽매이지 않고 초탈함)의 삶을 살 수 있다. 장자는
「인간세편」에서 공자와 안회의 대화를 통해 '심재心齋'의 경지를 설명
한 바 있는데, '좌망'과 '심재'는 그 함의가 상동하며, 양자는 사상 관
념상 또한 곧 「소요유편」에서 말한 '무기無己'나 「제물론편」에서 말한
'상아喪我'와도 상통한다.

10

자여는 자상子桑과 벗으로 지냈는데, 장맛비가 열흘이나 이어지자
자여가 말했다. "자상은 살림이 가난하니 아마도 굶주려서 쓰러졌을
거야!" 그러고는 밥을 싸가지고 그에게 먹이려고 갔다. 한데 자상의
집 문 앞에 이르자, 안에서 노래하는 것 같기도 하고, 우는 것 같기도
한 소리가 들리는가 싶더니, 이내 금을 타면서 노래하기를 "나를 가난
에 허덕이게 한 것은 아버지인가? 어머니인가? 아니면 하늘인가? 사
람인가?" 하는데, 쇠약한 기력이 노래하는 소리를 이기지 못하는 듯
노랫소리가 한없이 작고 약한 데다, 곡조도 이루지 못하고 그저 가사
를 가쁘게 중얼거리고 있었다.

자여가 안으로 들어가서 물었다. "자네 노래를 부르는 게 가락도 맞
지 않고 어째 그런가?" 자상이 말했다. "나는 지금 나를 이처럼 빈곤한
지경에 처하게 한 게 무엇인지 생각을 해봤지만, 알 수가 없었네. 한

데 사랑하는 부모님이 설마 내가 가난하기를 바랐겠나? 하늘은 만물을 덮어 감쌈에 편사偏私함이 없고, 땅은 만물을 실어 받침에 편사함이 없거늘, 천지가 설마 사사로이 나를 가난하게 했겠나? 나를 이 같은 곤경에 처하게 한 것이 무엇인지 찾아봤지만, 도무지 알 수가 없도다! 그러나 내 분명 이 궁핍한 지경에 처해 있으니, 이는 필시 천명이리라!"

子輿與子桑¹友, 而霖雨²十日, 子輿曰: "子桑殆³病⁴矣!" 裹⁵飯而往
자 여 여 자 상 우   이 림 우 십 일   자 여 왈   자 상 태 병 의   과 반 이 왕
食⁶之. 至子桑之門, 則若歌若哭, 鼓琴曰: "父邪? 母邪? 天乎? 人
사 지   지 자 상 지 문   즉 약 가 약 곡   고 금 왈   부 야   모 야   천 호   인
乎?⁷" 有不任其聲⁸而趨擧其詩⁹焉.
호   유 불 임 기 성 이 촉 거 기 시   언

子輿入, 曰: "子之歌詩, 何故若是?" 曰: "吾思夫使我至此極¹⁰者而
자 여 입   왈   자 지 가 시   하 고 약 시   왈   오 사 부 사 아 지 차 극   자 이
弗¹¹得也. 父母豈欲吾貧哉? 天無私覆, 地無私載, 天地豈私貧我
불 득 야   부 모 기 욕 오 빈 재   천 무 사 부   지 무 사 재   천 지 기 사 빈 아
哉? 求其爲之者而不得也! 然而至此極者, 命也夫!"
재   구 기 위 지 자 이 부 득 야   연 이 지 차 극 자   명 야 부

주석

1 子桑(자상): 즉 자상호.

2 霖雨(임우): 장마. '임'은 사흘 이상 계속해서 내리는 비를 이름.

3 殆(태): 아마(도).

4 病(병): 여기서는 굶주려서 쓰러짐을 이름.

5 裹(과): (보자기 같은 것으로) 쌈.

6 食(사): (음식을) 먹임.

7 "父邪(부야)…" 4구: 이는 자상이 자신의 가난을 도대체 누가 만든 것인지 묻는

말. '야'는 야耶와 같음. 의문조사.

8 **不任其聲**(불임기성): 기력이 쇠약해 노래하는 소리를 이겨내지 못한다는 뜻. 곧 굶주림에 지쳐 기력이 다한 탓에 노랫소리가 한없이 작고 약함을 이름. '불임'은 불감不堪, 불승不勝. 곧 감당하지 못함, 이겨내지 못함을 뜻함.

9 **趨擧其詩**(촉거기시): 곡조도 이루지 못하고 그저 가쁘게 가사를 읽음을 이름. '촉'은 촉促과 같음. 촉급함, 가쁨(몹시 급하고 빠름). '거'는 여기서는 읽음, 중얼거림. '시'는 가사.

10 **極**(극): 궁지, 궁경窮境.

11 **弗**(불): 불不과 같음.

해설

일찍이 『주역』 「계사상전繫辭上傳」에서 말했다. "천도를 즐기며 자신의 운명을 알고 안분지족安分知足하므로 근심하지 않는다〔樂天知命, 故不憂〕." 장자의 사상 역시 이와 맥락을 같이한다. 요컨대 여기서 장자는 사람들에게 자신이 어떻게 할 수도 없고, 또 그 까닭도 알 수 없는 일들을 '명命', 즉 천명 내지 운명으로 돌리며 번뇌에서 벗어나고 심리적 위안을 받기를 바라고, 요구했다. 이는 곧 이 「대종사편」 2장의 주지主旨와도 서로 호응한다.

제7편

응제왕

應帝王

'응제왕應帝王'에서 '응'은 두 가지 뜻으로 풀이할 수 있으니, 첫째는 '응당·마땅히 ~해야 한다'는 뜻이고, 둘째는 '응답·응대한다'는 뜻이다. 따라서 이른바 '응제왕'은 "어떤 사람이 마땅히 제왕이 되어야 하는가?" 또는 "제왕은 마땅히 어떻게 해야 하는가?" 그리고 "제왕이 천하를 다스리는 문제에 응답하다"는 뜻으로 이해된다.

이 「응제왕편應帝王篇」에서 설파된 것은 바로 장자의 정치철학이자 정치 이상이다. 장자의 주장에 따르면, 모름지기 천하의 제왕 된 자는 "스스로의 마음을 담백淡白하고 청정함에 즐겁게 노닐게 하고, 스스로의 숨결을 청정하고 무위함에 합치시키며, 만물의 자연법칙에 순응하면서 추호의 사심도 끼어들지 않게 해야 한다(遊心於淡, 合氣於漠, 順物自然而無容私焉)."(3장) 왜냐하면 그렇게 해야만 비로소 천하가 잘 다스려질 수 있기 때문이다. 한마디로 이불치위치以不治爲治, 즉 다스리지 않음으로써 다스리는 이른바 '무위이치無爲而治'가 핵심이다.

이 편은 모두 일곱 장으로 나뉘며, 만사 만물의 '절로 그러한(自然)' 법칙에 따르는 무위의 정치를 극력 고취하는 한편, 유위有爲의 법치가 초래하는 폐해와 부작용을 일깨우고 비판했다. 편말篇末에 덧붙여진, 남해의 제왕 숙儵과 북해의 제왕 홀忽이 자신들을 환대한 중앙의 제왕 혼돈渾沌에게 보은한답시고, 이목구비耳目口鼻 일곱 구멍을 뚫어주다가 그만 혼돈을 죽음으로 몰고 간 이야기는, 바로 유위의 정치가 세상 사람들에게 얼마나 심각한 환난을 초래하는지를 웅변으로 말해준다.

1

　설결이 왕예에게 질문을 했는데, 네 가지를 물었으나 왕예가 네 가
지 모두 알지 못한다고 했다. 그러자 설결은 펄쩍펄쩍 뛰면서 크게 기
뻐했고, 그길로 포의자蒲衣子에게 달려가 그 일을 아뢰었다. 포의자가
말했다. "그대는 지금에서야 그것을 알았는가? 예를 들면 태고의 순
임금은 복희씨의 경지에 미치지 못한단 말일세. 순임금은 오히려 인
의의 덕을 베풀어 사람들의 마음을 끌고, 또한 사람들의 지지를 얻었
지만, 일찍이 외물의 속박에서 벗어나진 못했다네. 반면 복희씨는 잠
잘 때는 안온하기 그지없고, 깨어 있을 때는 아무런 생각도 시름도 없
었으며, 혹은 자신을 말(馬)이라 여기기도 하고, 혹은 자신을 소(牛)라
여기기도 했으며, 그 지혜는 진정 참되고 미더우며, 그 덕성은 진정 순
진하고 질박하여 일찍이 외물의 속박에 걸려든 적이 없다네."

齧缺問於王倪,¹ 四問而四不知.² 齧缺因躍而大喜,³ 行以告蒲衣子.⁴
설결문어왕예　사문이사부지　설결인약이대희　행이고포의자

蒲衣子曰: "而⁵乃⁶今知之乎? 有虞氏⁷不及泰氏.⁸ 有虞氏, 其猶藏
포의자왈　이내금지지호　유우씨불급태씨　유우씨　기유장

仁⁹以要人¹⁰; 亦得人¹¹矣, 而未始出於非人.¹² 泰氏, 其臥徐徐,¹³ 其
인 이요인   역득인 의 이미시출어비인   태씨 기와서서   기

覺于于¹⁴; 一以己爲馬, 一以己爲牛¹⁵; 其知情信,¹⁶ 其德甚眞, 而未
각우우   일이기위마 일이기위우   기지정신   기덕심진 이미

始入於非人."
시 입 어 비 인

주석

1 齧缺(설결)·王倪(왕예):「제물론편」6-2장 주석 1 참조.

2 四問而四不知(사문이사부지): 설결이 왕예에게 네 가지를 물었으나, 왕예가 네 가지 모두 모른다고 한 일은「제물론편」6-2장에 보임.

3 躍而大喜(약이대희): 펄쩍펄쩍 뛰면서 크게 기뻐함. 설결은 왕예가 '사부지四不知'한 것에서 성인은 무지·무위하다는 사실을 깨달았기 때문에 크게 기뻐한 것.

4 蒲衣子(포의자): 즉 피의被衣. 허구의 인물.「천지편」에서는 포의자, 즉 피의가 왕예의 스승이라고 함.

5 而(이): 너, 그대, 당신.

6 乃(내): ~에서야 비로소, 겨우.

7 有虞氏(유우씨): 즉 순임금. 성姓은 요姚, 이름은 중화重華. 우虞 땅에 건국했으므로 우순 혹은 '유우씨'라고 일컬어짐.

8 泰氏(태씨): 전설상의 상고시대 제왕. 흔히 태호太昊 복희씨를 일컫는다고 함. '태'는 태太와 통함.

9 藏仁(장인): 인의의 마음을 간직함. 곧 인의의 덕을 베풂.

10 要人(요인): 사람들의 마음을 끎.

11 得人(득인): 사람들의 마음을 얻음, 지지를 얻음.

12 未始出於非人(미시출어비인): 외물의 속박에서 벗어나지 못함. '미시'는 미증未曾과 같음. 일찍이 ~하지 못함. '비인'은 외물, 즉 신외지물(사람의 몸 이외의 사물, 곧 부귀·공명·이욕 따위)을 이름. 여기서는 인의를 가리킴. 장자의 견해에 따르면, 유우씨가 창도唱導한 인의는 신외지물인 만큼, 그가 비록 만백성의 신임과 지지를 얻었다고는 하나, 그 과정에 어쩔 수 없이 외물인 인의에 의존해야만 했으며, 만약 그렇지 않았으면 대업을 이루기 어려웠음. 그 때문에 장자는 유우씨

가 외물에 대한 의존과 얽매임에서 벗어나지 못했다고 한 것임.

13 徐徐(서서): 안온한 모양.

14 于于(우우): 아는 것도 없고, 근심 걱정도 없는 모양. 일설에는 자득한 모양. 이
상의 "기와서서, 기각우우其臥徐徐, 其覺于于" 2구는 곧 앞 「대종사편」 1장의 "잠
잘 때는 꿈을 꾸지 않고, 깨어 있을 때는 시름이 없다(其寢不夢, 其覺無憂)"와 같은
의미로 이해됨.

15 "一以己(일이기)…" 2구: 이는 「천도편」의 "그대가 나를 소라고 불렀다면 나 스
스로도 소라고 여겼을 것이고, 그대가 나를 말이라고 불렀다면 나 스스로도 말
이라고 여겼을 것이오〔子呼我牛也而謂之牛, 呼我馬也而謂之馬〕"와 같은 의미. 곧 성현
영이 이른 대로, 물아도 잊고, 시비도 잊은 까닭에 말이라고 하든 소라고 하든,
다른 사람이 말하는 대로 그대로 호응함을 이름. '일一'은 혹或, 혹은.

16 其知情信(기지정신): 그의 지혜는 진실한 지혜임. '지'는 지智와 같음. '정신'은 실
신實信, 즉 진실하고 믿음직함. 곧 진실함, 진정함, 참됨을 이름. 장자가 볼 때,
이른바 지혜에는 세속의 지혜와 성인의 지혜 두 가지가 있는데, 세속의 지혜는
다른 사람도 해치고 자기 자신도 해치는, 결코 바람직하지 못한 것인 반면, 성
인의 지혜야말로 진정 참된 지혜임.

해설

장자가 생각하는 최고의 통치자는 진정 참되고 미더운 지혜와 순진하
고 질박한 덕성을 바탕으로 만물의 '절로 그러함'에 순응할 뿐, 결코
사사로운 의도와 목적을 가지고 인의와 같은 외물에 의지해 인위로
민심을 얻으려 하지 않는다.

2

견오가 초광접여를 만나자, 접여가 물었다. "전에 중시中始가 자네

에게 무슨 얘기를 했는가?" 견오가 말했다. "중시 선생님께서 제게 이르시기를, '만백성을 다스리는 군주가 자신의 의지를 담아 각종 법률과 제도를 제정해 시행하면, 백성들이 어느 누가 감히 이르는 대로 듣고 따르며 교화되지 않겠느냐?' 하고 말씀하셨습니다." 접여가 말했다. "그건 사람을 속이는 기만과 허위의 작태일 뿐이라네. 그렇게 천하를 다스리는 것은 마치 바다를 걸어서 건너며 해저에 하천을 파거나, 모기로 하여금 큰 산을 짊어지게 하는 것처럼 절대 불가능한 일이지. 성인이 천하를 다스릴 때에도 설마 그처럼 외재적인 법률과 제도로 백성들을 따르게 하겠는가? 성인은 먼저 자신의 품행을 단정히 한 후에 다른 사람을 감화하나니, 그렇게 하여 사람들이 각기 그 능한 바를 다할 수 있도록 할 따름이라네. 또한 날짐승은 높이높이 날아올라서 주살의 상해를 피하고, 생쥐는 토신土神 제단 아래에 깊이깊이 굴을 파서 굴집이 사람들에 의해 연기에 그을리거나 괭이로 파헤쳐지는 환난을 피하거니, 자네는 설마 이 두 미물이 그렇게 화를 피한다는 것도 모른단 말인가?"

肩吾[1]見狂接輿.[2] 狂接輿曰: "日[3]中始[4]何以語女?" 肩吾曰: "告我:
견오 견광접여 광접여왈 일 중시 하이어여 견오왈 고아
君人者[5]以己[6]出[7]經式義度,[8] 人孰敢不聽[9]而化諸[10]?" 狂接輿曰: "是
군인자 이기 출 경식의도 인숙감불청 이화저 광접여왈 시
欺德[11]也. 其於治天下也, 猶涉海鑿河而使蚊負山也. 夫聖人之治
기덕 야 기어치천하야 유섭해착하이사문부산야 부성인지치
也, 治外[12]乎? 正而後行,[13] 確乎能其事者[14]而已矣. 且鳥高飛以避矰
야 치외 호 정이후행 확호능기사자 이이의 차조고비이피증
弋[15]之害, 鼷鼠[16]深穴乎神丘[17]之下以避熏鑿[18]之患, 而曾二蟲之無
익 지해 혜서 심혈호신구 지하이피훈착 지환 이증이충지무
知[19]?"
지

304

1 肩吾(견오):「소요유편」2-2장 주석 1 참조.

2 狂接輿(광접여):「소요유편」2-2장 주석 2 참조.

3 日(일): 일자日者와 같음. 지난날, 전, 전날, 접때.

4 中始(중시): 허구의 인물. 성현영에 따르면, 현인의 이름으로, 견오의 스승이라
   고 함. 일설에는 '일중시日中始'가 사람 이름이라고 하나, 일부 판본에는 '일日'
   자가 없는 경우도 있어 선뜻 수긍하기는 어려움.

5 君人者(군인자): 인민을 통치하는 사람, 곧 군주를 가리킴. '군'은 다스림을 뜻함.

6 以己(이기): 자신의 뜻, 의지에 근거함.

7 出(출): 여기서는 (법률과 제도를) 제정, 공포, 시행함을 이름.

8 經式義度(경식의도): 각종 법률(법규)과 제도를 통칭함. '경'은 법전. '식'은 규칙,
   제도. '의'는 의儀와 같음. 곧 규범, 법칙. '도'는 법도, 준칙.

9 聽(청): 청종聽從함, 즉 이르는 대로 잘 듣고 따름.

10 諸(저): 호乎와 같은 의문조사.

11 欺德(기덕): 사람을 속이는 거짓된 덕. 곧 기만과 허위의 언행·작태를 가리킴.

12 治外(치외): 외표外表를 다스림. 곧 외재적인 법규와 제도로써 백성을 따르게 함
   을 이름.

13 行(행): 곧 감화, 교화함을 가리킴.

14 確乎能其事者(확호능기사자): 그 일에 능한 사람을 확정함. 곧 사람들이 각기 그
   능한 바를 다할 수 있도록 함을 이름. '확'은 확정함, 확실히 함. 이상의 "정이正
   而…"2구는『노자』에서 "성인은 항상 사람들을 잘 교화해 그 재능을 다하게 하
   므로 버려지는 사람이 없다(聖人常善救人, 故無棄人)"(27장)는 것과 일맥상통함.

15 繒弋(증익): 주살, 즉 활의 오늬에 줄을 매어 쏘는 화살.

16 鼷鼠(혜서): 생쥐.

17 神丘(신구): 사단社壇, 즉 토신에 제사를 지내는 제단.

18 熏鑿(훈착): (생쥐의 굴집이 사람들에 의해) 연기에 그을리고, 괭이 따위로 파헤쳐짐
   을 이름.

19 而曾二蟲之無知(이증이충지무지): "자네는 설마 이 두 미물이 그렇게 화를 피한
   다는 것도 모른단 말인가?" '이而'는 이爾와 같음. 너, 그대, 자네. '증曾'은 여기
   서는 설마, 의외로의 뜻으로 이해됨. '무지'는 부지不知와 같음. 한편 시통은 곽

상의 주를 근거로 제시하면서 '지知'를 응당 '여如'로 써야 한다고 함. 그러면 '무여無如'는 곧 불여不如와 같으니, 이 구절은 "자네는 설마 이 두 미물보다 못하단 말인가?"의 뜻으로 풀이됨. 시통의 견해는 분명 일리가 있으나, 아무래도 통행본 원문의 의미보다는 못함. 왜냐하면 이 구절의 함의는 아래와 같기 때문임. 즉 "저 미물들조차 방법을 찾아 사람들의 가해를 피할 줄 아는데, 하물며 사람들이야 더 말할 나위가 있겠는가?" 다시 말해 군주가 법규와 제도로써 백성을 통치하고 박해한다면, 백성들 또한 나름의 방법을 찾아 군주에게 대응할 것이고, 그렇게 되면 군주와 백성들 사이에 온갖 술수와 기만과 다툼이 난무하면서 나라는 혼란에 빠져 결코 잘 다스려질 수 없다는 얘기임.

해설

통치자는 절대로 사심이 담긴 법규나 제도를 제정해 나라를 다스려서는 안 된다. 왜냐하면 그것은 단지 사람을 속이는 기만과 허위의 속박일 따름이므로, 결국엔 상하 상호 간 온갖 계략과 술책으로 속고 속이는 작태가 난무하면서 사회 혼란을 야기할 수 있기 때문이다. 그런 까닭에 장자가 생각하는 이상적인 통치자는 먼저 자신의 품행을 단정히 한 후에 다른 사람을 감화하며, 그렇게 하여 사람들이 각기 그 능한 바를 다할 수 있도록 할 따름이다. 한마디로 치외治外와 치표治表가 아니라, 치내治內와 치본治本에 주력한다는 얘기다. 만사가 다 안에서 시작되어야 하며, 근본을 다스릴 줄 알아야 한다.

3

천근天根이 은양殷陽 땅을 돌아다니다가 요수蓼水 강가에 이르러 공교롭게도 무명인無名人을 우연히 만나 그에게 질문을 했다. "삼가 여쭙겠습니다. 천하를 어떻게 다스려야 합니까?" 무명인이 말했다. "허, 저리 가시오. 당신은 참 천박한 사람이구먼. 어찌 그리도 사람을 언짢게 하는 질문을 하오? 나는 바야흐로 조물주 대도大道와 동무하고자 하며, 그러다 대도를 체득한 후에는 또 청허한 기운을 띤 새를 타고 속세의 밖으로 벗어나서, 아무것도 없이 텅 비어 허정한 향촌에서 노니는가 하면, 끝없이 광활한 들판에서 거처하고자 하거늘, 당신은 또 무슨 잠꼬대같이 천하를 다스리는 걸 물어 내 마음을 어지럽힌단 말이오?"

한데 천근이 물러서지 않고 재차 묻자, 무명인이 말했다. "그대는 스스로의 마음을 담백하고 청정함에 즐겁게 노닐게 하고, 스스로의 숨결을 청정하고 무위함에 합치시키며, 만물의 자연법칙에 순응하면서 추호의 사심도 끼어들지 않게 하시오. 그러면 천하를 잘 다스릴 수 있을 것이오."

天根¹遊於殷陽,² 至蓼水³之上, 適⁴遭⁵無名人⁶而問焉, 曰: "請問爲
천근 유어은양 지요수 지상 적조무명인 이문언 왈 청문위
天下." 無名人曰: "去! 汝鄙人⁷也, 何問之不豫⁸也? 予方將與造物
천하 무명인왈 거 여비인야 하문지불예야 여방장여조물
者⁹爲人,¹⁰ 厭,¹¹ 則又乘夫莽眇之鳥,¹² 以出六極之外,¹³ 而遊無何有
자위인 염 즉우승부망묘지조 이출육극지외 이유무하유
之鄕,¹⁴ 以處壙垠之野.¹⁵ 汝又何帠¹⁶以治天下感¹⁷予之心爲?"
지향 이처광랑지야 여우하예 이치천하감 여지심위

又復問, 無名人曰: "汝遊心於淡,¹⁸ 合氣¹⁹於漠,²⁰ 順物自然而無容
우부문 무명인왈 여유심어담 합기 어막 순물자연이무용
私²¹焉, 而天下治矣."
사 언 이천하치의

1 天根(천근): 장자가 허구한 인물의 이름.

2 殷陽(은양): 장자가 허구한 땅 이름. 일설에는 은산殷山의 남쪽. '양'은 산의 남쪽·강의 북쪽을 이름.

3 蓼水(요수): 강 이름. 성현영은 조나라 경내에 있는 것이라고 함.

4 適(적): 마침, 공교롭게도.

5 遭(조): (우연히) 만남.

6 無名人(무명인): 허구의 인물. 종타이는 「소요유편」에서 '성인무명'이라고 한 데 근거해 여기서 '무명인'은 곧 성인을 비유한다고 함.

7 鄙人(비인): 비루한 사람, 천박한 사람.

8 豫(예): 기쁨, 유쾌함.

9 造物者(조물자): 조물주 대도. 「대종사편」 5장 주석 6 참조.

10 爲人(위인): 동무함(친하게 어울려 지냄). 「대종사편」 6장 주석 29 참조.

11 厭(염): 만족함. 여기서는 득도함을 이름. 일설에는 싫증이 남, 물림.

12 莽眇之鳥(망묘지조): 청허한 원기를 비유한 새 이름. '망묘'는 청허한 모양, 심원한 모양.

13 六極之外(육극지외): 세외世外, 즉 속세의 밖. '육극'은 육합六合과 같음. 곧 천지 사방.

14 無何有之鄕(무하유지향): 「소요유편」 3-2장에도 보임. 아무것도 없이 텅 비어 허정한 곳. 여기서는 무념무상하며 물아양망한 '좌망坐忘(「대종사편」 9장 주석 3 참조)'의 경지를 비유하는 것으로 이해됨.

15 壙埌之野(광랑지야): 「소요유편」 3-2장의 '광막지야廣莫之野'와 같은 뜻으로, 끝없이 광활한 들판을 이름. 여기서는 한없이 광대한 정신세계를 비유함. '광랑'은 들이 펀펀하고 넓어 아득한 모양.

16 帠(예): 유월에 따르면 이는 얼臬의 잘못이고, 얼은 또 예㾕의 가차자로, 잠꼬대를 뜻함. 일설에는 고故와 같다고도 함.

17 感(감): 감撼과 같음. 흔듦, 어지럽힘.

18 淡(담): 담박함, 염담함. 곧 담백淡白(욕심이 없고 마음이 깨끗이) 청정함.

19 氣(기): 기식, 곧 숨결.

20 漠(막): 적막寂漠함, 적막寂寞함. 곧 청정무위함.

21 私(사): 사의私意, 사심.

해설

무릇 천하를 통치함에 있어서는 절대로 사심이 들어가서는 안 된다. 왜냐하면 통치자의 사심과 사욕이 천하 혼란의 근본 원인이기 때문이다. 하여 장자는 말한다. 천하 통치는 반드시 무사無私 무욕無欲과 청정무위의 자세로 만물의 자연 본성에 순응함으로써 백성들이 한껏 자유롭고 자재로이 살아갈 수 있도록 해야 한다.

4

양자거陽子居가 노자를 만나 여쭈었다. "여기에 한 사람이 있는데, 만약 이이가 처사에 민첩하고 의지가 굳세며, 사리에 통달하여 두루 밝게 알고, 인의의 도를 배우기를 게을리하지 않는다면, 이런 사람은 성명聖明한 임금에 견줄 만합니까?" 노자께서 말씀하셨다. "이런 사람은 성인의 견지에서 보면, 단지 낮은 벼슬아치가 일을 함에 그 기능에 얽매여 몸을 힘들게 하고, 마음을 불안하게 하는 것과 같을 뿐이오. 더욱이 호랑이와 표범의 아름다운 무늬 모피는 사람들로 하여금 그들을 사냥하게 하고, 원숭이의 날랜 몸놀림과 사냥개의 살쾡이 잡는 솜씨는 사람들로 하여금 그들을 붙들어 매게 한다오. 한데 이런 짐승을, 아니 이런 사람을 성명한 임금에 견줄 수 있다는 게요?" 양자거가 당황하기도 하고 공경스럽기도 하여 불안한 얼굴빛으로 말했다. "감히

여쭙건대 성명한 임금은 어떻게 천하를 다스립니까?" 노자께서 말씀
하셨다. "성명한 임금의 천하 통치는, 이를테면 치세의 공덕이 천하를
뒤덮지만 결코 자신의 공이 아닌 듯이 하고, 만물을 화육하며 은덕을
베풀지만 백성들은 결코 그에 의지하고 있다고 여기지 않으며, 공덕
이 있어도 그 명망을 칭송할 수가 없으므로 만물로 하여금 스스로 모
든 것에 흡족하고 기뻐하게 하는 가운데, 임금 스스로는 헤아릴 수 없
이 신묘한 경지에 자신을 우뚝 세우고, 지극히 공허 청정한 경지에서
노닌다오."

陽子居¹見老聃, 曰: "有人於此, 嚮疾²强梁,³ 物徹疏明,⁴ 學道⁵不勤.⁶
양 자 거 현 노 담 왈   유 인 어 차 향 질 강 량 물 철 소 명 학 도 불 권
如是者, 可比明王⁷乎?" 老聃曰: "是於聖人也, 胥易技係,⁸ 勞形⁹
여 시 자 가 비 명 왕 호   노 담 왈   시 어 성 인 야   서 이 기 계   노 형
怵心¹⁰者也. 且也虎豹之文¹¹來¹²田,¹³ 猨狙¹⁴之便¹⁵執斄之狗¹⁶來藉.¹⁷
출 심 자 야 차 야 호 표 지 문 래 전 원 저 지 편 집 리 지 구 래 적
如是者, 可比明王乎?" 陽子居蹵然¹⁸曰: "敢問明王之治." 老聃曰:
여 시 자 가 비 명 왕 호   양 자 거 축 연 왈   감 문 명 왕 지 치   노 담 왈
"明王之治: 功蓋天下而似不自己,¹⁹ 化貸²⁰萬物而民弗恃²¹; 有莫²²
명 왕 지 치 공 개 천 하 이 사 부 자 기 화 대 만 물 이 민 불 시 유 막
擧²³名, 使物自喜; 立乎不測,²⁴ 而遊於無有者²⁵也."
거 명 사 물 자 희 입 호 불 측 이 유 어 무 유 자 야

주석

1 陽子居(양자거): 양주楊朱. 전국시대 초엽 위魏나라 사람, 일설에는 진秦나라 사
람으로, 당시의 저명한 철학 사상가. 양楊과 양陽은 통용자通用字이고, '자거'는
그의 자字라고 함. 선진先秦 고서古書에서는 흔히 양자楊子, 양생陽生, '양자거'
라 일컬음. 양주의 사상은 위아주의爲我主義 내지 극단적 개인주의·이기주의로

알려져 있는데, 그는 위아爲我·귀기貴己·중생重生, 즉 오로지 자기 자신만을 위하고 귀중히 여기면서 자신의 생명을 애지중지할 것을 주장함. 그러므로 맹자는 양주를 두고 몸의 터럭 한 올을 뽑아 천하를 이롭게 할 수 있어도 그것을 하지 않는 사람이라고 비판함. 한편 일설에는 이 '양자거'는 위아주의의 양주와는 무관하다고 하는데,『장자』에 보이는 양자거의 언행이 양주의 사상과는 오히려 상반된 경향을 보이고 있어 공감을 불러일으킴.

2 嚮疾(향질): 반향·메아리처럼 신속하다는 뜻으로, 곧 행동이 민첩함을 비유함. '향'은 향響과 같음. '질'은 빠름[速].

3 强梁(강량): 강경함, 즉 성격이나 기질이 꿋꿋하고 굳셈.

4 物徹疏明(물철소명): 사리에 통효通曉 명달함明達(통달함). '물철'은 사물의 이치에 통철洞徹함, 즉 깊이 살펴어 환하게 깨달음. '소명'은 소통疏通(통달함) 명효함明曉(환히 앎).

5 道(도): 여기서는 유가의 인의의 도를 가리키는 것으로 이해됨.

6 勌(권): 권倦과 같음. 게으름.

7 明王(명왕): 장자가 생각하는, 성명聖明(덕이 거룩하고 슬기로움)한 군주, 곧 성왕·성군을 일컬음.

8 胥易技係(서이기계): 낮은 벼슬아치는 일을 함에 그 기능에 얽매임. '서'는 서리胥吏, 즉 하급 관리. '이'는 다스림[治], 곧 처사處事함. '계'는 얽매임, 속박됨. 일설에는 '서'는 악무樂舞를 관장하는 벼슬아치이고, '역易'(이때는 독음이 바뀜)은 점복占卜을 관장하는 벼슬아치로 풀이하는데, 그 또한 통함.

9 勞形(노형): 형체, 즉 육체·몸을 노고하게 함, 곧 힘들게 함, 괴롭게 함.

10 怵心(출심): 마음을 놀라게 함, 두려움에 떨게 함. 곧 불안함. '출'은 두려움, 또 그렇게 함.

11 文(문): 문紋과 같음. 무늬. 여기서는 아름다운 무늬의 모피를 가리킴.

12 來(래): 초래함, 부름.

13 田(전): 전畋과 같음. 전렵畋獵/田獵, 즉 사냥(함).

14 猨狙(원저): 원숭이.

15 便(편): 편민便敏, 편첩便捷. 곧 민첩함, (몸이) 날램.

16 執縈之狗(집리지구): 이는 왕수민이「천지편」의 '집류지구執留之狗'를 함부로 고쳐서 끼워 넣은 것이라고 했고, 장모어성과 천꾸잉 등 일부 학자들도 그에 동

조했는데, 분명 일리 있는 주장임. 다만 신중을 기한다는 차원에서 일단은 그대로 이해하기로 함. '리'는 리狸와 통함. 너구리, 살쾡이.

17 藉(적): 노끈. 또 노끈으로 맴, 묶음. 이상은 양자거가 말한 처사에 민첩하면서도 능숙한 사람에게 있어 그 재능이나 특장特長은, 호랑이나 표범, 원숭이나 사냥개의 경우에서처럼 자신에게 별 이로움도 되지 못할 뿐만 아니라, 오히려 자신을 옭아매는 멍에가 될 수 있음을 비유함.

18 蹴然(축연): 당황하여 불안해하면서 얼굴빛이 변하는 모양. 또 공경하면서 불안해하는 모양. '축'은 蹴축과 같음. 얼굴빛이 변함, 공경함.

19 不自己(부자기): 공을 자신에게 돌리지 않음. '자'는 유由와 같음. ~로부터 말미암음.

20 貸(대): 베풂[施].

21 恃(시): (믿고) 의지함.

22 莫(막): (~할 수) 없음.

23 擧(거): 칭송함. 일설에는 드러냄[顯].

24 不測(불측): 그 신묘함을 이루 다 헤아릴 수 없는 경지를 이름.

25 無有者(무유자): 지극히 공허 청정한 경지를 이름.

해설

이 또한 도가의 정치론으로, 여전히 무위이치無爲而治가 핵심이다. 모름지기 통치자는 지혜나 재능에 의지해서는 아니 되며, 철저히 무사무욕의 마음으로 청정무위의 정치를 해야 한다. 이를테면 "임금 스스로는 헤아릴 수 없이 신묘한 경지에 자신을 우뚝 세우고, 지극히 공허 청정한 경지에서 노"닐어야 한다는 것이다. 이는 물론 일찍이 노자가 주창한, 대도는 "우주 만물의 자연적 변화 발전에 순응하며 무위하지만, 세상의 어느 것 하나 이루어내지 않는 것이 없다[無爲而無不爲]"(『노자』37장)는 관점에 입각해 현실 정치의 이상적인 모델로 제시하며 그 구현을 요구한 것이다.

명왕明王, 즉 성명한 임금은 바로 장자가 생각하는 이상적인 통치자로, 노자가 그리는 통치자의 이상적 형상과 완전히 일치한다. 노자가 이르기를, "성인은 만사에 온 힘을 다할 뿐 결코 자신의 재능에 의지하지 않고, 공로를 이룰 뿐 결코 공로가 있음을 자부하지 않나니, 성인은 곧 자신의 현능賢能을 드러내려고 하지 않는 것이다(聖人爲而不恃, 功成而不處, 其不欲見賢)"(『노자』 77장) "가장 훌륭한 군주는, 백성들이 그가 있다는 사실조차 알지 못한다. ……가장 훌륭한 군주는 유연悠然·무위하여 함부로 정령政令을 발하지 않나니, 나라의 큰 공과 일이 이루어지고 나면, 백성들이 모두 '우리는 저절로 이렇게 된 거야' 하고 말할 정도다(太上, 不知有之. ……悠兮其貴言, 功成事遂, 百姓皆謂: '我自然.')"(『노자』 17장)라고 했다.

5

정나라에 계함季咸이라고 하는 영험한 무당이 있었다. 그는 사람의 삶과 죽음, 존립과 멸망, 재화災禍와 복록福祿, 장수함과 단명함을 알아맞혔을 뿐만 아니라, 그 연월일까지 예측했는데, 얼마나 영험한지 그야말로 귀신같았다. 하여 정나라 사람들은 그를 보면 모두가 몸을 피해 멀리 달아났다. 반면 열자는 그를 보고는 그의 무술巫術에 매우 심취했는데, 돌아와서 스승 호자壺子에게 그를 만난 일을 아뢰며 말했다. "본시 저는 선생님의 도가 가장 심오하다고 생각했었는데, 알고보니 그보다 더 심오한 도가 또 있었습니다." 호자가 말했다. "내가 너에게 도를 전수하며 그 외표外表를 다 일러주었을 뿐, 아직 그 실질은 다 일러주지 못했다. 한데 네가 설마 도를 터득했다는 것이냐? 수많은 암컷이 있어도 수컷이 없다면, 어떻게 알을 낳고 새끼를 낳겠느냐? 너는 네가 배운 그 표면적인 도를 가지고 세상 사람들과 맞서면서 필시 너 자신의 면면을 다 드러냈을 것이고, 결국 그렇게 해서 다른 사람으로 하여금 너의 관상을 보고 길흉화복을 점칠 수 있게 한 것이렷다. 언제 한번 그를 데리고 와서 내 관상을 좀 보도록 해보아라."

이튿날 열자가 계함과 함께 호자를 만났다. 그리고 밖으로 나와서 계함이 열자에게 말했다. "아, 그대의 스승은 곧 죽을 것이오. 살 수가 없소. 그것도 열흘을 못 넘길 것이오. 나는 그대의 스승에게서 괴이한 것을 보았는데, 그 형색이 물기에 젖은 재처럼 생기生氣라고는 찾아볼 수 없고, 죽음의 그림자가 짙게 드리운 것을 보았소." 열자가 안으로 들어가 옷깃을 다 적시도록 눈물을 흘리면서 호자에게 계함이 한 말을 아뢰었다. 호자가 말했다. "방금 나는 그에게 적정寂靜한 대지의 형상과도 같은 형색을 보여주었는데, 그것은 곧 적막寂寞 부동不動한 비정상적인 상태에서 나타난 것이다. 그러니 아마도 그는 내가 생기를 막은 상태를 보았을 것이다. 다시 한 번 그를 데리고 와보아라."

이튿날 열자가 다시 계함과 함께 호자를 만났다. 그리고 밖으로 나와서 계함이 열자에게 말했다. "다행이오. 그대의 스승이 나를 만났으니 말이오. 병이 나아지면서 완전히 생기를 되찾아가고 있소. 나는 생기가 막힌 가운데서 그대의 스승에게 변화가 일어나고 있는 것을 보았소." 열자가 안으로 들어가 호자에게 계함이 한 말을 아뢰었다. 호자가 말했다. "방금 나는 그에게 천지의 두 기운이 화합하면서 생겨나

314

는 바로 그런 생기를 보여주었는데, 그것은 곧 내가 세상만사를 마음에 두지 않고 무념무상의 상태에 들면서 한줄기 생기가 발뒤꿈치부터 피어오른 것이다. 그러니 아마도 그는 바로 그러한 나의 생기를 보았을 것이다. 다시 한 번 그를 데리고 와보아라."

이튿날 열자가 다시 계함과 함께 호자를 만났다. 그리고 밖으로 나와서 계함이 열자에게 말했다. "그대의 스승이 기색의 변화가 심해 내가 도저히 그 관상을 볼 수가 없소. 나중에 잠시라도 기색이 안정되거든 그때 다시 관상을 보도록 합시다." 열자가 안으로 들어가 호자에게 계함이 한 말을 아뢰었다. 호자가 말했다. "방금 나는 그에게 더할 나위 없이 허무적정虛無寂靜함을 보여주었다. 그러니 아마도 그는 내 기운이 평형을 이루는 조짐을 보았을 것이다. 고래가 노니는 물이 깊은 곳을 심연深淵이라 하고, 고요히 괴어 있는 물이 깊은 곳도 심연이라 하며, 힘차게 흐르는 물이 깊은 곳도 심연이라 한다. 아무튼 심연에는 모두 아홉 가지 종류가 있는데, 내가 그에게 보여준 이것들은 단지 세 가지 심연일 뿐이다. 다시 한 번 그를 데리고 와보아라."

이튿날 열자가 다시 계함과 함께 호자를 만났다. 한데 자리를 잡아 서기도 전에 아연실색하여 어쩔 줄 몰라 하며 달아나버렸다. 호자가 말했다. "그를 쫓아라!" 열자가 쫓아갔으나 따라잡지 못하고, 돌아와서 호자에게 아뢰었다. "그가 어느새 종적도 없이 사라지는 바람에 행방을 알 수 없어 제가 도저히 따라잡을 수가 없었습니다." 호자가 말했다. "방금 나는 그에게 시종 나의 근본인 대도大道를 벗어나지 않는 모습을 보여주었다. 그러한 가운데 나는 그를 대하면서 일체의 집착을 버린 마음으로 사물의 변화에 순순히 따랐는데, 그렇기 때문에 그는 내 운명이 어떠한지를 알 수가 없었다. 반면에 나는 오히려 그에게 순응하며 풀이 바람을 따라 쓰러지듯이 하고, 그에게 순응하며 물이 물결을 따라 흘러가듯이 했는데, 그러니 그가 내 본연의 형색을 종잡을 수가 없었고, 그래서 달아난 것이다."

그 일이 있은 후 열자는 자신이 여태 미망迷妄에 빠져 대도를 배우지 못했다고 생각하고, 고향으로 돌아가 삼 년 동안 두문불출했다. 그런 가운데 아내를 위해 불을 때어 밥을 짓기도 하고, 사람을 먹여 살리듯이 돼지를 먹여 기르기도 했다. 또한 흙덩이 같은 질박質樸 무지無知와 무념무상의 모습으로 홀로 그 한 몸을 굳건히 세웠다. 그렇게 하여 어지럽고도 어지러운 세상 속에서, 그는 한결같이 그처럼 청정무위의 삶을 살다 일생을 마쳤다.

鄭有神巫[1]曰季咸,[2] 知人之死生存亡·禍福壽夭, 期[3]以歲月旬日,[4]
정유신무 왈계함   지인지사생존망 화복수요 기 이세월순일

若神. 鄭人見之, 皆棄而走.[5] 列子[6]見之而心醉, 歸, 以告壺子,[7] 曰:
약신 정인견지 개기이주   열자 견지이심취 귀 이고호자 왈

"始吾以夫子之道爲至矣, 則又有至焉者矣." 壺子曰:"吾與[8]汝既[9]
시오이부자지도위지의   즉우유지언자의   호자왈   오여 여기

其[10]文,[11] 未既其實,[12] 而[13]固[14]得道與? 衆雌而無雄, 而又奚卵焉? 而
기 문 미기기실 이 고 득도여 중자이무웅 이우해란언 이

以道[15]與世亢,[16] 必信,[17] 夫故使人得而相[18]汝. 嘗試與來,[19] 以予示
이도 여세항 필신 부고사인득이상 여 상시여래   이여시

之.[20]"
지

明日, 列子與之見壺子. 出而謂列子曰:"嘻[21]! 子之先生死矣! 弗
명일 열자여지견호자 출이위열자왈 희   자지선생사의 불

活矣! 不以旬數[22]矣! 吾見怪[23]焉, 見濕灰[24]焉." 列子入, 泣涕[25]沾[26]
활의 불이순수 의 오견괴 언 견습회 언   열자입 읍체 첨

316

襟以告壺子. 壺子曰: "鄉²⁷吾示之以地文,²⁸ 萌乎²⁹不震³⁰不正.³¹ 是
금 이고호자   호자왈   향 오시지이지문   맹호 부진 부정 시

殆³²見吾杜³³德機³⁴也. 嘗又與來."
태 견오두 덕기 야 상우여래

明日, 又與之見壺子. 出而謂列子曰: "幸矣, 子之先生遇我也! 有
명일 우여지견호자 출이위열자왈   행의 자지선생우아야 유

瘳³⁵矣, 全然有生矣! 吾見其杜權³⁶矣." 列子入, 以告壺子. 壺子曰:
추 의 전연유생의 오견기두권 의 열자입 이고호자 호자왈

"鄉吾示之以天壤,³⁷ 名實不入,³⁸ 而機發於踵.³⁹ 是殆見吾善者機⁴⁰
향오시지이천양   명실불입   이기발어종   시태견오선자기

也. 嘗又與來."
야 상우여래

明日, 又與之見壺子. 出而謂列子曰: "子之先生不齊,⁴¹ 吾無得而
명일 우여지견호자 출이위열자왈   자지선생부제   오무득이

相⁴²焉. 試⁴³齊, 且復相之." 列子入, 以告壺子. 壺子曰: "鄉吾⁴⁴示之
상 언 시제 차부상지 열자입 이고호자 호자왈   향오 시지

以太沖莫勝.⁴⁵ 是殆見吾衡氣機⁴⁶也. 鯢桓之審⁴⁷爲淵, 止水之審爲
이태충막승   시태견오형기기 야 예환지심 위연 지수지심위

淵, 流水之審爲淵. 淵有九名,⁴⁸ 此處三焉. 嘗又與來."
연 유수지심위연 연유구명   차처삼언 상우여래

明日, 又與之見壺子. 立未定, 自失⁴⁹而走. 壺子曰: "追之!"列子追
명일 우여지견호자 입미정 자실 이주 호자왈   추지   열자추

之不及. 反,⁵⁰以報壺子曰: "已滅⁵¹矣, 已失⁵²矣, 吾弗及已." 壺子曰:
지불급 반 이보호자왈   이멸 의 이실 의 오불급이 호자왈

"鄉吾示之以未始出吾宗.⁵³ 吾與之虛而委蛇,⁵⁴ 不知其誰何,⁵⁵ 因⁵⁶
향오시지이미시출오종   오여지허이위이   부지기수하   인

以爲弟靡,⁵⁷ 因以爲波流, 故逃也."
이위제미   인이위파류 고도야

然後列子自以爲未始學⁵⁸而歸, 三年不出. 爲其妻爨,⁵⁹ 食豕如食
연후열자자이위미시학 이귀 삼년불출 위기처찬   사시어사

人.⁶⁰ 於事無與親,⁶¹ 雕琢復朴,⁶² 塊然⁶³獨以其形立.⁶⁴ 紛而封戎,⁶⁵
인 어사무여친   조탁복박   괴연 독이기형립   분이봉융

一⁶⁶以是⁶⁷終.
일 이 시 종

1 神巫(신무): 신통하고 영험한 무당.

2 季咸(계함): 사람 이름. 무함巫咸이라고도 함. 신무 계함의 이야기는 『열자』「황
   제편」에도 보임.

3 期(기): 예기預期함, 예언함, 예측함.

4 歲月旬日(세월순일): 모년某年 모월某月 모순某旬 모일某日, 곧 연월일.

5 棄而走(기이주): 피해서 멀리 달아남. 이는 곧 정나라 사람들이 혹시 계함으로
   부터 자신들에게 재화, 즉 재앙과 화난이 든다는 예언을 들을까 두렵기 때문임.

6 列子(열자): 「소요유편」1-3장 주석 13 참조.

7 壺子(호자): 정나라 사람으로, 열자의 스승. 이름은 임林, '호자'는 그의 호.

8 與(여): 줌, 전수함.

9 旣(기): 다함(盡).

10 其(기): 도를 가리킴.

11 文(문): 문식文飾. 여기서는 외표, 곧 표면적인 것을 가리킴.

12 實(실): 실질, 본질.

13 而(이): 이爾와 같음. 너, 그대.

14 固(고): 어찌, 설마.

15 道(도): 열자가 배운 표면적인 도를 이름.

16 亢(항): 항抗과 같음. 맞섬, 겨룸, 경쟁함.

17 信(신): 신伸과 같음. 나타냄, 드러냄. 일설에는 본의 그대로 신임·신뢰를 얻으려
   고 함.

18 相(상): 관상觀相을 봄. 즉 사람의 생김새를 보고 그 운명, 성격, 수명 따위를 판
   단함.

19 與來(여래): 여지래與之來. 그와 함께 옴. 곧 그를 데리고 오라는 말.

20 以予示之(이여시지): 나를 그에게 보임. 곧 내 관상을 보게 하라는 말.

21 嘻(희): 연민하며 탄식하는 소리. "아."

22 數(수): 셈, 헤아림.

23 怪(괴): 괴이한 증상. 여기서는 죽음의 징후, 기미를 가리킴.

24 濕灰(습회): 물기에 젖은 재. 곧 다시 불씨가 살아날 가능성이 조금도 없는 물기에 젖은 재처럼, 그 안색에 생기라고는 찾아볼 수 없이 죽음의 그림자가 짙게 드리운 형상을 비유함.

25 泣涕(읍체): 눈물을 흘리면서 옮.

26 沾(첨): 점露과 같음. 젖음, 적심.

27 鄕(향): 향嚮·향向·향曩과 같음. 접때, 이전. 여기서는 방금, 조금 전.

28 地文(지문): 대지의 형상. 호자는 적막히 부동한 대지의 형상으로 생기가 사라진 자신의 형색·기색을 비유함.

29 萌乎(맹호): 출어出於~. ~에서 나옴, 발생함. 일설에는 망연茫然함, 즉 어리석고 멍청한 모양.

30 震(진): 움직임.

31 正(정): 정상正常. 일설에는 글꼴이 비슷하여 빚어진 오류로 '지止'의 오기라고 함.

32 殆(태): 대개, 거의, 아마(도).

33 杜(두): 두색杜塞, 폐색閉塞. 곧 막음, 막힘.

34 德機(덕기): 생기生機, 곧 생기生氣. '덕'은 생生이라는 뜻. 「천지편」에서 "만물은 도를 얻어 태어나고 생존하게 되는데, 그것을 일컬어 덕이라고 한다(物得以生, 謂之德)"라고 함.

35 瘳(추): 병이 나음.

36 杜權(두권): 생기가 막힌 가운데서 변화가 일어남. '권'은 권변權變. 여기서는 변화함, 변동함을 이름.

37 天壤(천양): 천지. 여기서는 천지의 이기二氣, 즉 두 기운이 서로 조화 화합하면서 생겨나는 생기를 이름. 옛날 사람들은 천지의 이기가 화합하면서 만물을 생성시킨다고 생각했는데, 호자는 바로 그 이기 화합의 형상으로 생기를 비유함.

38 名實不入(명실불입): 세상만사를 마음에 두지 않음. 곧 무념무상의 정신 상태를 이름. '명실'은 만사 만물을 가리킴. 일설에는 명성과 실리라고 함.

39 踵(종): 발뒤꿈치.

40 善者機(선자기): 생기生機, 생기生氣. 선영이 '선'은 생의生意, 즉 생기라고 함.

41 不齊(부제): 부정不定, 즉 일정하지 않음, 무상함. 이는 호자가 고의로 자신의 정

신과 기색·형색을 변화무상하게 한 것을 두고 이름.

42 相(상): 관상을 봄. 즉 사람의 형색을 보고 그 운명을 판단함.

43 試(시): 잠시, 잠깐.

44 鄕吾(향오): 통행본은 본디 '오향吾鄕'으로 되어 있으나, 전후 문맥의 일관성을
고려해『열자』「황제편」의 인용문에 근거해 바로잡음.

45 太沖莫勝(태충막승): '태충'은 태허太虛와 같은 말로, 허무적정함을 이름. '막승'
은 더할 나위 없음. 일설에는 막짐莫朕과 같은 말로, 어떠한 조짐도 없음을 이름.

46 衡氣機(형기기): 내심의 기운이 평형을 이루는 조짐. '기機'는 기미, 기조機兆, 즉
조짐, 징조.

47 鯢桓之審(예환지심): 큰 고래가 노니는 물이 깊은 곳. '예'는 암고래. '환'은 반
환盤桓. 여기서는 (물고기가) 유영함, 노님을 이름. '심'은 물이 깊은 곳.

48 淵有九名(연유구명): 심연에는 아홉 가지가 있음. 장자는 여기서 심연으로 헤아
릴 수 없이 심오한 정신 상태를 비유함.

49 自失(자실): 놀라 허둥대며 어쩔 줄 몰라 함.

50 反(반): 반返과 같음. 돌아옴.

51 滅(멸): 자취·종적이 없음.

52 失(실): 행방을 잃음, 알지 못함. 일설에는 일佚과 같음. 달아남.

53 宗(종): 근본, 근원. 곧 대도를 두고 이름.

54 虛而委蛇(허이위이): 겸허히 사물의 변화에 따름. '허'는 허의虛意·허심虛心·허
적虛寂함. 곧 어떤 것에도 집착하지 않음을 이름. '위이'는 고불고불하게 가는
모양. 곧 따라가는 모양, 순응하는 모양을 이름.

55 不知其誰何(부지기수하): 내가 어떠한지를 알지 못함. '기'는 호자 자신을 가리
킴. '수하'는 여하如何함, 어떠함.

56 因(인): 순응함.

57 弟靡(제미): 제미稊靡와 같음. 풀이 바람을 따라 쓰러짐. '제稊'는 모초茅草(띠)의
일종. 돌피. 여기서는 풀의 통칭. '미'는 쓰러짐, 쏠림. 여기서 '제미'와 아래의 '파
류波流'는 모두 아무런 집착 없이 사물의 변화에 순순히 따름을 형용 비유함.

58 未始學(미시학): 여태 대도를 배우지 못했음을 이름. 영험한 무당 계함이 달아
난 후, 열자는 비로소 계함의 무술巫術은 천박한 것일 뿐이고, 스승 호자의 도
술道術이야말로 진정 심오한 것임을 깨달으면서, 여태 스승에게서 도를 배우지

320

못했다는 생각을 한 것임.

59 爨(찬): 불을 때어 밥을 지음. 이 구절은 영욕을 망각 초월함을 표현함.

60 食豕如食人(사시여사인): 돼지 먹이기를 사람 먹여 살리듯이 함. 이는 열자가 비로소 제물, 즉 만물이 다 한가지이니 귀하고 천함 또한 매한가지라는 이치를 깨닫고, 기왕의 관념에서 벗어나 어떠한 것도 편애하지 않는 경지에 이르렀음을 나타냄.

61 與親(여친): 참견하고 편애함. '여'는 참여함. 여기서는 참견함. '친'은 친애함. 여기서는 편애함. 이 구절은 세속 만사의 무상함을 깨닫고 무욕과 무위의 경지에 이르렀음을 표현함.

62 雕琢復朴(조탁복박): 인위적으로 겉모양을 꾸미며 부화浮華함, 즉 실속은 없고 겉만 화려함을 벗어던지고, 인간 본연의 순수하고 질박함을 회복함. '조탁'은 부화함. 일설에는 여기서 '조雕'는 잘못된 글자이며, 마땅히 제거함, 떨쳐버림을 뜻하는 '거去' 자로 바꿔야 한다고 했는데, 문법적으로 일리가 있음.

63 塊然(괴연): 흙덩이처럼 질박質樸/質朴 무지하고 무넘무상한 모양. 일설에는 홀로 거처하는 모양. '괴'는 흙덩이.

64 獨以其形立(독이기형립): 홀로 그 한 몸을 굳건히 세움. 곧 홀로 자신의 소신을 굳게 지키며 살아감을 이름. '형'은 형해形骸, 형체. 곧 육체, 몸. '립'은 (자신을) 세움. 곧 꿋꿋이 살아감.

65 紛而封戎(분이봉융): 세상의 어지럽고도 어지러움. '봉융'은 흩어져 어지러움. '융'이 통행본에는 '재戎'로 되어 있으나, 동진東晉 최찬본崔撰本에는 '융'으로 되어 있고, 또『열자』「황제편」에는 이 구절이 '분이봉연융份而封然戎'으로 되어 있음. 이에 왕선겸을 비롯한 다수의 학자들이 '재'를 '융'의 잘못으로 본 견해에 근거해 고침.

66 一(일): 한결같이. 일설에는 완전히.

67 是(시): 지시대명사로 차此, 기其와 같음. 이는 루완위숭阮毓崧이 이른 대로, "삼년불출三年不出" 이하 6구의 처신 내지 처세 태도를 가리킴.

이는 앞 장에서 강조한 무위이치無爲而治의 정치론에 대한 부연 설명
이자 논증이다. 신무神巫 계함의 영험함은 그야말로 귀신같다. 하지
만 그것은 단지 다른 사람의 말에서 단서를 찾고, 기색에서 낌새를 살
피는 작은 재주요, 천박한 기술에 불과하다. 계함의 무술巫術이 체도
지사體道之士인 호자의 변화무쌍한 임기응변 앞에서 영험을 잃는 것
은 바로 그 한계를 드러낸 것이다. 그리하여 스승 호자의 심오한 도
술道術에 감동한 열자가 문득 지난날의 어리석음에서 벗어나 깊은 깨
달음을 얻고, 회두시안回頭是岸(불교에서 죄를 지은 사람이 마음을 돌려 지난 과
오를 깊이 회개하기만 하면, 능히 해탈과 열반의 피안에 오를 수 있는 길이 열림을 이르
는 말)한 것이다. 요컨대 장자는 말한다. 모름지기 천하 만백성을 다스
리는 통치자라면 마땅히 호자를 본받아 대도의 무위자연 정신을 깊이
체득하여 "헤아릴 수 없이 신묘한 경지에 자신을 우뚝 세우고, 지극히
공허 청정한 경지에서 노닐며[立乎不測, 而遊於無有者也]"(4장) 만백성을
감화하고 교화해 태평을 누리게 해야 한다.

6

명성의 주인이 되지 말며, 지모智謀의 창고가 되지 말며, 일의 담임
자가 되지 말며, 지혜의 주재자가 되지 마라. 무궁한 대도의 본질과 정
신을 깊이 체득하고 허무와 청정의 경지에서 노닐 것이요, 천부의 인
간 본성에 맞는 즐거움을 마음껏 누리며 세속의 이득에는 눈을 돌리
지 말 것이나니, 오로지 청허하고 담백함을 추구할 따름이로다! 성인

의 마음 씀씀이는 흡사 맑은 거울과도 같아서 사물이 다가와도 맞이하지 않고, 떠나가도 배웅하지 않으며, 그저 사물이 오면 오는 대로, 가면 가는 대로 반응해 무심히 바라만 볼 뿐, 결코 사사로이 갈무리하지 않는다. 그러므로 능히 세상 만물을 초월하면서 외물로 인해 상해를 입지 않을 수 있는 것이다.

無爲¹名尸,² 無爲謀府³; 無爲事任,⁴ 無爲知主.⁵ 體盡無窮,⁶ 而遊無
무 위 명 시 무 위 모 부 무 위 사 임 무 위 지 주 체 진 무 궁 이 유 무
朕⁷; 盡其所受乎天,⁸ 而無見得,⁹ 亦¹⁰虛¹¹而已! 至人¹²之用心若鏡,
짐 진 기 소 수 호 천 이 무 견 득 역 허 이 이 지 인 지 용 심 약 경
不將不迎, 應而不藏,¹³ 故能勝¹⁴物而不傷.
부 장 불 영 응 이 부 장 고 능 승 물 이 불 상

주석

1 **無爲**(무위): ~이(가) 되지 마라, ~을(를) 하지 마라. '무'는 무毋와 같음.

2 **名尸**(명시): 명성의 주인, 곧 명인名人. '시'는 주主와 같음.

3 **謀府**(모부): 지모智謀(슬기로운 꾀)·지략의 창고. '부'는 곳집, 창고.

4 **事任**(사임): 일의 담임자擔任者(일을 책임지고 맡은 사람). 일설에는 임사任事, 즉 일을 맡음.

5 **知主**(지주): 지혜의 주재자. '지'는 지智와 같음.

6 **體盡無窮**(체진무궁): 무궁무진한 대도의 본질·정신을 깊이 체득함. '진'은 ~하기를 다함, 깊이 함.

7 **無朕**(무짐): 무형무상無形無象. 곧 허무청정虛無淸靜의 경지를 가리킴. '짐'은 형적形跡/形迹, 즉 사물의 형상과 자취.

8 **盡其所受乎天**(진기소수호천): 하늘로부터 부여받은, 타고난 본성에 맞는 즐거움을 마음껏 향유함.

9 **得**(득): 이득, 이익.

10 亦(역): 오직, 오로지(唯).

11 虛(허): 청허하고 담백한 마음을 형용함.

12 至人(지인): 도가의 성인. 「소요유편」 1-3장 주석 23 참조.

13 "不將(부장)…" 2구: 자연自然(저절로 그러함)에 맡기고 순응하며 사욕을 품지 않음을 형용 비유함. '장將'은 배웅함, 보냄(送). '응이부장應而不藏'은 사물이 다가오든 떠나가든, 거울은 있는 그대로 반응해 비춰만 줄 뿐, 결코 감추고, 간직하지 않는다는 말. '응'은 사물에 여실히 반응함.

14 勝(승): 이김, 초월함.

해설

이는 곧 「응제왕」 전편의 결론이자 종지宗旨이다. 한마디로 통치자 군주는 응당 명리와 지략에의 사심을 말끔히 떨쳐버리고, 진정 청허·담백한 마음과 청정무위의 태도로 모든 것을 '저절로 그러한(自然)' 변화와 순리에 따르고 맡길 줄 알아야 한다. 그리하여 훌륭한 군주라면 진실로 명경지수明鏡止水(맑은 거울과 고요한 물. 불교에서는 이로써 잡념과 가식과 헛된 욕심 없이 맑고 깨끗한 마음을 비유 지칭함)처럼 외물이 다가오면 맑고 깨끗한 마음으로 무심히 관조할 것이요, 외물이 사라지면 즉각 본연의 맑고 깨끗한 마음을 오롯이 회복할 따름이다.

7

남해의 제왕은 숙儵이고, 북해의 제왕은 홀忽이며, 중앙의 제왕은 혼돈渾沌이다. 숙과 홀은 늘 혼돈의 영지領地에서 서로 만났는데, 혼돈이 그들을 아주 잘 대해주었다. 숙과 홀이 혼돈의 은덕에 어떻게 보답할지를 상의하며 말했다. "사람은 누구나 이목구비의 일곱 구멍이 있어서 보고, 듣고, 음식을 먹고, 숨을 쉬는데, 혼돈만 유독 그런 구멍이 없으니, 우리가 한번 뚫어주세나." 그렇게 하여 하루에 한 구멍씩 뚫어 나갔는데, 이렛날이 되자 혼돈이 그만 죽고 말았다.

南海之帝爲儵, 北海之帝爲忽, 中央之帝爲渾沌.[1] 儵與忽時相遇於
남해지제위숙 북해지제위홀 중앙지제위혼돈   숙여홀시상우어
渾沌之地, 渾沌待之甚善. 儵與忽謀[2]報渾沌之德, 曰: "人皆有七竅[3]
혼돈지지 혼돈대지심선 숙여홀모 보혼돈지덕 왈   인개유칠규
以視聽食息, 此獨無有, 嘗試鑿[4]之." 日鑿一竅, 七日而渾沌死.
이시청식식 차독무유 상시착지   일착일규 칠일이혼돈사

주석

1 儵(숙)·忽(홀)·渾沌(혼돈): 모두 허구의 제왕 이름. 다만 세 글자 모두 그 자의 字意에 근거해 각기 나름의 우의寓意를 내포함. '숙'과 '홀'은 갑작스러움, 홀연함이니, 사람들이 뭔가를 좇아 몹시도 분주한 모양을 이름. 반면 '혼돈'은 한편 천지가 분화되기 이전의 혼연渾然히 화합된 상태이면서, 한편 또 노자가 "혼연히 이루어진 혼돈 상태의 물物이 있는데, 그것은 하늘과 땅보다도 먼저 생겨났다(有物混成, 先天地生)"(『노자』 25장)라고 했듯이 대도의 본연이니, 곧 자연 내지 천연 그리고 순박淳樸한 모양을 이름. 결국 '숙'과 '홀'은 인위와 유위를 비유하고, '혼돈'은 자연과 무위를 비유함.

2 謀(모): 상의함.

3 七竅(칠규): 사람의 얼굴에 있는 일곱 개의 구멍, 즉 이목구비의 일곱 구멍을 이름. '규'는 구멍.

4 鑿(착): (구멍을) 뚫음.

이는 앞 장에서 강조한 「응제왕」 전편 종지에 대한 부정적 예화이다.
혼돈의 환대에 감사한 숙과 홀이 혼돈에게 보답하려는 좋은 마음으
로 한 행위가, 뜻밖에도 혼돈을 죽음으로 모는 최악의 결과를 낳고 말
았다. 이는 그야말로 '유위'가 초래한 악과惡果이니, 곧 통치자의 사심
이 담긴 갖가지 인위적인 법제와 정령政令은 사람들의 순박한 천성과
행복한 생활을 파괴할 수 있다는 얘기다. 장자의 주장은 한결같다. 통
치자는 반드시 "지극히 공허 청정한 경지에서 노닐며(遊於無有)"(「응제
왕편」4장) 무위이치無爲而治를 추구하고 실현해야 한다는 것이다.

참고문헌

이 책으로『장자』를 역주 해설하면서 직·간접적으로 참고하며 특히 많은 도움을 받은 문헌은 다음과 같다. 〔중국인의 이름은 편의상 청대 이전 사람은 한글 독음으로, 현대인은 중국어 독음으로 표기함.〕

고대 중국

서진西晉 곽상郭象,『장자주莊子注』

당唐 성현영成玄英,『장자주소莊子注疏』

육덕명陸德明,『경전석문장자음의經典釋文莊子音義』

송宋 여혜경呂惠卿,『장자의莊子義』

임희일林希逸,『남화진경구의南華眞經口義』

진벽허陳碧虛,『장자궐오莊子闕誤』

명明 석감산釋憨山,『장자내편주莊子內篇注』

초횡焦竑,『장자익莊子翼』

육장경陸長庚,『남화진경부묵南華眞經副墨』

청淸 왕선겸王先謙,『장자집해莊子集解』

선영宣穎,『남화경해南華經解』

왕인지王引之,『경전석사經傳釋詞』

왕무횡王懋竑,『장자존교莊子存校』

마기창馬其昶,『장자고莊子故』

유월俞樾,『장자평의莊子平議』

유사배劉師培,『장자각보莊子斠補』

현대 중국

까오형高亨, 『장자신전莊子新箋』

리미엔李勉, 『장자총론급분편평주莊子总论及分篇评注』

류원뎬劉文典, 『장자보정莊子補正』

머우쫑싼牟宗三, 『중국철학십구강中國哲學十九講』

시통奚侗, 『장자보주莊子補注』

양리우챠오楊柳橋, 『장자역고莊子譯詁』

옌링펑嚴靈峯, 『도가사자신편道家四子新編』

왕샤오위王孝魚, 『장자통莊子通』

왕수민王叔岷, 『장자교석莊子校釋』

우이엔쉬武延緖, 『장자찰기莊子札記』

원이둬聞一多, 『장자내편교석莊子內篇校釋』

장껑꽝張耿光, 『장자전역莊子全譯』

장모어성張黙生, 『장자신석莊子新釋』

장쑹후이張松輝, 『장자역주여해석莊子譯注與解析』

장징화張京華, 『장자주해莊子注解』

쟝시창蔣錫昌, 『장자철학莊子哲學』

종타이鍾泰, 『장자발미莊子發微』

천꾸잉陳鼓應, 『장자금주금역莊子今注今譯』

천치티엔陳啓天, 『장자천설莊子淺說』

펑유란馮友蘭, 『중국철학사신편中國哲學史新編』

옮긴이 **박삼수**

경북 예천에서 태어났고, 경북대학교, 타이완臺灣대학교, 성균관대학교에서 각각 중문학 학사, 석사, 박사학위를 받았다. 일찍이 미국 메릴랜드대학교 동아시아언어학과 방문교수를 거쳤다. 현재 울산대학교 중문학과 교수로 재직하며, 중국 산동사범대학교 대학원 교외논문지도교수를 겸임하고 있다. 주요 역서와 저서로는 『쉽고 바르게 읽는 논어』, 『쉽고 바르게 읽는 노자』, 『공자와 논어, 얼마나 바르게 알고 있는가?』(이상 지혜의 바다), 『손자병법』(쉽고 바르게 읽는 고전 시리즈, 문예출판사), 『왕유 시전집』(개정증보판), 『왕유 시선』(지식을만드는지식), 『주역 ─ 자연법칙에서 인생철학까지』(현암사), 『「논어」 읽기』(논어 해설서, 세창미디어), 『당시의 거장 왕유의 시세계』, 『고문진보의 이해와 감상』, 『맹자의 왕도주의』(이상 UUP), 『시불 왕유의 시』(세계사), 『사기史記』(공역, 까치), 『세계의 고전을 읽는다』(공저, 휴머니스트), 『자연과 인간, 문화를 빚어내다』(전남대학교 박물관 문화전문도서, 공저, 심미안) 등이 있다.

이메일 sspark@ulsan.ac.kr

쉽고 바르게 읽는 고전

장자

1판 1쇄 발행 2018년 3월 20일
1판 2쇄 발행 2020년 1월 20일

옮긴이 박삼수
펴낸곳 (주)문예출판사 | 펴낸이 전준배
출판등록 1966. 12. 2. 제1-134호
주소 03992 서울시 마포구 월드컵북로 6길 30
전화 393-5681 | 팩스 393-5685
홈페이지 www.moonye.com | 블로그 blog.naver.com/imoonye
페이스북 www.facebook.com/moonyepublishing | 이메일 info@moonye.com

ISBN 978-89-310-1082-4 03100

이 도서의 국립중앙도서관 출판시도서목록(CIP)은 서지정보유통지원시스템 (http://seoji.nl.go.kr)과 국가자료공동목록시스템(http://www.nl.go.kr/kolisnet)에서 이용하실 수 있습니다. (CIP제어번호 CIP2018007724)